Figures de l'amour

Extraits de l'*Odyssée*

Collection dirigée par Lidia Breda

Homère

Figures de l'amour

Extraits de l'*Odyssée* traduits du grec
et présentés par Patrick Morantin
Suivis de la *Vie d'Homère* du Pseudo-Plutarque

Rivages poche
Petite Bibliothèque

Retrouvez l'ensemble des parutions
des Éditions Payot & Rivages sur

www.payot-rivages.fr

106, bd Saint-Germain – 75006 Paris

ISBN 10 : 2-7436-1590-7
ISBN 13 : 978-2-7436-1590-1
ISSN : 1158-5609

À Lucia

Préface

Hélène, Circé, Anticlée, les Sirènes, Calypso, Nausicaa, Athéna, Euryclée, Pénélope : autant de figures féminines qui jalonnent les aventures d'Ulysse et nous entraînent au cœur de l'*Odyssée.* Femme fatale, ensorceleuse, mère, nymphe, jeune fille, déesse, nourrice, épouse : toutes aiment l'homme « aux mille tours », toutes sont affairées à sa gloire. Figures de l'amour mais aussi figures de la mémoire et de l'oubli, elles détiennent les clefs du retour. Et c'est autour d'elles qu'Homère tisse plusieurs des grands thèmes de l'*Odyssée* : la ruse et la mort, le mariage et la solitude, la gloire et l'oubli.

Dans son invocation à la Muse qui ouvre le premier chant de l'*Odyssée*, Homère définit le sujet de son poème ainsi que les traits de son héros principal :

L'homme aux mille tours, Muse, dis-moi,
qui tant erra après avoir détruit la cité sainte de Troie,
qui de tant d'hommes vit les villes et connut l'esprit,
qui sur la mer tant de maux souffrit en son cœur,
pour défendre sa vie et le retour de ses compagnons[1] *!*

L'*Odyssée* nous raconte donc le retour d'Ulysse depuis Troie jusqu'à Ithaque. Son sujet est « l'après-guerre », le

1. Trad. P. Morantin, comme pour les autres citations, sauf mention contraire.

retour du héros dans son foyer. Le philosophe Aristote le résumait ainsi dans sa *Poétique* :

Un homme erre loin de son pays durant de nombreuses années, surveillé de près par Poséidon, totalement isolé. Chez lui, les choses vont de telle sorte que sa fortune est dilapidée par les prétendants, son fils exposé à leurs complots. Maltraité par les tempêtes, il arrive, se fait reconnaître de quelques amis, puis attaque : il est sauvé et écrase ses ennemis. Voici le schéma propre au poème, le reste, ce sont des épisodes[2].

Si le poème raconte le long retour du héros dans sa patrie, son action actuelle est cependant très limitée dans le temps, à l'image de celle de l'*Iliade.* Certes, l'*Iliade* évoque la guerre de Troie. Toutefois, son action dure seulement une cinquantaine de jours et le sujet du poème n'est pas la guerre de Troie mais la colère d'Achille, comme nous l'annonce le Poète dès le premier vers de l'épopée. De même, Homère nous narre dans l'*Odyssée* les derniers jours du retour d'Ulysse, depuis la fin de son séjour chez Calypso jusqu'à son arrivée à Ithaque. Les événements racontés directement par le Poète, à la troisième personne, correspondent en réalité à quarante jours[3]. C'est par le biais des récits des différents personnages, dont Ulysse lui-même, que le reste des aventures du héros nous est connu. Les récits d'Ulysse chez les Phéaciens, depuis le chant IX jusqu'au chant XII, permettent ainsi de connaître ses errances depuis son départ de Troie jusqu'à son arrivée à Schérie, peu avant son retour à Ithaque.

2. Aristote, *Poétique*, 55b, 16-23 (trad. Roselyne Dupont-Roc et Jean Lallot, Paris, Seuil, 1980).

3. Selon le décompte d'Édouard Delebecque ; sur ces aspects chronologiques, voir son ouvrage *La Construction de l'Odyssée*, Paris, Les Belles Lettres, 1980.

L'*Odyssée* est inconcevable sans la guerre de Troie : l'*Iliade* hante toute l'*Odyssée*. De fait, une figure énigmatique assure le lien entre les deux épopées : Hélène. C'est à travers un extrait du chant IV nous la présentant retournée auprès de son époux Ménélas que nous proposons de commencer cette anthologie.

HÉLÈNE
LE REGARD QUI PERCE
Chant IV, 121-305

À travers la colère d'Achille, l'*Iliade* évoque la guerre pour une femme. L'*Odyssée* traite du retour d'un héros auprès de son épouse, long retour compromis et retardé par de nombreux personnages féminins. Entre les deux épopées qui ont pour particularité remarquable de ne répéter entre elles strictement aucun épisode, les figures de la femme et de l'amour assurent ainsi une continuité. Plus qu'Ulysse, Hélène est le lien entre l'*Iliade* et l'*Odyssée*.

Hélène est l'épouse du roi de Sparte Ménélas pour laquelle les Grecs combattirent à Troie durant dix ans. Fille de Zeus et de Léda, elle a pour sœur Clytemnestre, femme d'Agamemnon, et pour frères les Dioscures, Castor et Pollux. Cause de la guerre qui opposa les Grecs et les Troyens, elle apparaît plusieurs fois au cours de l'*Iliade*, notamment au chant III, où depuis les remparts de Troie elle décrit les héros grecs à Priam. On peut être étonné de voir ce personnage associé à l'*Iliade* figurer en tête de ce choix d'extraits de l'*Odyssée*. Cependant, c'est peut-être dans le passage du chant IV ici proposé que sa figure énigmatique apparaît avec le plus de force et de mystère.

Cet épisode se situe au cours de ce que l'on appelle la *Télémachie*, c'est-à-dire l'ensemble que constituent les quatre premiers chants de l'*Odyssée*. Télémaque, le fils d'Ulysse, en est le protagoniste. Sur le conseil d'Athéna, il se rend à Pylos chez Nestor puis à Sparte chez Ménélas, pour s'enquérir de son père. Il est accompagné de Pisistrate, le fils de Nestor, qui lui sert de guide. Télémaque est encore un jeune homme et ces voyages lui permettent de découvrir un autre monde que celui de son île d'Ithaque. Il est ainsi émerveillé par le riche palais de Ménélas et confie à Pisistrate :

Regarde donc, fils de Nestor cher à mon cœur,
les éclairs que lancent le bronze dans cette demeure sonore,
et l'or, l'électron, l'argent, et l'ivoire !
Tel est sans doute l'intérieur du palais de Zeus Olympien
tant ces richesses sont immenses : la crainte me saisit en les [regardant[4].

C'est dans ce cadre olympien que surgit Hélène : il convient parfaitement à celle qui, selon Homère, est « fille de Zeus », épithète qu'elle partage avec les déesses Athéna, Artémis et Aphrodite. Télémaque a dû entendre parler d'elle et connaît certainement les histoires et les controverses sur son compte.

Son entrée est royale, digne de la femme fatale qu'elle incarne, digne d'une déesse. Racine, dans ses *Remarques sur l'Odyssée*, admirait cette entrée : « Homère décrit admirablement son arrivée ; et, sans mentir, c'est un plaisir de voir comme il s'entend à faire une description[5]. »

4. *Odyssée*, IV, 71-75.

5. Jean Racine, *Œuvres complètes. II : Prose*, Paris, Gallimard « Bibliothèque de la Pléiade », 1966 (éd. de Raymond Picard), p. 746.

Puis, tout au long de cette scène, Hélène nous surprend par son calme souverain, sa grâce royale, son assurance étrange, sa candeur ambiguë, sa perspicacité quasi divine ; elle nous apparaît comme au-dessus de l'humaine condition. Son attitude contraste avec celle de son mari Ménélas à qui elle donne le népenthès[6]. Homère ne parle plus directement de sa redoutable beauté.

Le portrait qu'Homère fait d'elle la rapproche d'Ulysse. Comme Ulysse, elle est en relation avec le monde de la magie ; de même que le héros se déguise et se transforme, elle contrefait les voix des Achéennes ; comme lui encore, elle sait réjouir un auditoire de ses paroles et de ses récits. Plus que d'un simple rapprochement, on peut parler de complicité. L'épisode qu'elle narre de l'incursion d'Ulysse dans Troie[7] fait ressortir leur relation particulière. Comment Ulysse, le plus prudent, le plus sage, le plus rusé d'entre tous a-t-il pu, après s'être fait baigner et oindre par Hélène, lui confier les plans des Grecs ? La capacité d'Hélène à deviner en Télémaque les traits d'Ulysse témoigne encore de son rapport particulier avec le héros. Elle a dû bien connaître Ulysse.

CALYPSO
LA NYMPHE QUI DISSIMULE
Chant V, 1-281

Au début de l'*Odyssée*, peu après l'invocation à la Muse, l'action du poème commence par ces vers :

6. La drogue d'origine égyptienne que verse Hélène dans le cratère de vin. Elle « chasse la douleur et la colère et fait oublier tous les maux » (*Odyssée*, IV, 219-233).

7. *Odyssée*, IV, 240-264.

Tous les autres alors qui avaient échappé à la mort abrupte
étaient chez eux, après avoir fui la guerre et la mer.
Lui seul, sans retour et sans femme,
une nymphe souveraine le retenait, Calypso, divine entre les déesses,
dans ses grottes profondes, pleine du désir d'en faire son époux[8].

Ainsi, le Poète associe dès le début de l'*Odyssée* les thèmes du retour et de la femme. Et la nymphe Calypso y tient la première place. D'abord par le temps que le héros passe à ses côtés après la guerre de Troie : sur les huit ou neuf ans que durent ses errances, Ulysse demeure captif chez Calypso durant sept ans[9]. La figure de la nymphe est ensuite évoquée à de multiples reprises tout au cours du récit[10] : elle hante le poème.

Calypso est la fille d'Atlas, le géant qui se révolta contre Zeus et fut vaincu par lui. Elle est donc issue de ces divinités monstrueuses et sans mesure, antérieures à la génération des dieux olympiens. Elle est elle-même une déesse, plus exactement une nymphe. Les nymphes sont des divinités à la fois proches des dieux par leur immortalité et proches des hommes par les lieux qu'elles habitent : les bois, les eaux, les rivages. On peut définir ces figures féminines par le lien difficile qu'elles entretiennent avec le mariage. Dans le monde des humains, le mot « nymphe » désigne en grec la jeune femme, soit encore *parthénos*, c'est-à-dire vierge, sur le point de se marier, soit la jeune mariée. L'appellation présente donc une certaine ambiguïté. Les nymphes divines ont, elles, pour caracté-

8. *Odyssée*, chant I, 11-15.

9. Sur la question du temps passé par Ulysse chez Calypso, voir E. Delebecque, *op. cit.*, pp. 100-104.

10. IV, 555-558 ; V, 11-300 ; VII, 241-266 ; VIII, 450-453 ; IX, 29-30 ; XII, 389 et 447-450 ; XVII, 140-144 ; XVIII, 333-338.

ristique de ne pas franchir véritablement le cap de l'état marital. Séduisantes et redoutées, elles restent insoumises. Leurs amours sont le plus souvent malheureuses et ne les conduisent pas à sortir de l'état prémarital. Elles représentent une féminité qui demeure tournée vers elle-même[11].

C'est ainsi que la nymphe Calypso vit solitaire dans un lieu éloigné des hommes et des dieux, dans une sorte d'utopie et d'uchronie : l'île d'Ogygie. Cette île quasiment inaccessible, appelée « nombril de la mer », est aux confins extrêmes du couchant. Dans ce lieu retranché de tout, Ulysse est retenu par la nymphe « pleine du désir d'en faire son époux » : l'*Odyssée* commence sur cette image.

Au premier chant, Athéna intervient dans l'assemblée des dieux en faveur d'Ulysse et obtient l'assentiment de Zeus pour que « l'infortuné » puisse revenir chez lui. C'est alors qu'elle propose d'envoyer Hermès à Ogygie pour annoncer à Calypso « notre irrévocable décret, le retour du patient Ulysse en sa patrie ». Cependant, la décision des dieux n'est pas suivie d'effets dans l'immédiat ; il faut attendre une seconde assemblée des dieux, au chant V, pour que Zeus donne enfin l'ordre à Hermès de transmettre le décret divin à Calypso : c'est le passage proposé dans cet extrait.

Le nom de Calypso vient de *kalúptein* qui veut dire « cacher » ; ainsi la nymphe est-elle à la fois « la cachée » et « celle qui cache ». Durant sept ans, Ulysse reste dissimulé, ni vivant ni mort, non pas oublié des hommes, car les siens et ses amis se souviennent de lui, mais du moins sans gloire, sans ce *kléos* constitutif du héros. Si Homère nous apprend

11. Voir Ioanna Papadopoulou-Belmehdi, *Le Chant de Pénélope*, Paris, Belin, 1994, pp. 95-110.

au début de son poème qu'Ulysse est toujours vivant et qu'il vit retenu chez Calypso, nous plaçant par cette connaissance dans la situation des dieux, tous les autres personnages humains de l'*Odyssée* le croient mort ou doutent de son sort. Son fils Télémaque peut ainsi se lamenter au chant I :

[...] *mais à présent les Harpyes l'ont enlevé,*
il est parti obscur, ignoré, et m'a laissé douleurs et cris [...][12]

Ulysse a-t-il aimé Calypso ? Homère ne nous dit presque rien de ces sept années. Dans le passage du chant V ici présenté, Ulysse affirme d'un ton déterminé, peu avant son départ : « ... je ne monterai sur ce radeau contre ta volonté et à moins, déesse, que tu ne me jures par le grand serment que tu ne trames contre moi un autre malheur ! » L'ambiguïté, et même la perversité de leur relation, transparaît dans la réponse de Calypso :

Il parla ainsi et Calypso sourit, divine entre les déesses.
Elle lui caressa la main et lui dit ces paroles :
« Quel scélérat es-tu et qui ne pense pas pour rien[13] *! »*

Chez les Phéaciens, Ulysse parle d'elle comme d'une « terrible déesse », tout en ajoutant : « elle m'accueillit avec amitié et prit soin de moi[14] ». Mais au moment où nous le découvrons chez la nymphe, il est manifeste qu'il est malheureux à ses côtés. La première image que nous ayons du héros dans l'*Odyssée* est celle d'un Ulysse dépérissant près de Calypso :

12. *Odyssée*, I, 241-242.
13. *Ibid*, V, 180-182.
14. *Ibid*, XII, 449-450.

Assis sur le promontoire, il pleurait comme toujours,
déchirant son cœur de larmes, de gémissements et de souffrances,
et fixait de son regard la mer inféconde en versant des larmes[15].

Et s'il dort à ses côtés, c'est malgré lui :

Certes, il passait ses nuits près d'elle qui le désirait,
dans les grottes creuses, mais par contrainte et sans désir.
Tout le jour assis sur les rochers et le rivage,
déchirant son cœur de larmes, de gémissements et de souffrances,
il fixait de son regard la mer inféconde, en pleurant[16].

Ulysse est bel et bien prisonnier et malheureux, il dépérit. La nymphe semble pourtant l'avoir aimé : « C'est moi qui l'accueillis avec amour et qui le nourris[17]... ». Mais Ulysse semble dépassé et vaincu par la ruse, la *mètis*[18] de Calypso. Homère qualifie en effet la nymphe de « trompeuse » et c'est sans doute là un de ses traits essentiels, celui qui explique l'emprisonnement du héros. Ulysse, le *polúmètis*, prompt à trouver une issue dans le malheur et le péril, demeure inactif et comme vidé de cette intelligence rusée qui le caractérise : au lieu de chercher, comme il sait le faire plus que tout autre, un expédient pour sortir de cette prison dorée, il reste à gémir et à pleurer. Lui,

15. *Odyssée*, V, 82-84.
16. *Ibid*, V, 154-158.
17. *Ibid*, V, 135.
18. Puissance de ruse et de tromperie, la *mètis* dupe sa victime comme l'appât du pêcheur. Elle n'affronte pas de face l'adversaire ; elle n'oppose pas la force à la force. Elle conçoit le piège qui, sous des dehors trompeurs et rassurants, cache le traquenard. Voir l'ouvrage de Jean-Pierre Vernant et de Marcel Detienne, *Les Ruses de l'intelligence, la mètis des Grecs*, Paris, Flammarion, 1978.

l'auteur de ce chef-d'œuvre de la *mètis* qu'est le cheval de Troie, est pris au piège par la nymphe. Il n'est plus lui-même. Et il faut un ordre divin pour qu'il se mette à construire un radeau, avec toute l'habileté et le savoir artisanal qu'il détient : c'est à travers sa dimension la plus pratique que la *mètis* semble alors ressusciter en lui.

La déesse lui offre sa couche et lui promet, lorsqu'il veut partir, d'échapper aux épreuves et aux souffrances que lui causera son retour. Mais surtout Calypso lui promet de devenir immortel et inaccessible à la vieillesse. Et c'est là l'une des plus grandes épreuves d'Ulysse au cours de son retour. L'envers de cette immortalité est en effet d'être soustrait de la mémoire des hommes et privé de la gloire épique : si le héros acceptait, il ne pourrait plus être Ulysse, héros de l'*Odyssée*.

NAUSICAA
LA JEUNE FILLE QUI SAUVE
Chant VI, 1-331

Athéna, avec l'accord des autres dieux, a profité de l'absence de Poséidon, parti en Éthiopie, pour combiner le retour d'Ulysse dans sa patrie. Au bout de sept ans, Calypso laisse enfin partir le héros qui, avec tout son savoir-faire artisanal, s'est fabriqué un radeau. Ulysse navigue pendant dix-sept jours sans difficulté. Mais « l'Ébranleur de la terre » reste en colère contre le héros qui a aveuglé son fils le cyclope Polyphème : à son retour, il déchaîne une terrible tempête contre lui. La tempête dure deux jours, et Ulysse, nu et épuisé, parvient à Schérie, sur la terre des Phéaciens. Il se réfugie alors sous des oliviers et se fait un lit de feuilles :

Comme on cache un tison sous la cendre noire
au bout d'un champ où se trouvent nuls voisins,
pour garder la semence du feu et ne pas la chercher ailleurs,
ainsi Ulysse était caché sous les feuilles[19].

Tel est le moment de l'action lorsque s'ouvre le chant VI, ici proposé dans son intégralité. Ulysse est au plus bas de sa fortune. Il est seul : tous ses compagnons ont péri dans une autre tempête ; il n'a plus rien ; il est nu ; il dort comme une bête. C'est comme tel, d'ailleurs, comme un lion, qu'il apparaît aux jeunes Phéaciennes, près du fleuve : « Effroyable il leur parut... »

Ogygie, l'île de Calypso, était aux confins du monde, aux extrémités de l'Occident, comme hors du temps et de l'espace. Schérie est, elle, une terre intermédiaire : elle fait transition avec le royaume terrestre et humain d'Ithaque, prochaine étape d'Ulysse. Le royaume des Phéaciens se situe entre l'âge d'or et le temps actuel des hommes. Ses habitants vivent cependant loin des hommes, comme le souligne Nausicaa : « Nous vivons à l'écart, dans la mer houleuse, aux confins du monde, et aucun mortel n'a de rapports avec nous. » Homère ne dit jamais expressément que Schérie est une île. On s'accorde en général à la considérer comme telle, même si certains savants ont nié l'insularité de la terre des Phéaciens. Le mode de vie des Phéaciens est éloigné de l'idéal héroïque tel qu'il s'exprime dans l'*Iliade* : peu leur importent, dit Nausicaa, les arcs et les carquois ; ils aiment le chant, la danse, la musique, les bains chauds, les plaisirs ; et ils s'en vantent. Si les Phéaciens ne sont pas des dieux, ils sont « tout proches des dieux ». Ils les rencontrent et les connaissent face à

19. *Odyssée*, V, 488-491.

face, comme aux temps originels. C'est ce que rappelle le père de Nausicaa, le roi Alcinoos :

Depuis toujours en effet les dieux nous apparaissent clairement [visibles,
lorsque nous accomplissons d'illustres hécatombes,
ils prennent part au banquet, assis parmi nous,
et si l'un de nous, seul sur la route, en rencontre un,
ils ne se cachent point, car nous sommes proches d'eux[20]...

Justement, lorsque Ulysse se retrouve face à face avec Nausicaa, il croit rencontrer un dieu : « Je t'en supplie, ô reine ! Es-tu un dieu ou un mortel[21] ? » Après avoir vécu sept ans aux côtés de la nymphe divine, il semble encore proche des dieux, à l'image des Phéaciens chez qui il arrive.

Le nom de Nausicaa, par sa douceur, sa sonorité, son ampleur, nous ouvre déjà le monde de la jeune fille. On y retrouve une parcelle de ce qui fait le charme de cette figure, l'une des plus attachantes de l'*Odyssée* : la pureté, la noblesse, le rêve, le désir, la naïveté, la transparence, l'attente, la crainte, le sourire, la confidence. On imagine le jeune Phéacien amoureux se répétant à lui-même le doux nom de Nausicaa. Si la jeune fille désire tant se marier, elle écarte cependant tous les prétendants de son pays. Son regard sur les gens de sa terre n'est pas exempt de critiques et elle semble vouloir un mari qui la sortirait de ce monde clos qu'est Schérie. C'est alors qu'elle tombe sur le héros « qui tant erra après avoir détruit la cité sainte de Troie, qui de tant d'hommes vit les villes et connut l'esprit[22] », sur cet aventurier qu'est Ulysse.

20. *Odyssée*, VII, 201-205.
21. *Ibid*, VI, 149.
22. *Ibid*, I, 2-3.

L'épisode de Nausicaa évoque d'autres épisodes de l'*Odyssée*. La figure de la jeune fille semble ainsi un double de celle de Télémaque. On retrouve notamment chez les deux jeunes gens un idéal aristocratique de noblesse et de courtoisie. Le récit de la rencontre d'Ulysse avec Nausicaa, puis de son séjour chez Alcinoos, fait aussi écho à l'arrivée du héros à Ithaque. Mais l'épisode contenu dans ce chant V est surtout à mettre en parallèle avec celui de Télémaque chez Ménélas, au chant précédent : Télémaque face à Hélène, Nausicaa face à Ulysse, c'est la jeunesse devant le monde héroïque de l'*Iliade*, devant ses figures les plus complexes et les plus séduisantes ; c'est le monde de l'*Odyssée* mis en contact avec celui de l'*Iliade*. Si la jeune fille nous fait part de ses émois, Télémaque est cependant bien plus réservé et ne nous dit rien des impressions que lui fait Hélène.

Homère affine ici le portrait du héros de l'*Odyssée*. Il nous montre en particulier un Ulysse plein de délicatesse et de savoir-vivre avec la jeune fille. Il le peint comme un modèle de courtoisie. C'est également un Ulysse habile orateur, maître de la parole, qui apparaît dans cette scène. La façon dont le héros s'adresse pour la première fois à la princesse évoque l'éloge que dans l'*Iliade* fait de lui le vieillard troyen Anténor lorsque, depuis le rempart de Troie, il contemple à côté d'Hélène et de Priam les héros grecs :

[...] *quand se dressait Ulysse aux mille ruses,*
il restait, là, debout, et regardait à terre, les yeux fixés,
n'agitant le sceptre ni en avant ni en arrière,
mais le tenant immobile, tel un ignorant.
On eût dit un homme plein de colère ou tout simplement insensé.
Mais lorsque de sa poitrine sortait sa grande voix,

et ses paroles semblables aux flocons de neige en hiver,
aucun autre mortel ne pouvait rivaliser avec Ulysse[23] [...]

À Nausicaa, Ulysse apparaît nu et souillé de saumure ; Il se cache le sexe avec une branche. On imagine son air peu héroïque : la scène, malgré le malheur du héros, a quelque chose de souriant. Puis, d'une manière surprenante, l'homme « aux mille ruses » lui fait ce « discours doux et habile », modèle de rhétorique et de séduction. Ulysse sait percer le cœur de la jeune fille et lui dire les mots qui lui plairont. Avec une suprême habileté, et peut-être avec ambiguïté, il touche au sujet qui alors la préoccupe : le mariage.

CIRCÉ
LA MAGICIENNE INITIATRICE
Chant X, 187-549

Guidé par Nausicaa, Ulysse se rend chez son père Alcinoos. Le roi l'accueille en hôte et lui promet de le faire reconduire dans sa patrie. En attendant, Ulysse participe aux festivités des Phéaciens. Mais il tait toujours son nom. Il doit bientôt repartir grâce à un vaisseau qu'Alcinoos a ordonné de préparer. Lors du repas du soir, l'aède Démodocos entonne son chant : les Phéaciens sont de grands amateurs de poésie. Ulysse lui demande de chanter l'histoire du cheval de Troie. Il ne peut alors cacher son émotion et, devant l'insistance d'Alcinoos, finit par se nommer. C'est un moment capital dans l'*Odyssée*, un moment charnière : Ulysse devenu « Personne » chez le cyclope

23. *Iliade*, III, 216-223.

Polyphème, Ulysse resté caché et comme mort durant sept ans chez Calypso, retrouve son identité de héros :

Je suis Ulysse, fils de Laërte, dont toutes les ruses
sont connues des hommes, et ma gloire atteint le ciel[24].

C'est alors qu'il commence à raconter ses aventures depuis son départ de Troie : narrateur de sa propre histoire, il mêle son récit à la narration directe d'Homère. Il parle à la première personne, affirme son « je » dans le récit héroïque, et prend la suite de l'aède Démodocos. L'action de l'*Odyssée,* qui dure à proprement parler quarante jours, prend ainsi une tout autre ampleur. Le poème est envahi de figures divines, inhumaines, fantastiques, terrifiantes, qui contribuent à lui donner son originalité. C'est ainsi qu'au chant IX, Ulysse raconte ses aventures chez les Cicones, les Lotophages et le cyclope Polyphème. Au chant X, après avoir fait le récit de son séjour chez Éole, il relate ses aventures avec Circé. L'extrait présenté raconte l'essentiel de cette rencontre.

Pourquoi Circé après Calypso ? On peut se le demander tant les deux déesses se ressemblent. Toutes deux habitent une île, chantent en tissant leur toile ; elles sont filles de divinités préolympiennes et appartiennent à des temps très anciens ; elles sont qualifiées chacune de « déesse terrible » et retiennent le héros par la contrainte. Toutes deux le désirent pour époux et le rendent malheureux. Toutes deux sont des figures de l'oubli.

Ulysse lui-même associe Calypso et Circé, juste après avoir révélé son identité à Alcinoos et aux Phéaciens :

24. *Odyssée*, IX, 19-20.

Me retenait là Calypso, divine entre les déesses,
dans ses grottes creuses, désirant m'avoir pour époux.
De même, me gardait dans ses demeures Circé,
la trompeuse habitante d'Aiaié, désirant m'avoir pour époux.
Mais jamais elle ne convainquit mon cœur ;
car il n'y a rien de plus doux pour l'homme que sa patrie
ou ses parents[25] [...]

Fille du Soleil et de Perséis, Circé habite à l'opposé de l'Occident, sur l'île d'Aiaié. Ulysse reste un an chez elle : avec les Lotophages, Calypso, les Sirènes, elle représente une nouvelle force de l'oubli. Pendant son séjour, le héros vit dans le royaume de la magie. C'est Circé qui l'instruira sur le chemin qu'il devra emprunter par la suite : elle lui révèle qu'il doit se rendre chez Hadès consulter le devin Tirésias ; elle le conseille pour mener à bien ce voyage chez les morts ; elle l'avertit enfin des épreuves qui l'attendent : les Sirènes, Charybde et Scylla, les troupeaux sacrés du Soleil. Si la déesse a de tels liens avec l'au-delà, et possède une telle prescience, elle ne peut cependant, comme Calypso, donner l'immortalité : l'initiatrice semble moins puissante que la nymphe. Circé apparaît aussi moins douce, moins tendre que Calypso. Homère souligne cependant sa pitié.

À la suite d'Hélène et de Calypso, Circé peut être perçue comme une figure de l'*éros*. Toutefois, ressort peut-être le plus au cours de cet épisode non pas la relation entre Ulysse et Circé, mais plutôt celle qui unit le héros et ses compagnons. Les sentiments qui s'y expriment surtout sont ceux de l'amitié, de la *philia*, qui rapprochent Ulysse et ses « fidèles compagnons ». Ulysse y apparaît

25. *Odyssée*, IX, 29-35.

comme le modèle du chef. Il est celui qui se dévoue, se sacrifie et prend tous les risques pour sauver les hommes qu'il mène. Il est le guide, le chef qui sait parler avec sagesse à ceux qu'il dirige. Et ses compagnons l'aiment à l'égal de leur patrie : « [...] ainsi pleuraient mes compagnons, après qu'ils m'eurent vu, et leur cœur était comme s'ils avaient retrouvé leur patrie et leur cité[26]... »

ANTICLÉE SPECTRE DU VRAI AMOUR

Chant XI, 150-224

Au chant X, Circé accède à la demande d'Ulysse de retourner dans sa patrie. Aussitôt elle prévient le héros :

Mais il vous faut d'abord faire un autre voyage et parvenir
jusqu'aux demeures d'Hadès et de la terrible Perséphone,
afin de consulter l'âme de Tirésias de Thèbes,
du devin aveugle dont l'esprit reste inchangé[27]

La déesse magicienne instruit alors Ulysse sur la façon d'arriver jusqu'aux demeures d'Hadès et sur ce qu'il doit faire avant de pouvoir interroger Tirésias. L'enjeu est de taille : « Viendra le devin qui te dira le chemin et les distances, ton retour et comment tu iras sur la mer poissonneuse[28]. » Circé lui donne des indications sur les rites à accomplir : c'est l'objet de la fin du passage présenté juste auparavant. Mais la déesse le met en garde contre les morts qui viendraient vers lui avant qu'il ait pu interroger

26. *Odyssée*, X, 414-416.
27. *Ibid*, X, 490-493.
28. *Ibid*, X, 539-540.

Tirésias : « Et toi, tirant du long de ta cuisse ton épée acérée, assieds-toi et empêche que les têtes sans force des morts s'approchent du sang avant que tu aies entendu Tirésias[29]. »

Ulysse obéit scrupuleusement à Circé. La première âme à venir à sa rencontre est Elpénor, son compagnon mort accidentellement chez Circé. Puis survient l'âme de sa mère Anticlée :

Vint alors l'âme de ma mère défunte,
Anticlée, la fille du magnanime Autolycos,
que j'avais laissée vivante en partant pour la sainte Ilion.
Je pleurai en la voyant et eus pitié en mon cœur,
mais ne la laissai, malgré ma grande peine,
approcher du sang la première avant d'interroger Tirésias de Thèbes[30].

Le héros révèle une fois de plus cette force de caractère et cette maîtrise de soi que se plairont à exalter les stoïciens : quel est celui qui, exilé, résisterait à la vue d'une mère laissée vivante et qui, tout d'un coup, surgit morte, sous la forme d'un spectre implorant ? Moment admirable et terrible, révélateur du caractère d'Ulysse. Car, si l'on se souvient des instructions de Circé, il faut imaginer que c'est à la pointe de l'épée qu'Ulysse écarte l'âme de sa mère... Ulysse incarne ainsi l'homme qui, malgré sa sensibilité et son affection, agit au-delà de ses sens et qui, par la force de sa volonté, reste tendu vers son but. On comprend qu'une telle figure soit souvent devenue par la suite un modèle de sagesse pour diverses écoles philosophiques.

L'*Odyssée* est pleine de retours en arrière : avant Calypso, Ulysse a rencontré Hélène, Circé, Anticlée et les

29. *Odyssée*, X, 536-537.
30. *Ibid*, XI, 84-89.

Sirènes. Si Calypso est la première figure féminine évoquée par le Poète, elle n'est pas la première « figure de l'amour » rencontrée par Ulysse depuis son départ d'Ithaque. Le choix d'extraits proposés dans cette anthologie suit l'ordre du récit de l'*Odyssée*. La figure d'Anticlée nous invite peut-être à nous rappeler que la succession des rencontres du héros depuis la guerre de Troie est tout autre. Hélène, Circé, Anticlée, les Sirènes, Calypso, Nausicaa, Athéna, Euryclée, Pénélope : si l'on reconstitue l'ordre réel de ces rencontres, force est de constater une élévation. Parmi elles, le spectre de la mère d'Ulysse, Anticlée, surgit comme pour rappeler au héros la bonne direction et le vrai amour.

LES SIRÈNES
RIVALES DES MUSES
Chant XII, 148-200

Après avoir consulté l'âme de Tirésias chez Hadès, Ulysse retourne sur l'île de Circé. La magicienne l'instruit alors des périls et des épreuves qui l'attendent sur le chemin de son retour. Elle l'avertit tout d'abord de sa rencontre avec les Sirènes :

D'abord tu arriveras chez les Sirènes, qui charment
tous les hommes qui viennent jusqu'à elles.
Celui qui par ignorance s'approche et écoute la voix
des Sirènes, sa femme et ses enfants
à son retour ne l'entourent ni ne le fêtent ;
mais les Sirènes charment de leur chant clair,
assises dans une prairie ; autour d'elles, un grand monceau d'ossements
d'hommes qui pourrissent, dont la peau se rétrécit.

Dépasse-les ! Mets dans les oreilles de tes compagnons,
après l'avoir pétrie, de la cire douce comme le miel afin qu'aucun d'eux
n'entende ! Toi, cependant, si tu désires écouter,
que sur la nef rapide ils te lient les pieds et les mains,
debout au pied du mât, qu'au moyen de cordages ils t'y attachent :
alors tu pourras avec plaisir écouter la voix des deux Sirènes ;
et si tu pries tes compagnons et leur ordonnes de te libérer,
qu'ils te serrent de liens plus nombreux[31] *!*

Ce passage, avec l'extrait du même chant traduit dans cet ouvrage, constitue tout ce qu'Homère nous dit des Sirènes. La brièveté et la sobriété du récit contrastent ainsi avec la célébrité de l'épisode. Un autre épisode homérique, peut-être encore plus fameux, est marqué du même paradoxe : celui du cheval de Troie.

La rencontre avec les Sirènes est donc racontée deux fois, d'abord sous forme d'avertissement de la part de Circé, ensuite par le récit qu'en fait Ulysse aux Phéaciens. La répétition est d'autant plus remarquable que l'épisode est raconté brièvement. Or, on constate que le procédé, loin de nous lasser et de nuire à l'effet poétique, donne plus d'intensité et de force à la scène : c'est là l'un des secrets de l'art d'Homère.

L'art du Poète se révèle aussi par ses silences. Homère ne nous dit presque rien sur les Sirènes. Rien sur leur apparence : on sait seulement qu'elles sont des figures féminines. Pas de nom, comme du reste pour les Muses. Un détail cependant est intrigant et assez peu connu : elles sont au nombre de deux, comme nous l'indique le nombre du duel[32] utilisé à plusieurs reprises. Nous avons choisi de restituer cette particularité dans notre traduc-

31. *Odyssée*, XII, 39-54.

32. Le grec, du moins dans plusieurs dialectes, a longtemps conservé à côté du singulier et du pluriel le nombre « duel ». On a observé

tion. Quoi qu'il en soit, les silences d'Homère sur les Sirènes font partie du grand art du Poète : ces figures sont rendues plus suggestives et notre attention est concentrée sur leur chant et sur leur voix.

Les Sirènes, dès leurs premières représentations par les artistes grecs, sont figurées comme des femmes-oiseaux. De telles créatures hybrides et monstrueuses existaient déjà dans l'art oriental : le sphinx et le griffon en sont des exemples. On a pu considérer que les figures des Sirènes représentaient les âmes des morts, des sortes d'âmes-oiseaux de type vampirique. Il est certain, en tout cas, qu'elles font partie, avec les Harpyes et les Sphinx, de ces figures féminines de la mort qui en Grèce associent avec ambivalence l'horreur et la séduction. Pour les Grecs, en effet, la face d'épouvante de la mort prend le visage de la femme, et tout spécialement de la jeune fille[33]. Quand Ulysse rapporte à ses compagnons les instructions de Circé, il utilise un mot qui exprime de manière voilée la force érotique de ces êtres terribles que sont les Sirènes : « Elle nous exhorte d'abord de fuir des Sirènes divines la voix et les prairies en fleurs[34]. » Le terme *leimôn*, la prairie humide, est en effet utilisé en grec pour désigner le sexe de la femme.

---

que cette façon de désigner par deux disparaissait à mesure qu'une société se développait sur le plan intellectuel. Cet emploi désigne soit des objets qui vont naturellement par paire, comme les pieds et les mains, soit des objets ou des personnes dont on a déjà parlé et qui constituent des couples. Chez Homère, le duel est assez exceptionnel au féminin. Voir Jean Humbert, *Syntaxe grecque*, Paris, Klincksieck, 1982, p. 15-17 et Pierre Chantraine, *Grammaire homérique. Tome II : syntaxe*, Paris, Klincksieck, 1981, p. 22-29.

33. Sur ce thème des figures féminines de la mort, voir Jean-Pierre Vernant, *L'individu, la mort, l'amour : soi-même et l'autre en Grèce ancienne*, Paris, Gallimard, 1989.

34. *Odyssée*, XII, 158-159.

Cependant, la séduction des Sirènes est d'une autre nature. Leur charme est du même ordre que celui des Muses. Elles prétendent donner comme elles un savoir spécial, elles promettent la connaissance du passé et du présent, et tout particulièrement de tout ce qui a trait à la guerre de Troie :

[...] *nous savons tout ce que dans la vaste Troie*
souffrirent les Argiens et les Troyens par la volonté des dieux
et nous savons tout ce qui arrive sur la terre féconde[35] *!*

Telle est la grande promesse des Sirènes : par le savoir, faire du héros l'égal de l'aède, faire d'Ulysse l'égal d'Homère.

Rien ne nous dit toutefois que les Sirènes détiennent réellement ce savoir. Mentent-elles ? On ne le sait, mais elles réussissent à séduire par cette promesse. Qu'elles soient ou non usurpatrices, les Sirènes se présentent comme les rivales des Muses, même si expressément elles ne promettent pas à leurs proies d'en faire des poètes. Une tradition mythique rapportée par Pausanias raconte du reste le combat des Muses et des Sirènes :

On raconte que les filles d'Achéloos furent convaincues par Héra de rivaliser par leur chant avec les Muses. Les Muses l'emportèrent, arrachèrent des Sirènes leurs plumes et s'en firent des couronnes[36].

35. *Odyssée*, XII, 189-191.

36. Pausanias, IX, XXXIV, 3. Ce combat mythique a donné lieu à des représentations dans l'art antique. Le plus beau vestige conservé est un sarcophage du Metropolitan Museum de New York du IIIe s. ap. J.-C. Le Cabinet des Monnaies, Médailles et Antiques de la Bibliothèque nationale de France possède également un fragment de bas-relief sur ce thème assez rarement représenté. On y distingue les Muses qui arrachent les plumes des Sirènes.

À bien des égards, Ulysse peut apparaître comme le double d'Homère : il est le sage épris de connaissance, le mortel qui affronte les figures de l'inhumain et du divin, le héros en butte à l'adversité et à l'errance, le maître de la parole qui charme comme celle de l'aède, le roi mendiant à la fois divinisé et outragé par les hommes. Lorsque Circé donne ses instructions à Ulysse, elle laisse le héros libre d'écouter ou non les Sirènes : « Écoute, toi, si tu le veux ». Cependant la promesse des Sirènes mène à la mort ou demeure stérile. Si Ulysse a écouté les Sirènes, il n'est pas poète. Homère compare bien le charme de sa parole à celle de l'aède ; Ulysse est bien le narrateur de ses propres aventures ; chez les Phéaciens, il prend la suite de l'aède Démodocos. Mais la démarcation est là : Ulysse est le héros chanté et non l'aède maître de la gloire. Si Ulysse cédait à l'appel des Sirènes qui lui promettent le savoir des Muses et du poète et donc la connaissance, de son vivant, de sa gloire héroïque, il sombrerait dans la mort et l'oubli et perdrait sa gloire de héros.

ATHÉNA
LA DÉESSE QUI DISSIPE LE BROUILLARD
Chant XIII, 185-440

Chez les Phéaciens, Ulysse prolonge ses récits. L'*Odyssée* est ainsi amplifiée de tout un monde ; sur les traces d'Ulysse, nous voyageons dans le temps et dans l'espace héroïques. Et nous oublions que l'homme « aux mille tours » ne reste que trois jours au pays de Nausicaa. Le dernier jour, après le coucher du soleil, Ulysse quitte Schérie sur un navire « plus rapide que l'aile ou la pensée[37] » : le roi Alcinoos lui avait

37. *Odyssée*, VII, 34-36.

promis de l'aider à retourner dans sa patrie. Alcinoos et les Phéaciens l'ont comblé de présents : coffre, étoffes, épée de bronze, coupe d'or, trépieds et chaudrons sont chargés sur le vaisseau. À bord, Ulysse se couche : « Alors, un doux sommeil tomba sur ses paupières, profond et tout pareil au calme de la mort[38]. » C'est dans ce sommeil d'un genre surnaturel qu'Ulysse est déposé par les Phéaciens sur le rivage d'Ithaque, sommeil qui présage une renaissance. Au pied de l'olivier, l'arbre d'Athéna, sont placés ses trésors. Les premières scènes du retour d'Ulysse sur sa terre ne sont pas sans rappeler son arrivée au pays des Phéaciens et sa rencontre avec Nausicaa.

Lorsque Ulysse se réveille, il ne reconnaît pas Ithaque. L'extrait du chant XIII que nous proposons commence au moment de ce réveil. Après avoir quitté ces mondes éloignés de la réalité que sont les îles de Calypso, de Circé et de Nausicaa, une fois sorti d'un sommeil semblable à la mort, de retour dans le réel, le héros « qui de tant d'hommes vit les villes et connut l'esprit » reste aveugle devant sa terre tant désirée. Invention sublime d'Homère : ce que le héros a si longtemps et si ardemment désiré, au prix de grandes souffrances, il ne le reconnaît pas une fois qu'il l'a devant ses yeux. Athéna, la sagesse, doit venir dissiper le brouillard qui l'environne. Reste que c'est justement Athéna qui a répandu ce brouillard. Ainsi, la déesse de la sagesse et de la raison aveugle son protégé : ce ne sont pas les sens ou le désir exacerbé qui trompent le jugement d'Ulysse, comme on pourrait s'y attendre ; de façon surprenante, c'est l'intervention du dieu qui préside à l'esprit et à la raison.

38. *Odyssée*, XIII, 79-80.

Le séjour d'Ulysse chez les Phéaciens avait marqué le retour visible de la déesse aux côtés du héros. Auparavant, Ulysse se sentait abandonné. Lors de leur nouvelle rencontre à Ithaque, Ulysse le confie à Athéna :

Je le sais bien, qu'auparavant tu me fus bienveillante
tant que les fils des Achéens combattirent à Troie ;
mais après que nous eûmes mis à sac la haute cité de Priam,
que nous partîmes sur nos vaisseaux et qu'un dieu eut dispersé
[les Achéens,
je ne t'ai plus vue, fille de Zeus, ni ne remarquai
ta présence à bord de mon navire, pour me protéger du malheur[39] *!*

Pourtant, la déesse vient de se révéler en levant tout doute sur sa protection : « [...] tu n'as pas reconnu Pallas Athéna, fille de Zeus, qui toujours, dans toutes tes peines, est à tes côtés et veille sur toi[40]... » Et plus tard, lorsqu'ils trameront ensemble leur plan contre les prétendants, elle lui répètera : « Je serai tout près de toi, tu n'échapperas pas à mon regard quand nous serons à l'œuvre[41] ! »

Cette sollicitude d'Athéna pour Ulysse n'est pas un secret d'ordre religieux que partageraient la déesse et le héros, c'est un fait notoire dans le monde héroïque, comme le rappelle Nestor à Télémaque venu s'enquérir de son père :

Si Athéna aux yeux pers voulait t'aimer
comme alors elle se souciait du glorieux Ulysse
au pays des Troyens où nous, Achéens, souffrîmes tant de maux !

39. *Odyssée*, XIII, 314-319.
40. *Ibid*, XIII, 299-301.
41. *Ibid*, XIII, 393-394.

Jamais je n'ai vu les dieux aimer aussi ouvertement
un homme que Pallas Athéna qui assistait ton père[42] *!*

Nestor insiste sur la faveur divine. Il marque combien cette relation entre un homme et un dieu est unique.

La relation entre Ulysse et Athéna est de l'ordre de l'amour. Après être apparue à Ulysse sous les traits d'un jeune berger, Athéna reprend « l'apparence d'une femme belle et grande et habile en splendides travaux[43] ». D'un point de vue affectif et sensuel, la nouvelle rencontre avec Ulysse évoque d'autres figures de l'amour que le héros a précédemment connues : Athéna sourit et caresse Ulysse comme Calypso ; elle le touche de son bâton pour le métamorphoser comme Circé ; elle revêt un aspect juvénile et princier comme Nausicaa.

Mais c'est d'abord par l'esprit que le héros et la déesse sont unis. La nature commune de leur intelligence les rapproche dans une étroite complicité :

[...] *tous deux sommes experts*
en astuces : toi tu surpasses tous les mortels
par le conseil et la parole ; moi, je suis renommée
parmi tous les dieux pour ma sagesse et mes astuces[44] [...]

Athéna et son père Zeus sont en effet par excellence les dieux de la *mètis*. Chez les hommes, c'est Ulysse qui incarne cette forme d'intelligence redoutable. Après les Troyens piégés par le cheval creux et le cyclope aveuglé par « Personne », les prétendants feront l'expérience de la *mètis* combinée d'Ulysse et d'Athéna.

42. *Odyssée*, III, 218-222.
43. *Ibid*, XIII, 288-289.
44. *Ibid*, XIII, 296-299.

Ulysse est le chef-d'œuvre d'Athéna. La déesse aux yeux pers ne se contente pas d'inspirer l'esprit et l'intelligence de son protégé, de le façonner intérieurement : elle va jusqu'à le transformer physiquement. Elle qui, selon les mots d'Ulysse, prend « toute apparence », défigure en vil mendiant le héros pour mener à bien son projet[45]. Mais c'est elle aussi qui le transfigurera en lui donnant l'aspect d'un immortel, afin que dans le cœur de Nausicaa puis plus tard de Pénélope, il suscite l'admiration et l'amour :

Athéna, la fille de Zeus, fit que
plus grand et plus fort il paraissait et de son chef
elle faisait descendre des boucles de cheveux semblables à la fleur de jacinthe.
Comme l'or autour de l'argent verse
l'artisan qu'instruisit Héphaestos et Pallas Athéna
en toutes sortes d'arts, et il accomplit des œuvres resplendissantes de grâce,
de même, elle versait la grâce sur sa tête et sur ses épaules[46].

Ulysse est le plus humain des héros d'Homère. Il est en même temps celui qui vit durant des années aux côtés de déesses et partage même leur couche ; il est celui qui, vivant, va chez Hadès ; il est l'homme qui affronte des figures monstrueuses telles que le cyclope et Scylla ; il est le héros qu'une amitié unique lie à une déesse puissante, Athéna. Ulysse refuse l'immortalité et la jeunesse éternelle que lui offre Calypso : il préfère le monde des hommes, dans sa finitude et sa souffrance. C'est là l'un des aspects les plus paradoxaux et les plus originaux de la personna-

45. *Odyssée*, XIII, 429-440.
46. *Ibid*, VI, 229-235 et XXIII, 157-162.

lité du héros : celui qui choisit l'humanité avec son lot de peines est aussi celui qui vit la plus grande proximité avec la divinité. Et c'est une déesse, Athéna, qui l'aide à accomplir cette destinée.

PÉNÉLOPE
MÉMOIRE DE L'AMOUR
Chant XIX, 53-334 et 509-604
Chant XXIII, 1-296

Lors de son retour à Mycènes, l'orgueilleux roi Agamemnon qui à Troie commandait l'armée des Grecs meurt assassiné par son épouse Clytemnestre. Ulysse connaît la fin misérable du héros qui revint chez lui sans se méfier : lors de son séjour chez Hadès, il a rencontré l'âme du roi venue lui raconter sa « mort lamentable ».[47] Le spectre d'Agamemnon mit alors en garde Ulysse :

C'est pourquoi, toi non plus, ne sois jamais trop doux avec ta [femme !
Ne lui raconte pas tout ce que tu sais :
dis-lui une chose, cache l'autre !
Mais pour toi, Ulysse, le meurtre ne viendra pas de ta femme :
elle est trop sensée, elle a dans son esprit de trop bonnes pensées,
la fille d'Icare, la sage Pénélope[48].

L'ombre du meurtre d'Agamemnon plane sur le retour d'Ulysse. L'homme « aux mille ruses » ne se précipite pas dans sa demeure : sa sagesse et sa prudence suscitent

47. *Odyssée*, XI, 406-411.
48. *Ibid*, XI, 441-446.

l'admiration d'Athéna. Puis, quand la déesse lui révèle la situation dans son palais, où depuis trois ans commandent les « prétendants éhontés » qui font la cour à sa femme, le héros évoque le souvenir de « la mort infâme » de l'Atride[49].

Ulysse combine donc un plan avec Athéna et c'est déguisé sous l'aspect d'un pauvre mendiant qu'il arrive dans son palais. À vrai dire, c'est plus qu'un déguisement : la déesse l'a métamorphosé, en changeant sa peau, ses cheveux, ses yeux.

Comme Athéna, Pénélope ressemble à Ulysse. Elle est presque son double féminin. Fidèle à son amour légitime, elle se laisse guider par son esprit et sa raison plutôt que par ses sens ; elle fait preuve de méfiance et de prudence ; elle est experte en ruses et dupe ses ennemis les prétendants ; elle éprouve son mari comme lui-même la met à l'épreuve. Elle est « la sage Pénélope ». Autre point commun avec son époux, elle connaît la souffrance plus que toute autre mortelle : « Amies, c'est moi que Zeus a fait le plus souffrir de toutes celles qui sont nées en même temps que moi[50]... » C'est toute jeune mariée, en effet, alors qu'elle était encore « nymphe », comme disaient les Grecs, que la fille d'Icare a perdu son époux. Il lui laissait un tout petit enfant, encore au sein : Télémaque[51].

Les trois extraits proposés pour clore cette anthologie relatent les différentes retrouvailles d'Ulysse et de Pénélope depuis leur séparation, vingt ans auparavant, lorsque le héros partit pour Troie : leur première rencontre face à face et leur premier dialogue ; la scène où Pénélope questionne

49. *Odyssée*, XIII, 383-385.

50. *Ibid*, IV, 722-723.

51. *Ibid*, XI, 447-449 : Agamemnon, chez Hadès, rappelle à Ulysse ce destin commun.

à nouveau Ulysse sous les traits de l'étranger ; et enfin les vraies retrouvailles des époux après le massacre des prétendants. Entre ces trois rencontres, une progression apparaît, marquée par la confiance et l'amitié grandissantes de Pénélope envers l'étranger. Au cours du premier dialogue, Ulysse gagne rapidement la confiance de Pénélope par son témoignage sur la broche et les vêtements qu'il portait en quittant Ithaque. Son épouse si méfiante peut lui déclarer : « À présent, étranger, toi qui auparavant me faisais pitié, tu seras dans ma demeure un ami respecté[52] ! » Après cette scène, Ulysse se fait laver les pieds par sa vieille nourrice Euryclée : celle-ci reconnaît son maître à la cicatrice de la blessure que lui fit un sanglier. Le deuxième extrait nous montre les deux époux se retrouvant peu après ce fameux épisode de reconnaissance. Pénélope s'ouvre alors encore plus à Ulysse : elle lui confie un rêve prophétique et son intention d'instituer l'épreuve de l'arc. La confiance et l'amitié deviennent telles qu'elle va jusqu'à dire au mendiant : « Étranger, si assis près de moi en cette demeure, tu voulais rester à me charmer, le sommeil ne tomberait plus sur mes paupières[53] ! » Dans le troisième passage, tiré du chant XXIII, nous retrouvons les époux après le massacre des prétendants. Pénélope met encore Ulysse à l'épreuve : il lui faut un signe secret, comme elle l'a annoncé à son fils Télémaque, indigné de son attitude. Pénélope a-t-elle déjà reconnu Ulysse avant ce dernier signe ? C'est incertain, mais c'est ce que laissent penser les paroles qu'elle adresse à l'étranger comme si elle reconnaissait déjà son époux :

52. *Odyssée*, XIX, 253-254.
53. *Ibid*, XIX, 589-590.

Et toi, qu'as-tu ? Je ne fais preuve d'orgueil ni de mépris,
ni certes de surprise ! je sais très bien comme tu étais
lorsque tu quittas Ithaque sur ton navire aux longues rames[54] *!*

Sur Pénélope plane l'ombre de la sœur de Clytemnestre, Hélène. L'épouse fidèle d'Ulysse craignait, en se laissant tromper, de commettre une faute semblable à elle. C'est Pénélope elle-même qui établit ce parallèle entre elle et l'épouse énigmatique de Ménélas[55]. Au chant XIX, Homère nous suggère aussi cette comparaison : l'arrivée de Pénélope dans la grande salle rappelle l'entrée royale d'Hélène au chant IV. Si toutes deux sont comparées à Artémis, seule Pénélope, curieusement, est semblable à Aphrodite d'or : dans l'*Odyssée*, Homère parle plus de la beauté de Pénélope que de celle d'Hélène.

L'amour de Pénélope pour Ulysse est au-delà des sens, même si c'est un amour complet qui sera scellé par les « plaisirs de l'amour ». Ses yeux ne suffisent pas : malgré ses interrogations et ses doutes et bien qu'elle semble avoir reconnu son époux, il lui faut un signe secret, un signe connu d'eux seuls, pour reconnaître en parole et en acte son amour. Le lit conjugal construit par Ulysse sur un tronc d'olivier, l'arbre d'Athéna, sera ce signe irréfutable. Pénélope reconnaît son amour par un pur acte de mémoire.

54. *Odyssée*, XXIII, 174-176.
55. *Ibid*, XXIII, 213-224.

Qu'a voulu nous dire Homère à travers toutes ces figures féminines qui hantent l'*Odyssée* ? Certes, notre lecture de l'épopée homérique peut se suffire, esthétiquement et moralement, de la seule surface de l'œuvre : la beauté première de l'*Iliade* et de l'*Odyssée,* qui nous apparaissent d'abord comme d'immenses bas-reliefs, comme de vastes peintures à la fresque, est une beauté de surface. Cette beauté tout extérieure, qui se situe dans un continuel présent et nous entraîne dans un drame où tout est action, semble libre de tout arrière-plan[56].

Toutefois, le principe du présent ouvrage, une anthologie à partir d'un thème aussi universel que l'amour, nous pousse tout particulièrement à nous interroger sur notre façon de lire Homère. Toutes ces figures féminines de l'*Odyssée*, figures de l'amour mais aussi figures de la mémoire et de l'oubli, ne cacheraient-elles pas une cohérence, une construction d'ensemble, un enseignement ? Entre Hélène, Circé, Anticlée, les Sirènes, Calypso, Nausicaa, Athéna, Pénélope, existerait-il un chemin sur le thème de l'amour et de la femme ?

Les passages proposés suivent l'ordre du récit de l'*Odyssée.* Comme nous l'avons rappelé à propos de l'extrait mettant en scène la mère d'Ulysse, Anticlée, la succession des rencontres du héros depuis la guerre de Troie est cependant tout autre. Si l'on reconstitue l'ordre réel de ces rencontres, il est le suivant : Hélène, Circé, Anticlée, les Sirènes, Calypso, Nausicaa, Athéna, Euryclée, Pénélope. Or, que se dégage-t-il d'un tel ensemble ? Force est de constater une progression. Deux

56. Voir E. Auerbach, *Mimésis : la représentation de la réalité dans la littérature occidentale*, Paris, Gallimard, 1992, p. 11-34.

grands groupes de figures se dessinent, en effet : d'un côté Hélène, Circé, les Sirènes, Calypso, figures funestes et trompeuses ; de l'autre, Nausicaa, Athéna, Euryclée, Pénélope, figures lumineuses et bénéfiques ; le spectre d'Anticlée surgissant, comme pour rappeler le chemin du vrai amour. De plus, ce cheminement jusqu'à Pénélope qui constitue le point final s'achève par un parallèle avec la figure initiale, Hélène.

LA LÉGENDE D'HOMÈRE
À propos de la *Vie d'Homère* du Pseudo-Plutarque

Fait inconcevable pour nous aujourd'hui, l'auteur de ces figures poétiques incomparables, celui que les Anciens appelaient « le Poète » n'a rien dit de lui-même. A-t-il même existé ? demandent les Modernes. Rien de certain sur lui, même son nom, même son existence. Reste sa légende, avec toute sa force et sa fortune : qui ne connaît la figure du poète aveugle, pauvre, errant, qui deviendra pour l'Occident la figure même du poète ? Cette légende continuera même d'être enrichie à l'époque moderne : certains, frappés par la richesse et la profondeur des personnages féminins de l'*Iliade* et de l'*Odyssée*, diront qu'Homère était une femme.

La légende antique d'Homère est parvenue jusqu'à nous par des voies très variées : la littérature, les beaux-arts, l'enseignement, la tradition orale. C'est par les *Vies d'Homère* qu'elle nous est le plus précisément connue. Ces courts récits biographiques, hérités des Anciens et insérés fréquemment en tête des manuscrits de l'*Iliade* et de l'*Odyssée,* ont souvent été édités, depuis la Renaissance, en même temps que les œuvres du Poète, mais ont fini par tomber dans le discrédit et l'oubli à partir de la fin du XVIIIe siècle. Par *Vies d'Homère*, on désigne un ensemble d'une douzaine de textes grecs, remontant aux environs du IIe siècle ap. J.-C., et même, pour certains, au début de l'époque byzantine : la *Vie d'Homère* du Pseudo-Plutarque[57], la *Vie d'Homère* du Pseudo-Hérodote, la *Dispute d'Homère et d'Hésiode* (anonyme), la *Vie d'Homère* de Proclus, l'entrée « Homère » dans le dictionnaire de la *Souda,* issue d'une œuvre d'Hésychius de Milet, et trois autres *Vies* anonymes extraites de manuscrits médiévaux, la *Vita Romana* et les *Vitae Scorialenses*[58].

Deux de ces *Vies* ont connu la faveur des éditeurs et du public, tout comme elles ont nourri l'imagination des artistes : celle du Pseudo-Hérodote et celle du Pseudo-Plutarque. Elles figurèrent d'ailleurs, avec le discours *Sur Homère* de Dion Chrysostome, au début, donc à une place d'honneur, de la première édition imprimée du texte grec d'Homère, préparée à Florence en 1488 par les soins de l'humaniste Démétrios Chalcondylès.

Si la fortune des apocryphes homériques[59] et celle des *Vies d'Homère* sont liées sur le plan de l'histoire de la critique, il apparaît cependant que dès le XVIIe siècle, les *Vies* ont eu tendance à être de moins en moins éditées avec les œuvres d'Homère. Au XVIe siècle, la grande majorité des éditions du texte grec proposait le même triptyque biographique et introductif : *Vie d'Homère*

57. Qui remonterait, au plus tard, à la fin du IIe s. ap. J.-C. Voir West (2003), p. 306.

58. West (2003), p. 296 ; De Martino (1984).

59. Comme la *Batrachomyomachie*, ou le « Combat des rats et des grenouilles », qui connut une grande fortune à la Renaissance. Elle fut, en Italie et en France, l'œuvre homérique la première imprimée et la plus souvent éditée.

d'Hérodote, *Vie d'Homère* de Plutarque et *Discours sur Homère* de Dion Chrysostome. À partir du XVIIe siècle, il devient de plus en plus rare de voir des éditeurs du texte original proposer ces textes[60]. À la fin du XVIIIe siècle, avec la « question homérique » et la remise en question de l'existence de la personne d'« Homère », cette tendance sera renforcée.

En ce qui concerne les traductions françaises, les *Vies* n'ont pas connu la faveur des éditeurs. Au XVIe siècle, cependant, elles ont servi de sources aux traducteurs pour élaborer leurs récits de la vie d'Homère. Ainsi, Jehan Samxson, dans son édition de 1530 qui constitue la première traduction française imprimée, utilise comme sources le Pseudo-Hérodote et le Pseudo-Plutarque. Hugues Salel emploie ce fonds pour son « Épître de Dame Poésie » placée en tête de sa traduction de l'*Iliade* parue en 1545[61]. Salomon Certon, dans son édition de 1615, la première traduction française complète de l'*Iliade* et de l'*Odyssée*, insère dans sa partie introductive un discours intitulé « Ce qui se trouve en divers auteurs, de la patrie, parents, vie et mort d'Homère[62] ». L'auteur y effectue une intéressante compilation des auteurs anciens, surtout du Pseudo-Plutarque et du Pseudo-Hérodote, à ce point dans la tra-

60. Hoffmann, S. F. W., *Bibliographisches Lexicon der gesammten Litteratur der Griechen*, Leipzig, 1839, vol. 2, p. 318-321 ; *Catalogue général de la Bibliothèque nationale*, Paris.

61. Voir Noémi Hepp, « Homère en France au XVIe siècle », in *Atti della Accademia delle Scienze di Torino, Classe di Scienze Morali, Storiche e Filologiche*, vol. 96 (1961-1962).

62. Certon, S., *Les Œuvres d'Homère... assavoir : l'Iliade, l'Odyssée, la Batrachomyomachie, les Hymnes et les Épigrammes,* le tout de la version de Salomon Certon [...] *L'Odyssée*, cy-devant imprimée, a esté [...] reveue [...], Paris, N. Hameau, 1615.

dition des biographies antiques que l'on pourrait appeler son récit « La *Vie d'Homère* de Salomon Certon ».

Au XVIIIe siècle, Mme Dacier proposera une « Vie d'Homère », dans la quatrième édition de ses traductions de l'*Iliade* et de l'*Odyssée,* publiée en 1731[63]. Elle sera rééditée dans le premier volume de ses traductions publiées en 1756. Au début de cette « Vie », l'helléniste prévient[64] :

J'ai naturellement de l'aversion pour tous ces ouvrages où le mensonge a pris la place de la verité ; je ne rapporterai donc pas ici tout ce que l'on a dit de fabuleux, & je ne donnerai pas la traduction de cette Vie entière, qu'on attribuë à Hérodote ; je craindrois qu'on ennuyât les Lecteurs, comme elle m'a ennuyée ; mais aussi je croi être obligée d'en rapporter ce qui y a de principal & qui peut paroître le moins éloigné de la vraissemblance.

En vérité, Mme Dacier s'inspire très largement de la *Vie* du Pseudo-Hérodote et ne craint pas d'ennuyer le lecteur en recourant aux épisodes et aux anecdotes romanesques de cette *Vie d'Homère.* Elle en reprend toute la trame, paraphrase et complète le récit en l'interprétant. Tout en témoignant de son esprit critique, par exemple en ce qui concerne l'attribution des œuvres, elle reprend à son compte l'essentiel du fonds de la *Vie* du Pseudo-Hérodote. Par ses contradictions, Mme Dacier témoigne de la force de la légende homérique et du charme que continuent d'exercer ces *Vies d'Homère.* Cela ne l'empêche pas d'affirmer dans une heureuse formule[65] :

63. Dacier, A. (1731), *Supplément à l'Homère de Madame Dacier, contenant la Vie d'Homère*, par Madame Dacier [...] Amsterdam, Wetsteins & Smith, 1731.

64. *Ibid* (1731), p. 2.

65. *Ibid* (1731), p. 1.

Tout le monde veut connaître celui qu'il est forcé d'admirer ; mais malheureusement c'est une curiosité qui ne sera jamais bien satisfaite ; le plus célèbre de tous les hommes sera toujours le plus inconnu.

Patrick Morantin

Références bibliographiques

Auerbach, E., *Mimésis : la représentation de la réalité dans la littérature occidentale*, Paris, Gallimard, 1992.

Buffière, F., *Les mythes d'Homère et la pensée grecque*, Paris, Les Belles Lettres, 1973.

Citati, P., *La Pensée chatoyante : Ulysse et l'Odyssée*, Paris, Gallimard, coll. « L'Arpenteur », 2004.

De Martino, F., *Omero quotidiano : Vite di Omero*, Venosa, Osanna, 1984.

Delebecque, E., *La Construction de l'Odyssée*, Paris, Les Belles Lettres, 1982.

Hepp, N., « Homère en France au XVIe siècle », in *Atti della Accademia delle Scienze di Torino, Classe di Scienze Morali, Storiche e Filologiche*, Torino, Accademia delle scienze, vol. 96 (1961-1962).

Homère, sur les traces d'Ulysse : (catalogue de l'exposition, Paris, Bibliothèque nationale de France, 21 novembre 2006-26 mai 2007), sous la direction d'Olivier Estiez, Mathilde Jamain et Patrick Morantin, Paris, Bibliothèque nationale de France, 2006.

Jaeger, W., *Paideia : la formation de l'homme grec*, Paris, Gallimard, 1964.

Omero, *Odissea*, Milano, Fondazione Lorenzo Valla, A. Mondadori, 1999-2003.

Papadopoulou-Belmehdi, I., *Le Chant de Pénélope*, Paris, Belin, 1994.

Romilly, J. de, *Homère*, Paris, PUF, 2005.

Saïd, S., *Homère et l'Odyssée*, Paris, Belin, 1998.

Vernant, J.-P., *L'Individu, la mort, l'amour : soi-même et l'autre en Grèce ancienne*, Paris, Gallimard, 1989.
West, M. L. ed., *Homeric Hymns, Homeric Apocrypha, Lives of Homer*, Cambridge, Londres, Harvard University press, 2003.
Zambarbieri, M., *L'Odissea com'è : lettura critica*, Milan, LED, 2002.

Le texte grec des extraits de l'*Odyssée* proposés est celui de l'édition publiée par la Fondazione Lorenzo Valla : *Odissea*, Milan, Arnoldo Mondadori, 1999-2003 «*Scrittori greci et latini*», 6 volumes ; introduction générale d'Alfred Heubeck et Stephanie West ; texte et commentaire par les soins de Stephanie West (chants I-IV), John Bryan Hainsworth (chants V-VIII), Alfred Heubeck (chants IX-XII), Arie Hoekstra (chants XIII-XVI), Joseph Russo (chants XVII-XX), Manuel Fernández-Galiano et Alfred Heubeck (chants XXI-XXIV) ; traduction de G. Aurelio Privitera. Les éditions suivantes ont été utilisées : volume I (chants I-IV), 2003 ; volume II (chants V-VIII), 2002 ; volume III (chants IX-XII), 2003 ; volume IV (chants XIII-XVI), 2000 ; volume V (chants XVII-XX), 1999 ; volume VI (chants XXI-XXIV), 2001.

La traduction de la *Vie d'Homère* du Pseudo-Plutarque a été effectuée à partir du texte grec établi par Martin L. West, Cambridge, Londres, Harvard university press, 2003, «*Loeb Classical Library*».

Figures de l'amour

Hélène

Chant IV, 121-305

ἐκ δ' Ἑλένη θαλάμοιο θυώδεος ὑψορόφοιο
ἤλυθεν Ἀρτέμιδι χρυσηλακάτῳ ἐϊκυῖα.
τῇ δ' ἄρ' ἅμ' Ἀδρήστη κλισίην εὔτυκτον ἔθηκεν,
Ἀλκίππη δὲ τάπητα φέρεν μαλακοῦ ἐρίοιο,
Φυλὼ δ' ἀργύρεον τάλαρον φέρε, τόν οἱ ἔδωκεν
Ἀλκάνδρη, Πολύβοιο δάμαρ, ὃς ἔναι' ἐνὶ Θήβῃς
Αἰγυπτίῃσ', ὅθι πλεῖστα δόμοισ' ἐν κτήματα κεῖται·
ὃς Μενελάῳ δῶκε δύ' ἀργυρέας ἀσαμίνθους,
δοιοὺς δὲ τρίποδας, δέκα δὲ χρυσοῖο τάλαντα.
χωρὶς δ' αὖθ' Ἑλένῃ ἄλοχος πόρε κάλλιμα δῶρα·
χρυσῆν τ' ἠλακάτην τάλαρόν θ' ὑπόκυκλον ὄπασσεν
ἀργύρεον, χρυσῷ δ' ἐπὶ χείλεα κεκράαντο.
τόν ῥά οἱ ἀμφίπολος Φυλὼ παρέθηκε φέρουσα
νήματος ἀσκητοῖο βεβυσμένον· αὐτὰρ ἐπ' αὐτῷ
ἠλακάτη τετάνυστο ἰοδνεφὲς εἶρος ἔχουσα.
ἕζετο δ' ἐν κλισμῷ, ὑπὸ δὲ θρῆνυς ποσὶν ἦεν.
αὐτίκα δ' ἥ γ' ἐπέεσσι πόσιν ἐρέεινεν ἕκαστα·
«ἴδμεν δή, Μενέλαε διοτρεφές, οἵ τινες οἵδε
ἀνδρῶν εὐχετόωνται ἱκανέμεν ἡμέτερον δῶ;
ψεύσομαι ἦ ἔτυμον ἐρέω; κέλεται δέ με θυμός.
οὐ γάρ πώ τινά φημι ἐοικότα ὧδε ἰδέσθαι
οὔτ' ἄνδρ' οὔτε γυναῖκα, σέβας μ' ἔχει εἰσορόωσαν,
ὡς ὅδ' Ὀδυσσῆος μεγαλήτορος υἷϊ ἔοικε,
Τηλεμάχῳ, τὸν ἔλειπε νέον γεγαῶτ' ἐνὶ οἴκῳ
κεῖνος ἀνήρ, ὅτ' ἐμεῖο κυνώπιδος εἵνεκ' Ἀχαιοὶ
ἤλθεθ' ὑπὸ Τροίην, πόλεμον θρασὺν ὁρμαίνοντες».
τὴν δ' ἀπαμειβόμενος προσέφη ξανθὸς Μενέλαος·
«οὕτω νῦν καὶ ἐγὼ νοέω, γύναι, ὡς σὺ ἐΐσκεις·
κείνου γὰρ τοιοίδε πόδες τοιαίδε τε χεῖρες

Sortit Hélène de sa haute chambre parfumée
et vint telle Artémis à la flèche d'or ;
Adraste lui présenta un siège ouvragé,
Alcippe y étendit un tapis de laine moelleuse,
puis Phylo apporta un panier d'argent, don
d'Alcandre femme de Polybe qui habitait la Thèbes
d'Égypte où les demeures regorgent d'immenses richesses.
À Ménélas Polybe avait donné deux baignoires d'argent,
deux trépieds et dix talents d'or ;
de son côté sa femme avait fait à Hélène de splendides
[présents :
une quenouille d'or, un panier sur roues,
tout en argent, les bords finis en or.
Sa servante Phylo le plaça à côté d'elle,
rempli de beau fil ; dessus
reposait la quenouille avec la laine violette.
Hélène s'assit sur le siège, mit ses pieds sur le tabouret
et demanda soudain à son époux :
« Sait-on, Ménélas, fils de Zeus,
qui prétendent être ces hommes venus en notre demeure ?
Vais-je dissimuler ou parler vrai ? Le cœur me presse !
Jamais en effet je n'ai vu une telle ressemblance
chez un homme ou une femme, et en le contemplant j'en
[suis saisie de crainte ;
comme celui-ci ressemble au fils du magnanime Ulysse,
Télémaque, qu'il laissa tout petit dans sa demeure
quand à cause de moi, face de chienne, les Achéens
vinrent à Troie, pleins du désir de combattre ! »
Le blond Ménélas lui répondit :
« À présent moi aussi, ma femme, j'en viens à penser
[comme toi :
il a les mêmes pieds, les mêmes mains,

ὀφθαλμῶν τε βολαὶ κεφαλή τ' ἐφύπερθέ τε χαῖται.
καὶ νῦν ἤ τοι ἐγὼ μεμνημένος ἀμφ' Ὀδυσῆϊ
μυθεόμην, ὅσα κεῖνος ὀϊζύσας ἐμόγησεν
ἀμφ' ἐμοί, αὐτὰρ ὁ πυκνὸν ὑπ' ὀφρύσι δάκρυον εἶβε,
χλαῖναν πορφυρέην ἄντ' ὀφθαλμοῖϊν ἀνασχών».
τὸν δ' αὖ Νεστορίδης Πεισίστρατος ἀντίον ηὔδα·
«Ἀτρεΐδη Μενέλαε διοτρεφές, ὄρχαμε λαῶν,
κείνου μέν τοι ὅδ' υἱὸς ἐτήτυμον, ὡς ἀγορεύεις·
ἀλλὰ σαόφρων ἐστί, νεμεσσᾶται δ' ἐνὶ θυμῷ
ὧδ' ἐλθὼν τὸ πρῶτον ἐπεσβολίας ἀναφαίνειν
ἄντα σέθεν, τοῦ νῶϊ θεοῦ ὣς τερπόμεθ' αὐδῇ.
αὐτὰρ ἐμὲ προέηκε Γερήνιος ἱππότα Νέστωρ
τῷ ἅμα πομπὸν ἕπεσθαι· ἐέλδετο γάρ σε ἰδέσθαι,
ὄφρα οἱ ἤ τι ἔπος ὑποθήσεαι ἠέ τι ἔργον.
πολλὰ γὰρ ἄλγε' ἔχει πατρὸς πάϊς οἰχομένοιο
ἐν μεγάροισ', ᾧ μὴ ἄλλοι ἀοσσητῆρες ἔωσιν,
ὡς νῦν Τηλεμάχῳ ὁ μὲν οἴχεται, οὐδέ οἱ ἄλλοι
εἴσ', οἵ κεν κατὰ δῆμον ἀλάλκοιεν κακότητα».
τὸν δ' ἀπαμειβόμενος προσέφη ξανθὸς Μενέλαος·
«ὢ πόποι, ἦ μάλα δὴ φίλου ἀνέρος υἱὸς ἐμὸν δῶ
ἵκεθ', ὃς εἵνεκ' ἐμεῖο πολέας ἐμόγησεν ἀέθλους·
καί μιν ἔφην ἐλθόντα φιλησέμεν ἔξοχα πάντων
Ἀργείων, εἰ νῶϊν ὑπεὶρ ἅλα νόστον ἔδωκε
νηυσὶ θοῇσι γενέσθαι Ὀλύμπιος εὐρύοπα Ζεύς.
καί κέ οἱ Ἄργεϊ νάσσα πόλιν καὶ δώματ' ἔτευξα,
ἐξ Ἰθάκης ἀγαγὼν σὺν κτήμασι καὶ τέκεϊ ᾧ
καὶ πᾶσιν λαοῖσι, μίαν πόλιν ἐξαλαπάξας,
αἳ περιναιετάουσιν, ἀνάσσονται δ' ἐμοὶ αὐτῷ.
καί κε θάμ' ἐνθάδ' ἐόντες ἐμισγόμεθ· οὐδέ κεν ἥμεας

les mêmes regards, la même tête et les mêmes cheveux !
Et quand j'évoquais le souvenir d'Ulysse
et disais tout ce qu'il souffrit
pour moi, combien de larmes il versait,
en se couvrant les yeux de son manteau pourpre ! »
Alors Pisistrate, le fils de Nestor, lui adressa ces paroles :
« Atride Ménélas, enfant de Zeus, prince des peuples,
voici, comme tu l'as dit, le fils d'Ulysse !
Mais il est prudent et craint en son cœur,
venant ici pour la première fois, de s'exprimer à la légère,
face à toi qui nous sembles parler tel un dieu.
C'est le conducteur de chars Nestor le Gérénien qui m'a [envoyé
pour l'escorter, car il désirait te voir
afin d'obtenir un conseil ou l'idée d'une action à [entreprendre.
Un père parti, le fils souffre en effet de nombreux maux
en son palais, si d'autres ne le défendent !
ainsi en est-il de Télémaque : il ne se trouve personne
parmi son peuple pour écarter de lui le malheur ! »
Le blond Ménélas lui répondit :
« Hélas ! c'est le fils d'un homme qui m'est cher
qui vient en ma demeure, lui qui à cause de moi souffrit [bien des épreuves !
et je pensais l'accueillir mieux que tous les autres Argiens,
si Zeus à la voix immense nous accordait à tous deux
le retour sur la mer par les vaisseaux rapides !
En Argos je lui aurais donné une ville et lui aurais construit [un palais,
le faisant venir d'Ithaque avec ses biens, son fils
et tout son peuple, après avoir vidé une ville entière
parmi celles qui aux alentours me sont soumises.
Et alors nous nous serions souvent vus,

ἄλλο διέκρινεν φιλέοντέ τε τερπομένω τε,
πρίν γ' ὅτε δὴ θανάτοιο μέλαν νέφος ἀμφεκάλυψεν.
ἀλλὰ τὰ μέν που μέλλεν ἀγάσσασθαι θεὸς αὐτός,
ὃς κεῖνον δύστηνον ἀνόστιμον οἷον ἔθηκεν ».
ὣς φάτο, τοῖσι δὲ πᾶσιν ὑφ' ἵμερον ὦρσε γόοιο.
κλαῖε μὲν 'Αργείη 'Ελένη, Διὸς ἐκγεγαυῖα,
κλαῖε δὲ Τηλέμαχός τε καὶ 'Ατρεΐδης Μενέλαος,
οὐδ' ἄρα Νέστορος υἱὸς ἀδακρύτω ἔχεν ὄσσε·
μνήσατο γὰρ κατὰ θυμὸν ἀμύμονος 'Αντιλόχοιο,
τόν ῥ' 'Ηοῦς ἔκτεινε φαεινῆς ἀγλαὸς υἱός.
τοῦ ὅ γ' ἐπιμνησθεὶς ἔπεα πτερόεντ' ἀγόρευεν·
« 'Ατρεΐδη, περὶ μέν σε βροτῶν πεπνυμένον εἶναι
Νέστωρ φάσχ' ὁ γέρων, ὅτ' ἐπιμνησαίμεθα σεῖο
οἷσιν ἐνὶ μεγάροισι καὶ ἀλλήλους ἐρέοιμεν·
καὶ νῦν, εἴ τί που ἔστι, πίθοιό μοι· οὐ γὰρ ἐγώ γε
τέρπομ' ὀδυρόμενος μεταδόρπιος, ἀλλὰ καὶ 'Ηὼς
ἔσσεται ἠριγένεια· νεμεσσῶμαί γε μὲν οὐδὲν
κλαίειν, ὅς κε θάνησι βροτῶν καὶ πότμον ἐπίσπῃ.
τοῦτό νυ καὶ γέρας οἷον ὀϊζυροῖσι βροτοῖσι,
κείρασθαί τε κόμην βαλέειν τ' ἀπὸ δάκρυ παρειῶν.
καὶ γὰρ ἐμὸς τέθνηκεν ἀδελφεός, οὔ τι κάκιστος
'Αργείων· μέλλεις δὲ σὺ ἴδμεναι· οὐ γὰρ ἐγώ γε
ἤντησ' οὐδὲ ἴδον· περὶ δ' ἄλλων φασὶ γενέσθαι
'Αντίλοχον, περὶ μὲν θείειν ταχὺν ἠδὲ μαχητήν ».
τὸν δ' ἀπαμειβόμενος προσέφη ξανθὸς Μενέλαος·
« ὦ φίλ', ἐπεὶ τόσα εἶπες, ὅσ' ἂν πεπνυμένος ἀνὴρ
εἴποι καὶ ῥέξειε, καὶ ὃς προγενέστερος εἴη·
τοίου γὰρ καὶ πατρός, ὃ καὶ πεπνυμένα βάζεις.
ῥεῖα δ' ἀρίγνωτος γόνος ἀνέρος, ᾧ τε Κρονίων

rien ne nous aurait séparés dans les plaisirs de l'amitié,
avant que la noire nuée de la mort nc nous recouvre !
Mais de tout cela un dieu devait être jaloux,
celui qui le rendit malheureux et le priva lui seul du retour ! »
Ayant ainsi parlé, il fit monter en tous le désir de pleurer.
Pleurait Hélène d'Argos, fille de Zeus,
pleuraient Télémaque et l'Atride Ménélas,
et ne laissait pas ses yeux sans larmes le fils de Nestor
car en son cœur il s'était rappelé l'irréprochable Antiloque
que tua le fils éclatant d'Aurore.
Plein de son souvenir, il dit ces mots ailés :
« Atride, que par ta sagesse tu sois au-dessus des autres
[mortels,
le vieux Nestor nous le disait quand il nous parlait de toi
en son palais et que nous discutions entre nous !
Mais à présent, si tu le veux, écoute-moi
car je n'aime pas me lamenter après le repas : Aurore
fille du matin viendra et alors je ne dédaignerai point
pleurer ceux des mortels qui meurent et subissent le destin !
Oui, c'est bien la seule part d'honneur à rendre à ces
[mortels infortunés :
se couper la chevelure et sur les joues laisser couler les larmes !
car mon frère est mort aussi et il n'était pas le moindre
des Argiens ; mais toi, tu dois le savoir :
moi je ne l'ai ni connu ni vu ; on dit qu'Antiloque surpassait
[les autres,
que ce soit à la course ou au combat. »
Le blond Ménélas lui répondit :
« Mon ami, tu as dit tout ce que dirait et ferait
un homme avisé qui serait plus âgé que toi !
Tu es bien le fils d'un tel père car toi aussi tu parles
[sagement !
On reconnaît aisément la race d'un homme que le Cronide

ὄλβον ἐπικλώσῃ γαμέοντί τε γεινομένῳ τε,
ὡς νῦν Νέστορι δῶκε διαμπερὲς ἤματα πάντα,
αὐτὸν μὲν λιπαρῶς γηρασκέμεν ἐν μεγάροισιν,
υἱέας αὖ πινυτούς τε καὶ ἔγχεσιν εἶναι ἀρίστους.
ἡμεῖς δὲ κλαυθμὸν μὲν ἐάσομεν, ὃς πρὶν ἐτύχθη,
δόρπου δ' ἐξαῦτις μνησώμεθα, χερσὶ δ' ἐφ' ὕδωρ
χευάντων· μῦθοι δὲ καὶ ἠῶθέν περ ἔσονται
Τηλεμάχῳ καὶ ἐμοὶ διαειπέμεν ἀλλήλοισιν».
ὣς ἔφατ', 'Ασφαλίων δ' ἄρ' ὕδωρ ἐπὶ χεῖρας ἔχευεν,
ὀτρηρὸς θεράπων Μενελάου κυδαλίμοιο.
οἱ δ' ἐπ' ὀνείαθ' ἑτοῖμα προκείμενα χεῖρας ἴαλλον.
ἔνθ' αὖτ' ἄλλ' ἐνόησ' Ἑλένη Διὸς ἐκγεγαυῖα·
αὐτίκ' ἄρ' εἰς οἶνον βάλε φάρμακον, ἔνθεν ἔπινον,
νηπενθές τ' ἄχολόν τε, κακῶν ἐπίληθον ἁπάντων.
ὃς τὸ καταβρόξειεν, ἐπὴν κρητῆρι μιγείη,
οὔ κεν ἐφημέριός γε βάλοι κατὰ δάκρυ παρειῶν,
οὐδ' εἴ οἱ κατατεθναίη μήτηρ τε πατήρ τε,
οὐδ' εἴ οἱ προπάροιθεν ἀδελφεὸν ἢ φίλον υἱὸν
χαλκῷ δηϊόῳεν, ὁ δ' ὀφθαλμοῖσιν ὁρῷτο.
τοῖα Διὸς θυγάτηρ ἔχε φάρμακα μητιόεντα,
ἐσθλά, τά οἱ Πολύδαμνα πόρεν, Θῶνος παράκοιτις,
Αἰγυπτίη, τῇ πλεῖστα φέρει ζείδωρος ἄρουρα
φάρμακα, πολλὰ μὲν ἐσθλὰ μεμιγμένα, πολλὰ δὲ λυγρά·
ἰητρὸς δὲ ἕκαστος ἐπιστάμενος περὶ πάντων
ἀνθρώπων· ἦ γὰρ Παιήονός εἰσι γενέθλης.
αὐτὰρ ἐπεί ῥ' ἐνέηκε κέλευσέ τε οἰνοχοῆσαι,
ἐξαῦτις μύθοισιν ἀμειβομένη προσέειπεν·
« 'Ατρεΐδη Μενέλαε διοτρεφὲς ἠδὲ καὶ οἵδε
ἀνδρῶν ἐσθλῶν παῖδες, ἀτὰρ θεὸς ἄλλοτε ἄλλῳ

favorisa dans son mariage et ses enfants,
comme Nestor, à qui il donna pour le reste de ses jours
de vieillir dans l'abondance au sein de son palais,
au milieu de fils sages et habiles à la lance !
Mais cessons les lamentations que nous avions commencées
et revenons à notre repas ; versons l'eau sur nos mains !
après l'Aurore, Télémaque et moi-même
nous aurons bien des choses à nous dire ! »
Il dit, et Asphalion répandit l'eau sur leurs mains,
le zélé serviteur de l'illustre Ménélas,
puis ils étendirent leurs mains sur les mets préparés.
Hélène, la fille de Zeus, eut alors l'idée
de jeter dans le vin où ils puisaient un philtre
qui chasse la douleur et la colère et fait oublier tous les [maux.
Celui qui l'avale une fois qu'il est versé au cratère
ne laisserait pas couler une seule larme de la journée,
même s'il perdait et père et mère,
même si devant ses propres yeux
son frère et son fils bien-aimé étaient tués par le bronze !
De tels philtres pleins de ruses, la fille de Zeus détenait,
bons remèdes que lui donna Polydamna, la compagne de [Thon,
l'Égyptienne : en son pays la terre féconde en blé produit
de nombreuses plantes, les unes bénéfiques, les autres [nocives ;
et les médecins y sont tous les plus savants
des hommes, eux qui sont de la race de Péon.
Et une fois qu'elle eut jeté la drogue et ordonné de verser [le vin,
elle fit ce discours :
« Atride Ménélas, fils de Zeus, et vous
fils d'hommes valeureux, un jour aux uns, un jour aux [autres,

Ζεὺς ἀγαθόν τε κακόν τε διδοῖ· δύναται γὰρ ἅπαντα·
ἤ τοι νῦν δαίνυσθε καθήμενοι ἐν μεγάροισι
καὶ μύθοις τέρπεσθε· ἐοικότα γὰρ καταλέξω.
πάντα μὲν οὐκ ἂν ἐγὼ μυθήσομαι οὐδ' ὀνομήνω,
ὅσσοι 'Οδυσσῆος ταλασίφρονός εἰσιν ἄεθλοι·
ἀλλ' οἷον τόδ' ἔρεξε καὶ ἔτλη καρτερὸς ἀνὴρ
δήμῳ ἔνι Τρώων, ὅθι πάσχετε πήματ' 'Αχαιοί.
αὐτόν μιν πληγῇσιν ἀεικελίῃσι δαμάσσας,
σπεῖρα κάκ' ἀμφ' ὤμοισι βαλών, οἰκῆϊ ἐοικώς,
ἀνδρῶν δυσμενέων κατέδυ πόλιν εὐρυάγυιαν.
ἄλλῳ δ' αὐτὸν φωτὶ καταχρύπτων ἤϊσκε
Δέκτῃ, ὃς οὐδὲν τοῖος ἔην ἐπὶ νηυσὶν 'Αχαιῶν·
τῷ ἴκελος κατέδυ Τρώων πόλιν, οἱ δ' ἀβάκησαν
πάντες· ἐγὼ δέ μιν οἴη ἀνέγνων τοῖον ἐόντα,
καί μιν ἀνειρώτευν· ὁ δὲ κερδοσύνῃ ἀλέεινεν.
ἀλλ' ὅτε δή μιν ἐγὼ λόεον καὶ χρῖον ἐλαίῳ,
ἀμφὶ δὲ εἵματα ἕσσα καὶ ὤμοσα καρτερὸν ὅρκον,
μὴ μὲν πρὶν 'Οδυσῆα μετὰ Τρώεσσ' ἀναφῆναι,
πρίν γε τὸν ἐς νῆάς τε θοὰς κλισίας τ' ἀφικέσθαι,
καὶ τότε δή μοι πάντα νόον κατέλεξεν 'Αχαιῶν.
πολλοὺς δὲ Τρώων κτείνας ταναήκεϊ χαλκῷ
ἦλθε μετ' 'Αργείους, κατὰ δὲ φρόνιν ἤγαγε πολλήν.
ἔνθ' ἄλλαι Τρῳαὶ λίγ' ἐκώκυον· αὐτὰρ ἐμὸν κῆρ
χαῖρ', ἐπεὶ ἤδη μοι κραδίη τέτραπτο νέεσθαι
ἂψ οἶκόνδ', ἄτην δὲ μετέστενον, ἣν 'Αφροδίτη
δῶχ', ὅτε μ' ἤγαγε κεῖσε φίλης ἀπὶ πατρίδος αἴης,
παῖδά τ' ἐμὴν νοσφισσαμένην θάλαμόν τε πόσιν τε
οὔ τευ δευόμενον, οὔτ' ἂρ φρένας οὔτε τι εἶδος».
τὴν δ' ἀπαμειβόμενος προσέφη ξανθὸς Μενέλαος·

Zeus donne le bien et donne le mal, car il peut tout !
À présent prenez part au banquet, asseyez-vous dans la
[grande salle
et réjouissez-vous en paroles : je vous raconterai ce qu'il faut.
Je ne pourrais cependant vous raconter ni énumérer
tous les exploits de l'endurant Ulysse,
mais je vous en dirai un seul que cet homme vaillant
[accomplit
en cette Troie où les Achéens subirent tant de peines.
S'étant lui-même meurtri de coups,
il jeta des haillons sur ses épaules et tel un esclave
pénétra dans la cité ennemie aux larges rues.
Il se déguisa et se fit semblable à un autre,
à Dectès, lui qui en rien ne lui ressemblait près des nefs
[des Achéens !
Il entra semblable à lui dans la ville des Troyens
et personne ne le reconnut si ce n'est moi
qui lui posai des questions, mais lui les évita avec habileté.
Mais quand je le baignai et l'enduisit d'huile,
et que je le revêtis de vêtements, je fis le grand serment
de ne dévoiler Ulysse à aucun Troyen,
avant qu'il n'arrive aux nefs rapides et aux tentes des Achéens ;
et alors, il me raconta tout le plan des Achéens.
Après avoir tué de nombreux Troyens par le bronze tranchant,
il retourna parmi les Argiens, riche de renseignements.
Les autres Troyennes hurlaient alors de douleur mais
[moi en mon cœur
je me réjouissais car désormais je voulais revenir
en ma maison et regrettais la folie qu'Aphrodite
me fit faire lorsque là-bas elle m'emporta depuis ma chère
[patrie,
abandonnant ma fille, mon foyer et mon époux
qui ne le cède à aucun, par son esprit et sa beauté. »
Le blond Ménélas lui répondit :

«ναὶ δὴ ταῦτά γε πάντα, γύναι, κατὰ μοῖραν ἔειπες.
ἤδη μὲν πολέων ἐδάην βουλήν τε νόον τε
ἀνδρῶν ἡρώων, πολλὴν δ' ἐπελήλυθα γαῖαν·
ἀλλ' οὔ πω τοιοῦτον ἐγὼ ἴδον ὀφθαλμοῖσιν
οἷον 'Οδυσσῆος ταλασίφρονος ἔσκε φίλον κῆρ.
οἷον καὶ τόδ' ἔρεξε καὶ ἔτλη καρτερὸς ἀνὴρ
ἵππῳ ἔνι ξεστῷ, ἵν' ἐνήμεθα πάντες ἄριστοι
'Αργείων, Τρώεσσι φόνον καὶ κῆρα φέροντες.
ἦλθες ἔπειτα σὺ κεῖσε· κελευσέμεναι δέ σ' ἔμελλε
δαίμων, ὃς Τρώεσσιν ἐβούλετο κῦδος ὀρέξαι·
καί τοι Δηΐφοβος θεοείκελος ἕσπετ' ἰούσῃ.
τρὶς δὲ περίστειξας κοῖλον λόχον ἀμφαφόωσα,
ἐκ δ' ὀνομακλήδην Δαναῶν ὀνόμαζες ἀρίστους,
πάντων 'Αργείων φωνὴν ἴσκουσ' ἀλόχοισιν·
αὐτὰρ ἐγὼ καὶ Τυδεΐδης καὶ δῖος 'Οδυσσεὺς
ἥμενοι ἐν μέσσοισιν ἀκούσαμεν, ὡς ἐβόησας.
νῶϊ μὲν ἀμφοτέρω μενεήναμεν ὁρμηθέντες
ἢ ἐξελθέμεναι ἢ ἔνδοθεν αἶψ' ὑπακοῦσαι·
ἀλλ' 'Οδυσεὺς κατέρυκε καὶ ἔσχεθεν ἱεμένω περ.
ἔνθ' ἄλλοι μὲν πάντες ἀκὴν ἔσαν υἷες 'Αχαιῶν,
"Αντικλος δὲ σέ γ' οἶος ἀμείψασθαι ἐπέεσσιν
ἤθελεν· ἀλλ' 'Οδυσεὺς ἐπὶ μάστακα χερσὶ πίεζε
νωλεμέως κρατερῇσι, σάωσε δὲ πάντας 'Αχαιούς·
τόφρα δ' ἔχ', ὄφρα σε νόσφιν ἀπήγαγε Παλλὰς 'Αθήνη».
τὸν δ' αὖ Τηλέμαχος πεπνυμένος ἀντίον ηὔδα·
«'Ατρεΐδη Μενέλαε διοτρεφές, ὄρχαμε λαῶν,
ἄλγιον· οὐ γάρ οἵ τι τό γ' ἤρκεσε λυγρὸν ὄλεθρον,
οὐδ' εἴ οἱ κραδίη γε σιδηρέη ἔνδοθεν ἦεν.
ἀλλ' ἄγετ' εἰς εὐνὴν τράπεθ' ἥμεας, ὄφρα καὶ ἤδη

« Oui, ma femme, en tout cela tu as bien parlé !
J'ai connu la pensée et l'esprit de nombreux héros,
et j'ai beaucoup parcouru le monde.
Mais jamais de mes yeux, je n'ai vu un homme
avec un cœur tel celui de l'endurant Ulysse !
Avec quelle patience et audace agit cet homme fort
dans le cheval de bois où nous, les meilleurs
des Argiens, étions pour apporter la mort et la destruction
[aux Troyens !
Toi tu vins : un dieu avait dû t'inspirer
qui voulait donner la gloire aux Troyens !
et te suivait Deiphobe, semblable à un dieu.
Trois fois, en le caressant, tu fis le tour du piège creux,
appelant par leur nom les meilleurs des Danaens,
imitant la voix des femmes de tous les Argiens.
Moi-même et le fils de Tydée et le divin Ulysse,
assis parmi les autres, nous t'entendîmes alors que tu
[appelais.
Tous deux nous brûlions de nous précipiter,
de sortir ou de répondre de l'intérieur !
Mais Ulysse nous empêcha et nous retint malgré notre
[désir !
Alors, tous les fils des Achéens restèrent en silence,
Antiloque seul voulant te répondre.
Mais Ulysse lui mit ses fortes mains sur la bouche
et, sans lâcher prise, sauva la vie de tous les Achéens,
jusqu'à ce que te conduisit au loin Pallas Athéna. »
Le sage Télémaque prit alors la parole :
« Atride Ménélas, fils de Zeus, prince des peuples,
ma tristesse en est encore plus grande ! car cela ne lui
[évita pas la douloureuse mort,
même si son cœur était de fer !
Mais conduisez-nous à nos lits

ὕπνῳ ὕπο γλυκερῷ ταρπώμεθα κοιμηθέντες».
ὣς ἔφατ', Ἀργείη δ' Ἑλένη δμῳῇσι κέλευσε
δέμνι' ὑπ' αἰθούσῃ θέμεναι καὶ ῥήγεα καλὰ
πορφύρε' ἐμβαλέειν, στορέσαι τ' ἐφύπερθε τάπητας
χλαίνας τ' ἐνθέμεναι οὔλας καθύπερθεν ἕσασθαι.
αἱ δ' ἴσαν ἐκ μεγάροιο δάος μετὰ χερσὶν ἔχουσαι,
δέμνια δ' ἐστόρεσαν· ἐκ δὲ ξείνους ἄγε κῆρυξ.
οἱ μὲν ἄρ' ἐν προδόμῳ δόμου αὐτόθι κοιμήσαντο,
Ἀτρεΐδης δὲ καθεῦδε μυχῷ δόμου ὑψηλοῖο,
πὰρ δ' Ἑλένη τανύπεπλος ἐλέξατο, δῖα γυναικῶν.

afin que couchés nous goûtions au doux sommeil ! »
Il dit, et Hélène d'Argos ordonna aux servantes
de placer les lits sous le portique et d'y mettre
de belles couvertures de pourpre, d'étendre dessus des
[tapis
et d'ajouter des manteaux épais pour se couvrir.
De la salle elles sortirent une torche à la main
et étendirent les lits ; un héraut conduisit les hôtes.
Ils se couchèrent là, à l'entrée du palais,
tandis que l'Atride s'endormait au fond de sa haute
[demeure
et qu'à côté de lui s'étendait Hélène à la longue robe, divine
[entre toutes les femmes.

Calypso

Chant V, 1-281

Ἠὼς δ' ἐκ λεχέων παρ' ἀγαυοῦ Τιθωνοῖο
ὤρνυθ', ἵν' ἀθανάτοισι φόως φέροι ἠδὲ βροτοῖσιν·
οἱ δὲ θεοὶ θῶκόνδε καθίζανον, ἐν δ' ἄρα τοῖσι
Ζεὺς ὑψιβρεμέτης, οὗ τε κράτος ἐστὶ μέγιστον.
τοῖσι δ' Ἀθηναίη λέγε κήδεα πόλλ' Ὀδυσῆος
μνησαμένη· μέλε γάρ οἱ ἐὼν ἐν δώμασι νύμφης·
« Ζεῦ πάτερ ἠδ' ἄλλοι μάκαρες θεοὶ αἰὲν ἐόντες,
μή τις ἔτι πρόφρων ἀγανὸς καὶ ἤπιος ἔστω
σκηπτοῦχος βασιλεύς, μηδὲ φρεσὶν αἴσιμα εἰδώς,
ἀλλ' αἰεὶ χαλεπός τ' εἴη καὶ αἴσυλα ῥέζοι·
ὡς οὔ τις μέμνηται Ὀδυσσῆος θείοιο
λαῶν οἷσιν ἄνασσε, πατὴρ δ' ὣς ἤπιος ἦεν.
ἀλλ' ὁ μὲν ἐν νήσῳ κεῖται κρατέρ' ἄλγεα πάσχων,
νύμφης ἐν μεγάροισι Καλυψοῦς, ἥ μιν ἀνάγκῃ
ἴσχει· ὁ δ' οὐ δύναται ἣν πατρίδα γαῖαν ἱκέσθαι·
οὐ γάρ οἱ πάρα νῆες ἐπήρετμοι καὶ ἑταῖροι,
οἵ κέν μιν πέμποιεν ἐπ' εὐρέα νῶτα θαλάσσης.
νῦν αὖ παῖδ' ἀγαπητὸν ἀποκτεῖναι μεμάασιν
οἴκαδε νισσόμενον· ὁ δ' ἔβη μετὰ πατρὸς ἀκουὴν
ἐς Πύλον ἠγαθέην ἠδ' ἐς Λακεδαίμονα δῖαν ».
τὴν δ' ἀπαμειβόμενος προσέφη νεφεληγερέτα Ζεύς·
« τέκνον ἐμόν, ποῖόν σε ἔπος φύγεν ἕρκος ὀδόντων·
οὐ γὰρ δὴ τοῦτον μὲν ἐβούλευσας νόον αὐτή,
ὡς ἦ τοι κείνους Ὀδυσεὺς ἀποτείσεται ἐλθών;
Τηλέμαχον δὲ σὺ πέμψον ἐπισταμένως, δύνασαι γάρ,

De la couche du noble Tithon se levait Aurore
pour apporter la lumière aux immortels et aux hommes.
Les dieux s'assemblaient au conseil et, parmi eux,
Zeus qui tonne au plus haut du ciel et qui sur tous
[l'emporte par la force.
Athéna leur racontait les nombreuses souffrances d'Ulysse,
toujours y pensant, car préoccupée qu'il fût encore dans
[la demeure de la nymphe :
« Zeus père et vous autres dieux bienheureux qui êtes
[immortels,
désormais ni doux ni bons soient
les rois porteurs de sceptre ! sans esprit de mesure !
mais durs, criminels !
puisque nul ne se souvient du divin Ulysse,
parmi le peuple sur lequel il régnait, lui qui était bon
[comme un père !
Il est là dans une île, subissant de grandes souffrances,
dans la demeure de la nymphe Calypso, qui sous la
[contrainte
le retient ; et lui ne peut retourner dans sa patrie.
Il n'a en effet ni vaisseau à rames ni compagnons
qui pourraient le conduire sur le vaste dos de la mer.
Et à présent certains brûlent de tuer son fils bien-aimé,
de retour chez lui, car il était parti s'enquérir de son père
dans la sainte Pylos et la divine Lacédémone. »
Zeus l'assembleur de nuées lui répondit :
« Ma fille, quelle parole a franchi la barrière de tes dents !
N'as-tu pas toi-même projeté
qu'Ulysse, une fois de retour, devait se venger d'eux ?
Escorte donc avec soin Télémaque, c'est en ton pouvoir,

ὥς κε μάλ' ἀσκηθὴς ἣν πατρίδα γαῖαν ἵκηται,
μνηστῆρες δ' ἐν νηῒ παλιμπετὲς ἀπονέωνται ».
ἦ ῥα, καὶ Ἑρμείαν, υἱὸν φίλον, ἀντίον ηὔδα·
« Ἑρμεία· σὺ γὰρ αὖτε τά τ' ἄλλα περ ἄγγελός ἐσσι·
νύμφῃ ἐϋπλοκάμῳ εἰπεῖν νημερτέα βουλήν,
νόστον Ὀδυσσῆος ταλασίφρονος, ὥς κε νέηται
οὔτε θεῶν πομπῇ οὔτε θνητῶν ἀνθρώπων·
ἀλλ' ὅ γ' ἐπὶ σχεδίης πολυδέσμου πήματα πάσχων
ἤματί κ' εἰκοστῷ Σχερίην ἐρίβωλον ἵκοιτο,
Φαιήκων ἐς γαῖαν, οἳ ἀγχίθεοι γεγάασιν,
οἵ κέν μιν περὶ κῆρι θεὸν ὣς τιμήσουσι,
πέμψουσιν δ' ἐν νηῒ φίλην ἐς πατρίδα γαῖαν,
χαλκόν τε χρυσόν τε ἅλις ἐσθῆτά τε δόντες,
πόλλ', ὅσ' ἂν οὐδέ ποτε Τροίης ἐξήρατ' Ὀδυσσεύς,
εἴ περ ἀπήμων ἦλθε, λαχὼν ἀπὸ ληΐδος αἶσαν.
ὣς γάρ οἱ μοῖρ' ἐστὶ φίλους τ' ἰδέειν καὶ ἱκέσθαι
οἶκον ἐς ὑψόροφον καὶ ἑὴν ἐς πατρίδα γαῖαν ».
ὣς ἔφατ', οὐδ' ἀπίθησε διάκτορος Ἀργεϊφόντης.
αὐτίκ' ἔπειθ' ὑπὸ ποσσὶν ἐδήσατο καλὰ πέδιλα,
ἀμβρόσια χρύσεια, τά μιν φέρον ἠμὲν ἐφ' ὑγρὴν
ἠδ' ἐπ' ἀπείρονα γαῖαν ἅμα πνοιῇς ἀνέμοιο.
εἵλετο δὲ ῥάβδον, τῇ τ' ἀνδρῶν ὄμματα θέλγει
ὧν ἐθέλῃ, τοὺς δ' αὖτε καὶ ὑπνώοντας ἐγείρει.
τὴν μετὰ χερσὶν ἔχων πέτετο κρατὺς Ἀργεϊφόντης.
Πιερίην δ' ἐπιβὰς ἐξ αἰθέρος ἔμπεσε πόντῳ·
σεύατ' ἔπειτ' ἐπὶ κῦμα λάρῳ ὄρνιθι ἐοικώς,
ὅς τε κατὰ δεινοὺς κόλπους ἁλὸς ἀτρυγέτοιο
ἰχθῦς ἀγρώσσων πυκινὰ πτερὰ δεύεται ἅλμῃ·
τῷ ἴκελος πολέεσσιν ὀχήσατο κύμασιν Ἑρμῆς,

afin qu'il rentre indemne chez lui,
et les prétendants feront marche arrière sur leurs navires ! »
Il dit et s'adressa à Hermès son fils :
« Hermès, toi notre messager,
va annoncer à la nymphe aux belles boucles ma volonté
[irrévocable
du retour de l'endurant Ulysse, qu'il puisse revenir,
mais sans être accompagné ni des dieux, ni des hommes
[mortels ;
que sur un radeau aux nombreuses attaches, souffrant le
[malheur,
il parvienne le vingtième jour en la féconde Schérie,
au pays des Phéaciens tout proches des dieux,
qui dans leur cœur comme un dieu l'honoreront
et le guideront sur un navire vers sa chère patrie,
après lui avoir donné du bronze, de l'or et des vêtements
en grande abondance, tant que de Troie Ulysse n'aurait
[pu en rapporter,
s'il était rentré indemne avec sa part de butin ;
car son destin est de revoir les siens et de retourner
dans sa haute demeure et sur le sol de sa patrie ! »
Il dit ; le messager Tueur d'Argos obéit.
Aussitôt il mit sous ses pieds ses belles sandales d'or,
divines, qui le portent à la fois sur la mer
et sur la terre immense avec le souffle du vent.
Il prit la baguette par laquelle il charme quand il le veut
[les yeux des hommes,
ou au contraire réveille ceux qui dorment ;
la tenant dans ses mains, le puissant Tueur d'Argos s'envola.
Depuis la Piérie, il piqua du ciel dans la haute mer
puis bondit sur les flots, semblable à la mouette
qui dans les replis terribles de la mer inféconde
chasse les poissons et mouille son plumage serré :
tel filait Hermès sur les vagues innombrables ;

ἀλλ' ὅτε δὴ τὴν νῆσον ἀφίκετο τηλόθ' ἐοῦσαν,
ἔνθ' ἐκ πόντου βὰς ἰοειδέος ἤπειρόνδε
ἤϊεν, ὄφρα μέγα σπέος ἵκετο, τῷ ἔνι νύμφη
ναῖεν ἐϋπλόκαμος· τὴν δ' ἔνδοθι τέτμεν ἐοῦσαν.
πῦρ μὲν ἐπ' ἐσχαρόφιν μέγα καίετο, τηλόσε δ' ὀδμὴ
κέδρου τ' εὐκεάτοιο θύου τ' ἀνὰ νῆσον ὀδώδει
δαιομένων· ἡ δ' ἔνδον ἀοιδιάουσ' ὀπὶ καλῇ
ἱστὸν ἐποιχομένη χρυσείῃ κερκίδ' ὕφαινεν.
ὕλη δὲ σπέος ἀμφὶ πεφύκει τηλεθόωσα,
κλήθρη τ' αἴγειρός τε καὶ εὐώδης κυπάρισσος.
ἔνθα δέ τ' ὄρνιθες τανυσίπτεροι εὐνάζοντο,
σκῶπές τ' ἴρηκές τε τανύγλωσσοί τε κορῶναι
εἰνάλιαι, τῇσίν τε θαλάσσια ἔργα μέμηλεν.
ἡ δ' αὐτοῦ τετάνυστο περὶ σπείους γλαφυροῖο
ἡμερὶς ἡβώωσα, τεθήλει δὲ σταφυλῇσι·
κρῆναι δ' ἑξείης πίσυρες ῥέον ὕδατι λευκῷ,
πλησίαι ἀλλήλων τετραμμέναι ἄλλυδις ἄλλη.
ἀμφὶ δὲ λειμῶνες μαλακοὶ ἴου ἠδὲ σελίνου
θήλεον· ἔνθα κ' ἔπειτα καὶ ἀθάνατός περ ἐπελθὼν
θηήσαιτο ἰδὼν καὶ τερφθείη φρεσὶν ᾗσιν.
ἔνθα στὰς θηεῖτο διάκτορος Ἀργεϊφόντης.
αὐτὰρ ἐπεὶ δὴ πάντα ἑῷ θηήσατο θυμῷ,
αὐτίκ' ἄρ' εἰς εὐρὺ σπέος ἤλυθεν· οὐδέ μιν ἄντην
ἠγνοίησεν ἰδοῦσα Καλυψώ, δῖα θεάων,
οὐ γάρ τ' ἀγνῶτες θεοὶ ἀλλήλοισι πέλονται
ἀθάνατοι, οὐδ' εἴ τις ἀπόπροθι δώματα ναίει.
οὐδ' ἄρ' Ὀδυσσῆα μεγαλήτορα ἔνδον ἔτετμεν,
ἀλλ' ὅ γ' ἐπ' ἀκτῆς κλαῖε καθήμενος, ἔνθα πάρος περ,
δάκρυσι καὶ στοναχῇσι καὶ ἄλγεσι θυμὸν ἐρέχθων.

mais quand il arriva à l'île lointaine,
il quitta la mer couleur de violette pour gagner la terre
et vint jusqu'à la vaste grotte où demeurait la nymphe
aux belles boucles : c'est là qu'il la trouva.
Un grand feu flambait dans le foyer et au loin
se répandait sur l'île l'odeur du cèdre tendre et du thuya
qui brûlaient ; cependant elle, à l'intérieur, chantant d'une
[belle voix,
travaillait au métier et tissait avec sa navette d'or.
Autour de la grotte avait poussé un bois touffu
d'aulnes, de peupliers et de cyprès parfumés,
où les oiseaux à large envergure faisaient leur nid,
chouettes, faucons, et criardes corneilles de mer
qui s'affairent sur les flots marins.
Montait autour de la grotte profonde
une vigne vigoureuse, garnie de grappes ;
quatre sources d'une eau limpide l'une à côté de l'autre
[coulaient,
toutes proches d'abord, puis séparant leur courant
à travers de tendres prés de violettes
et de céleri : même un dieu qui viendrait en ces lieux
s'en émerveillerait et s'en réjouirait.
S'arrêta plein d'admiration le messager Tueur d'Argos.
Et après qu'en son cœur il eut tout contemplé,
il entra dans la vaste grotte : dès qu'elle le vit,
Calypso, divine entre les déesses, le reconnut,
car les immortels se reconnaissent entre eux,
même si loin les uns des autres ils habitent ;
mais il ne trouva le magnanime Ulysse.
Assis sur le promontoire, il pleurait comme toujours,
déchirant son cœur de larmes, de gémissements et de
[souffrances,

πόντον ἐπ᾽ ἀτρύγετον δερκέσκετο δάκρυα λείβων.
Ἑρμείαν δ᾽ ἐρέεινε Καλυψώ, δῖα θεάων,
ἐν θρόνῳ ἱδρύσασα φαεινῷ σιγαλόεντι·
« τίπτε μοι, Ἑρμεία χρυσόρραπι, εἰλήλουθας
αἰδοῖός τε φίλος τε; πάρος γε μὲν οὔ τι θαμίζεις.
αὔδα ὅ τι φρονέεις· τελέσαι δέ με θυμὸς ἄνωγεν,
εἰ δύναμαι τελέσαι γε καὶ εἰ τετελεσμένον ἐστίν.
ἀλλ᾽ ἕπεο προτέρω, ἵνα τοι πὰρ ξείνια θείω ».
ὣς ἄρα φωνήσασα θεὰ παρέθηκε τράπεζαν
ἀμβροσίης πλήσασα, κέρασσε δὲ νέκταρ ἐρυθρόν.
αὐτὰρ ὁ πῖνε καὶ ἦσθε διάκτορος Ἀργεϊφόντης.
αὐτὰρ ἐπεὶ δείπνησε καὶ ἤραρε θυμὸν ἐδωδῇ,
καὶ τότε δή μιν ἔπεσσιν ἀμειβόμενος προσέειπεν·
« εἰρωτᾷς μ᾽ ἐλθόντα θεὰ θεόν· αὐτὰρ ἐγώ τοι
νημερτέως τὸν μῦθον ἐνισπήσω· κέλεαι γάρ.
Ζεὺς ἐμέ γ᾽ ἠνώγει δεῦρ᾽ ἐλθέμεν οὐκ ἐθέλοντα·
τίς δ᾽ ἂν ἑκὼν τοσσόνδε διαδράμοι ἁλμυρὸν ὕδωρ
ἄσπετον; οὐδέ τις ἄγχι βροτῶν πόλις, οἵ τε θεοῖσιν
ἱερά τε ῥέζουσι καὶ ἐξαίτους ἑκατόμβας.
ἀλλὰ μάλ᾽ οὔ πως ἔστι Διὸς νόον αἰγιόχοιο
οὔτε παρεξελθεῖν ἄλλον θεὸν οὔθ᾽ ἁλιῶσαι.
φησί τοι ἄνδρα παρεῖναι ὀϊζυρώτατον ἄλλων,
τῶν ἀνδρῶν οἳ ἄστυ πέρι Πριάμοιο μάχοντο
εἰνάετες, δεκάτῳ δὲ πόλιν πέρσαντες ἔβησαν
οἴκαδ᾽· ἀτὰρ ἐν νόστῳ Ἀθηναίην ἀλίτοντο,
ἥ σφιν ἐπῶρσ᾽ ἄνεμόν τε κακὸν καὶ κύματα μακρά.
ἔνθ᾽ ἄλλοι μὲν πάντες ἀπέφθιθεν ἐσθλοὶ ἑταῖροι,
τὸν δ᾽ ἄρα δεῦρ᾽ ἄνεμός τε φέρων καὶ κῦμα πέλασσε.

et fixait de son regard la mer inféconde en versant des larmes.
Calypso, divine entre les déesses, interrogea Hermès,
après l'avoir fait asseoir sur un siège resplendissant :
« Pourquoi donc, Hermès à la baguette d'or, es-tu venu,
dieu vénérable et qui m'est cher ? On ne t'a guère vu ici
[auparavant !
Dis-moi ta pensée : mon cœur me presse de l'accomplir
si je le peux et s'il se peut ;
mais d'abord suis-moi afin que je te fasse les honneurs de
[l'hospitalité ! »
Ayant ainsi parlé, la déesse disposa une table
pleine d'ambroisie et elle mélangea le rouge nectar.
Le messager Tueur d'Argos but et mangea,
et quand il eut fini son repas et rassasié son cœur,
il lui dit ces paroles :
« Tu me demandes pourquoi je suis venu vers toi, déesse,
[moi qui suis dieu.
Je te le dirai en vérité puisque tu le veux.
Zeus m'a ordonné de venir ici, malgré moi :
qui donc de lui-même voudrait traverser une telle immensité
[d'eau salée ?
autour ne se trouve aucune cité de mortels qui aux dieux
font des sacrifices et de belles hécatombes !
mais la pensée de Zeus porte-égide,
un autre dieu ne peut l'enfreindre ou l'ignorer !
Il dit qu'un homme se trouve chez toi, le plus malheureux
[de tous
ceux qui combattirent pour la ville de Priam,
durant neuf années et qui la dixième, après avoir détruit
[la cité s'en retournèrent
chez eux ; mais lors de leur retour ils offensèrent Athéna
qui suscita contre eux un vent mauvais et de hautes vagues ;
alors tous ses nobles compagnons périrent,
tandis que lui, le vent et le flot le poussaient jusqu'ici.

τὸν νῦν σ' ἠνώγει ἀποπεμπέμεν ὅττι τάχιστα·
οὐ γάρ οἱ τῇδ' αἶσα φίλων ἀπονόσφιν ὀλέσθαι,
ἀλλ' ἔτι οἱ μοῖρ' ἐστὶ φίλους τ' ἰδέειν καὶ ἱκέσθαι
οἶκον ἐς ὑψόροφον καὶ ἑὴν ἐς πατρίδα γαῖαν ».
ὣς φάτο, ῥίγησεν δὲ Καλυψώ, δῖα θεάων,
καί μιν φωνήσασ' ἔπεα πτερόεντα προσηύδα·
« σχέτλιοί ἐστε, θεοί, ζηλήμονες ἔξοχον ἄλλων,
οἵ τε θεαῖς ἀγάασθε παρ' ἀνδράσιν εὐνάζεσθαι
ἀμφαδίην, ἥν τίς τε φίλον ποιήσετ' ἀκοίτην.
ὣς μὲν ὅτ' Ὠρίων' ἕλετο ῥοδοδάκτυλος Ἠώς,
τόφρα οἱ ἠγάασθε θεοὶ ῥεῖα ζώοντες,
ἕως μιν ἐν Ὀρτυγίῃ χρυσόθρονος Ἄρτεμις ἁγνὴ
οἷς ἀγανοῖς βελέεσσιν ἐποιχομένη κατέπεφνεν.
ὣς δ' ὁπότ' Ἰασίωνι ἐϋπλόκαμος Δημήτηρ,
ᾧ θυμῷ εἴξασα, μίγη φιλότητι καὶ εὐνῇ
νειῷ ἔνι τριπόλῳ· οὐδὲ δὴν ἦεν ἄπυστος
Ζεύς, ὅς μιν κατέπεφνε βαλὼν ἀργῆτι κεραυνῷ.
ὣς δ' αὖ νῦν μοι ἄγασθε, θεοί, βροτὸν ἄνδρα παρεῖναι.
τὸν μὲν ἐγὼν ἐσάωσα περὶ τρόπιος βεβαῶτα
οἶον, ἐπεί οἱ νῆα θοὴν ἀργῆτι κεραυνῷ
Ζεὺς ἐλάσας ἐκέασσε μέσῳ ἐνὶ οἴνοπι πόντῳ.
ἔνθ' ἄλλοι μὲν πάντες ἀπέφθιθεν ἐσθλοὶ ἑταῖροι,
τὸν δ' ἄρα δεῦρ' ἄνεμός τε φέρων καὶ κῦμα πέλασσε.
τὸν μὲν ἐγὼ φίλεόν τε καὶ ἔτρεφον, ἠδὲ ἔφασκον
θήσειν ἀθάνατον καὶ ἀγήραον ἤματα πάντα.

Celui-ci, à présent, Zeus t'ordonne de le renvoyer au plus
[vite,
car son destin n'est pas de mourir ici loin des siens
mais de revoir sa famille et de retourner
en sa haute demeure et sur le sol de sa patrie. »
Il dit ; Calypso frissonna, divine entre les déesses.
Alors elle lui adressa ces mots ailés :
« Quels cruels êtes-vous, ô dieux, et jaloux plus que tout
[autre !
Vous enviez les déesses qui partagent la couche des hommes
ouvertement, quand elles trouvent un bon amant.
Ainsi lorsque Aurore aux doigts de rose enleva Orion,
vous la jalousèrent, vous les dieux dont la vie est facile,
jusqu'à ce que la chaste Artémis au trône d'or, à Ortygie,
vienne le tuer de ses douces flèches !
De même lorsque, cédant à son cœur, Déméter aux belles
[boucles
s'unit à Jasion, couchant avec lui
dans une terre trois fois labourée : il ne fut pas long à
[l'apprendre
Zeus qui le tua de sa foudre éclatante !
Et maintenant, dieux, vous jalousez qu'un homme mortel
[soit à mes côtés !
C'est moi pourtant qui l'ai sauvé lorsqu'il s'était réfugié
[sur sa carène,
tout seul, après que de sa foudre éclatante
Zeus eut frappé et fendu son vaisseau au milieu de la mer
[couleur de vin ;
alors tous ses nobles compagnons périrent,
tandis que lui le vent et le flot le poussaient jusqu'ici.
C'est moi qui l'accueillis avec amour et qui le nourris ; je
[lui promettais
de le rendre immortel et à tout jamais inaccessible à la
[vieillesse.

ἀλλ' ἐπεὶ οὔ πως ἔστι Διὸς νόον αἰγιόχοιο
οὔτε παρεξελθεῖν ἄλλον θεὸν οὔθ' ἁλιῶσαι,
ἐρρέτω, εἴ μιν κεῖνος ἐποτρύνει καὶ ἀνώγει,
πόντον ἐπ' ἀτρύγετον. πέμψω δέ μιν οὔ πῃ ἐγώ γε·
οὐ γάρ μοι πάρα νῆες ἐπήρετμοι καὶ ἑταῖροι,
οἵ κέν μιν πέμποιεν ἐπ' εὐρέα νῶτα θαλάσσης.
αὐτάρ οἱ πρόφρων ὑποθήσομαι, οὐδ' ἐπικεύσω,
ὥς κε μάλ' ἀσκηθὴς ἣν πατρίδα γαῖαν ἵκηται ».
τὴν δ' αὖτε προσέειπε διάκτορος 'Αργεϊφόντης·
« οὕτω νῦν ἀπόπεμπε, Διὸς δ' ἐποπίζεο μῆνιν,
μή πώς τοι μετόπισθε κοτεσσάμενος χαλεπήνῃ ».
ὣς ἄρα φωνήσας ἀπέβη κρατὺς 'Αργεϊφόντης·
ἡ δ' ἐπ' 'Οδυσσῆα μεγαλήτορα πότνια νύμφη
ἤϊ', ἐπεὶ δὴ Ζηνὸς ἐπέκλυεν ἀγγελιάων.
τὸν δ' ἄρ' ἐπ' ἀκτῆς εὗρε καθήμενον· οὐδέ ποτ' ὄσσε
δακρυόφιν τέρσοντο, κατείβετο δὲ γλυκὺς αἰὼν
νόστον ὀδυρομένῳ, ἐπεὶ οὐκέτι ἥνδανε νύμφη.
ἀλλ' ἦ τοι νύκτας μὲν ἰαύεσκεν καὶ ἀνάγκῃ
ἐν σπέσσι γλαφυροῖσι παρ' οὐκ ἐθέλων ἐθελούσῃ·
ἤματα δ' ἐν πέτρῃσι καὶ ἠϊόνεσσι καθίζων
δάκρυσι καὶ στοναχῇσι καὶ ἄλγεσι θυμὸν ἐρέχθων
πόντον ἐπ' ἀτρύγετον δερκέσκετο δάκρυα λείβων.
ἀγχοῦ δ' ἱσταμένη προσεφώνεε δῖα θεάων·
« κάμμορε, μή μοι ἔτ' ἐνθάδ' ὀδύρεο, μηδέ τοι αἰὼν
φθινέτω· ἤδη γάρ σε μάλα πρόφρασσ' ἀποπέμψω.
ἀλλ' ἄγε δούρατα μακρὰ ταμὼν ἁρμόζεο χαλκῷ
εὐρεῖαν σχεδίην· ἀτὰρ ἴκρια πῆξαι ἐπ' αὐτῆς
ὑψοῦ, ὥς σε φέρῃσιν ἐπ' ἠεροειδέα πόντον.
αὐτὰρ ἐγὼ σῖτον καὶ ὕδωρ καὶ οἶνον ἐρυθρὸν

Mais puisque la pensée de Zeus porte-égide,
un autre dieu ne peut l'enfreindre ou l'ignorer,
qu'Ulysse s'en aille sur la mer inféconde, si Zeus l'y presse
[et l'ordonne !
Je ne pourrai quant à moi le raccompagner nulle part,
car je n'ai ni vaisseaux à rames ni marins
qui pourraient le guider sur le vaste dos de la mer.
Bien volontiers, je le conseillerai cependant, sans rien lui
[cacher,
afin qu'il rentre sain et sauf sur le sol de sa patrie ! »
Alors le messager Tueur d'Argos lui répondit :
« Renvoie-le donc à présent et crains la colère de Zeus,
que par la suite il ne s'emporte contre toi ! »
Ayant ainsi parlé, le Tueur d'Argos partit.
La nymphe souveraine s'en alla trouver Ulysse
après avoir entendu le message de Zeus.
Elle le trouva assis sur le promontoire, ses yeux jamais
ne tarissaient de larmes ; sa douce vie s'en allait
à gémir sur son retour car la nymphe ne lui plaisait plus.
Certes, il passait ses nuits près d'elle qui le désirait,
dans les grottes creuses, mais par contrainte et sans désir.
Tout le jour assis sur les rochers et le rivage,
déchirant son cœur de larmes, de gémissements et de
souffrances,
il fixait de son regard la mer inféconde, en pleurant.
Venant à ses côtés, la divine entre les déesses lui dit :
« Malheureux ! ne te lamente plus ici, ne consume plus ta
[vie !
désormais je te laisserai volontiers partir...
Allez, coupe de grands troncs, ajuste-les par le bronze
et fais-en un grand radeau ! fixe dessus un haut pont
afin qu'il te porte sur la mer brumeuse !
Moi de mon côté j'y placerai du pain, de l'eau et du vin
[rouge

ἐνθήσω μενοεικέ', ἅ κέν τοι λιμὸν ἐρύκοι,
εἵματά τ' ἀμφιέσω, πέμψω δέ τοι οὖρον ὄπισθεν,
ὥς κε μάλ' ἀσκηθὴς σὴν πατρίδα γαῖαν ἵκηαι,
αἴ κε θεοί γ' ἐθέλωσι, τοὶ οὐρανὸν εὐρὺν ἔχουσιν,
οἵ μευ φέρτεροί εἰσι νοῆσαί τε κρῆναί τε ».
ὣς φάτο, ῥίγησεν δὲ πολύτλας δῖος Ὀδυσσεύς,
καί μιν φωνήσας ἔπεα πτερόεντα προσηύδα·
« ἄλλο τι δὴ σύ, θεά, τόδε μήδεαι οὐδέ τι πομπήν,
ἥ με κέλεαι σχεδίῃ περάαν μέγα λαῖτμα θαλάσσης,
δεινόν τ' ἀργαλέον τε· τὸ δ' οὐδ' ἐπὶ νῆες ἐΐσαι
ὠκύποροι περόωσιν, ἀγαλλόμεναι Διὸς οὔρῳ.
οὐδ' ἂν ἐγὼν ἀέκητι σέθεν σχεδίης ἐπιβαίην,
εἰ μή μοι τλαίης γε, θεά, μέγαν ὅρκον ὀμόσσαι
μή τί μοι αὐτῷ πῆμα κακὸν βουλευσέμεν ἄλλο ».
ὣς φάτο, μείδησεν δὲ Καλυψώ, δῖα θεάων,
χειρί τέ μιν κατέρεξεν ἔπος τ' ἔφατ' ἔκ τ' ὀνόμαζεν·
« ἦ δὴ ἀλιτρός γ' ἐσσὶ καὶ οὐκ ἀποφώλια εἰδώς,
οἷον δὴ τὸν μῦθον ἐπεφράσθης ἀγορεῦσαι.
ἴστω νῦν τόδε γαῖα καὶ οὐρανὸς εὐρὺς ὕπερθε
καὶ τὸ κατειβόμενον Στυγὸς ὕδωρ, ὅς τε μέγιστος
ὅρκος δεινότατός τε πέλει μακάρεσσι θεοῖσι,
μή τί σοι αὐτῷ πῆμα κακὸν βουλευσέμεν ἄλλο.
ἀλλὰ τὰ μὲν νοέω καὶ φράσσομαι, ἅσσ' ἂν ἐμοί περ
αὐτῇ μηδοίμην, ὅτε με χρειὼ τόσον ἵκοι·
καὶ γὰρ ἐμοὶ νόος ἐστὶν ἐναίσιμος, οὐδέ μοι αὐτῇ
θυμὸς ἐνὶ στήθεσσι σιδήρεος, ἀλλ' ἐλεήμων ».
ὣς ἄρα φωνήσασ' ἡγήσατο δῖα θεάων
καρπαλίμως· ὁ δ' ἔπειτα μετ' ἴχνια βαῖνε θεοῖο.
ἷξον δὲ σπεῖος γλαφυρὸν θεὸς ἠδὲ καὶ ἀνήρ,

qui rassasient le désir : ils écarteront de toi la faim.
Je t'habillerai, je t'enverrai un vent favorable
afin que sain et sauf tu parviennes en ta patrie,
si le veulent les dieux, maîtres du vaste ciel
et qui, en pensée et en acte, sont plus forts que moi. »
À ces mots l'endurant Ulysse frissonna
et lui dit ces mots ailés :
« Tu songes à autre chose qu'à mon retour, déesse
qui m'exhortes à traverser sur un radeau les gouffres de la [mer,
terribles et dangereux, que ne passent les navires bien [construits
et rapides qui bénéficient du vent de Zeus !
Quant à moi, je ne monterai sur ce radeau contre ta volonté
et à moins, déesse, que tu ne me jures par le grand serment
que tu ne trames contre moi un autre malheur ! »
Il parla ainsi et Calypso sourit, divine entre les déesses.
Elle lui caressa la main et lui dit ces paroles :
« Quel scélérat es-tu et qui ne pense pas pour rien !
quel discours as-tu pensé me faire !
Qu'en soient témoins la terre et au-dessus le vaste ciel,
et l'eau tombante du Styx, ce qui pour les dieux est le plus [grand
des serments et le plus terrible,
que contre toi je ne trame aucun autre malheur !
Mais ce que je pense et veux dire, c'est tout
ce à quoi je songerais moi-même si j'étais réduite à une [telle nécessité !
car moi aussi j'ai un esprit juste
et mon cœur n'est pas de fer mais plein de pitié ! »
Ayant ainsi parlé, la divine entre toutes l'emmena
rapidement ; et lui suivait ses pas divins.
La déesse et le mortel arrivèrent à la grotte profonde ;

καί ῥ' ὁ μὲν ἔνθα καθέζετ' ἐπὶ θρόνου ἔνθεν ἀνέστη
Ἑρμείας, νύμφη δ' ἐτίθει πάρα πᾶσαν ἐδωδήν,
ἔσθειν καὶ πίνειν, οἷα βροτοὶ ἄνδρες ἔδουσιν·
αὐτὴ δ' ἀντίον ἷζεν Ὀδυσσῆος θείοιο,
τῇ δὲ παρ' ἀμβροσίην δμῳαὶ καὶ νέκταρ ἔθηκαν.
οἱ δ' ἐπ' ὀνείαθ' ἑτοῖμα προκείμενα χεῖρας ἴαλλον.
αὐτὰρ ἐπεὶ τάρπησαν ἐδητύος ἠδὲ ποτῆτος,
τοῖς ἄρα μύθων ἦρχε Καλυψώ, δῖα θεάων·
« διογενὲς Λαερτιάδη, πολυμήχαν' Ὀδυσσεῦ,
οὕτω δὴ οἶκόνδε φίλην ἐς πατρίδα γαῖαν
αὐτίκα νῦν ἐθέλεις ἰέναι; σὺ δὲ χαῖρε καὶ ἔμπης.
εἴ γε μὲν εἰδείης σῇσι φρεσὶν ὅσσα τοι αἶσα
κήδε' ἀναπλῆσαι, πρὶν πατρίδα γαῖαν ἱκέσθαι,
ἐνθάδε κ' αὖθι μένων σὺν ἐμοὶ τόδε δῶμα φυλάσσοις
ἀθάνατός τ' εἴης, ἱμειρόμενός περ ἰδέσθαι
σὴν ἄλοχον, τῆς τ' αἰὲν ἐέλδεαι ἤματα πάντα.
οὐ μέν θην κείνης γε χερείων εὔχομαι εἶναι,
οὐ δέμας οὐδὲ φυήν, ἐπεὶ οὔ πως οὐδὲ ἔοικε
θνητὰς ἀθανάτῃσι δέμας καὶ εἶδος ἐρίζειν ».
τὴν δ' ἀπαμειβόμενος προσέφη πολύμητις Ὀδυσσεύς·
« πότνα θεά, μή μοι τόδε χώεο· οἶδα καὶ αὐτὸς
πάντα μάλ', οὕνεκα σεῖο περίφρων Πηνελόπεια
εἶδος ἀκιδνοτέρη μέγεθός τ' εἰσάντα ἰδέσθαι·
ἡ μὲν γὰρ βροτός ἐστι, σὺ δ' ἀθάνατος καὶ ἀγήρως.
ἀλλὰ καὶ ὧς ἐθέλω καὶ ἐέλδομαι ἤματα πάντα
οἴκαδέ τ' ἐλθέμεναι καὶ νόστιμον ἦμαρ ἰδέσθαι.
εἰ δ' αὖ τις ῥαίῃσι θεῶν ἐνὶ οἴνοπι πόντῳ,
τλήσομαι ἐν στήθεσσιν ἔχων ταλαπενθέα θυμόν·
ἤδη γὰρ μάλα πόλλ' ἔπαθον καὶ πόλλ' ἐμόγησα

il s'assit sur le siège d'où s'était levé
Hermès ; la nymphe installa le repas,
de la nourriture et de la boisson, tout ce dont se nourrissent
[les hommes mortels.
Elle-même s'assit en face du divin Ulysse
et devant elle, les servantes placèrent l'ambroisie et le
[nectar.
Ils étendirent les mains sur les plats bien préparés
et après qu'ils eurent rassasié leur faim et leur soif,
Calypso commença à parler, divine entre les déesses :
« Divin fils de Laërte, industrieux Ulysse,
ainsi tu veux retourner chez toi dans ta patrie,
dès à présent ? adieu donc !
Mais si tu savais tous les maux que selon le sort
tu devras subir avant de retrouver le sol de ta patrie,
tu resterais ici avec moi veiller sur cette maison,
tu deviendrais immortel, bien que plein du désir de
[revoir
ton épouse que chaque jour tu espères !
Pourtant je prétends ne pas lui être inférieure,
en beauté et en taille, puisqu'il ne convient
que les mortelles rivalisent en beauté avec les immortelles ! »
Lui répondit Ulysse aux mille ruses :
« Souveraine déesse, ne t'irrite pas contre moi pour cela !
Je le sais très bien moi-même : à la voir, la sage Pénélope
t'est inférieure en taille et en beauté ;
c'est une mortelle, toi tu es immortelle et éternellement
[jeune !
Pourtant, même ainsi je veux et désire chaque jour
rentrer chez moi et voir le jour de mon retour ;
et si un dieu me précipite dans la mer couleur de vin,
je le supporterai : mon cœur est patient face au malheur !
car j'ai déjà tant souffert et subi tant de maux

κύμασι καὶ πολέμῳ· μετὰ καὶ τόδε τοῖσι γενέσθω ».
ὣς ἔφατ', ἠέλιος δ' ἄρ' ἔδυ καὶ ἐπὶ κνέφας ἦλθεν·
ἐλθόντες δ' ἄρα τώ γε μυχῷ σπείους γλαφυροῖο
τερπέσθην φιλότητι, παρ' ἀλλήλοισι μένοντες.

ἦμος δ' ἠριγένεια φάνη ῥοδοδάκτυλος 'Ηώς,
αὐτίχ' ὁ μὲν χλαῖνάν τε χιτῶνά τε ἕννυτ' 'Οδυσσεύς,
αὐτὴ δ' ἀργύφεον φᾶρος μέγα ἕννυτο νύμφη,
λεπτὸν καὶ χαρίεν, περὶ δὲ ζώνην βάλετ' ἰξυῖ
καλὴν χρυσείην, κεφαλῇ δ' ἐπέθηκε καλύπτρην·
καὶ τότ' 'Οδυσσῆϊ μεγαλήτορι μήδετο πομπήν.
δῶκέν οἱ πέλεκυν μέγαν, ἄρμενον ἐν παλάμῃσι,
χάλκεον, ἀμφοτέρωθεν ἀκαχμένον· αὐτὰρ ἐν αὐτῷ
στειλειὸν περικαλλὲς ἐλάϊνον, εὖ ἐναρηρός·
δῶκε δ' ἔπειτα σκέπαρνον ἐΰξοον· ἦρχε δ' ὁδοῖο
νήσου ἐπ' ἐσχατιῆς, ὅθι δένδρεα μακρὰ πεφύκει,
κλήθρη τ' αἴγειρός τ', ἐλάτη τ' ἦν οὐρανομήκης,
αὖα πάλαι, περίκηλα, τά οἱ πλώοιεν ἐλαφρῶς.
αὐτὰρ ἐπεὶ δὴ δεῖξ' ὅθι δένδρεα μακρὰ πεφύκει,
ἡ μὲν ἔβη πρὸς δῶμα Καλυψώ, δῖα θεάων,
αὐτὰρ ὁ τάμνετο δοῦρα· θοῶς δέ οἱ ἤνυτο ἔργον.
εἴκοσι δ' ἔκβαλε πάντα, πελέκκησεν δ' ἄρα χαλκῷ,
ξέσσε δ' ἐπισταμένως καὶ ἐπὶ στάθμην ἴθυνεν.
τόφρα δ' ἔνεικε τέρετρα Καλυψώ, δῖα θεάων·
τέτρηνεν δ' ἄρα πάντα καὶ ἥρμοσεν ἀλλήλοισι,
γόμφοισιν δ' ἄρα τήν γε καὶ ἁρμονίῃσιν ἄρασσεν.
ὅσσον τίς τ' ἔδαφος νηὸς τορνώσεται ἀνὴρ
φορτίδος εὐρείης, εὖ εἰδὼς τεκτοσυνάων,
τόσσον ἔπ' εὐρεῖαν σχεδίην ποιήσατ' 'Οδυσσεύς.

sur la mer et au combat ! cela s'ajoutera au reste ! »
Il dit ; le soleil se coucha et la ténèbre vint.
Tous deux alors gagnèrent le fond de la grotte profonde
pour goûter, l'un à côté de l'autre, les plaisirs de l'amour.
Lorsque parut la fille du matin, Aurore aux doigts de rose,
Ulysse aussitôt revêtit sa tunique et son manteau ;
la nymphe, elle, se couvrit d'une grande tunique éclatante
[de blancheur,
fine, resplendissante de grâce ; autour de ses reins elle jeta
[une belle ceinture
d'or et sur sa tête mit un voile.
Alors elle songea au retour du magnanime Ulysse.
Elle lui donna une grande hache de bronze, de bonne
[prise,
à deux tranchants, avec un très beau manche
d'olivier, bien ajusté.
Elle lui donna ensuite une doloire bien polie et prit le
[chcmin
de l'extrémité de l'île où se dressent de grands arbres,
des aunes, des peupliers noirs et des sapins touchant au ciel,
morts depuis longtemps, tout secs, à même de bien flotter.
Après qu'elle lui eut montré où se trouvaient ces grands
[arbres,
Calypso, divine entre les déesses, rentra dans sa demeure.
Lui cependant coupait les troncs et il eut bientôt terminé.
Il en abattit vingt, les tailla à l'aide du bronze,
les polit avec art et les dressa au cordeau.
Pendant ce temps, Calypso, divine entre les déesses,
[apportait les tarières.
Ulysse fora toutes les poutres, les joignit les unes aux autres,
et ajusta l'ensemble à l'aide de chevilles et de joints.
Aussi grand qu'est le fond d'un large navire
de commerce que construit un maître charpentier,
aussi grand Ulysse fit celui de son radeau.

ἴκρια δὲ στήσας, ἀραρὼν θαμέσι σταμίνεσσι,
ποίει· ἀτὰρ μακρῇσιν ἐπηγκενίδεσσι τελεύτα.
ἐν δ' ἱστὸν ποίει καὶ ἐπίκριον ἄρμενον αὐτῷ·
πρὸς δ' ἄρα πηδάλιον ποιήσατο, ὄφρ' ἰθύνοι.
φράξε δέ μιν ῥίπεσσι διαμπερὲς οἰσυΐνῃσι
κύματος εἶλαρ ἔμεν· πολλὴν δ' ἐπεχεύατο ὕλην.
τόφρα δὲ φάρε' ἔνεικε Καλυψώ, δῖα θεάων,
ἱστία ποιήσασθαι· ὁ δ' εὖ τεχνήσατο καὶ τά.
ἐν δ' ὑπέρας τε κάλους τε πόδας τ' ἐνέδησεν ἐν αὐτῇ,
μοχλοῖσιν δ' ἄρα τήν γε κατείρυσεν εἰς ἅλα δῖαν.
    τέτρατον ἦμαρ ἔην, καὶ τῷ τετέλεστο ἅπαντα·
τῷ δ' ἄρα πέμπτῳ πέμπ' ἀπὸ νήσου δῖα Καλυψώ,
εἵματά τ' ἀμφιέσασα θυώδεα καὶ λούσασα.
ἐν δέ οἱ ἀσκὸν ἔθηκε θεὰ μέλανος οἴνοιο
τὸν ἕτερον, ἕτερον δ' ὕδατος μέγαν, ἐν δὲ καὶ ἦα
κωρύκῳ· ἐν δέ οἱ ὄψα τίθει μενοεικέα πολλά·
οὖρον δὲ προέηκεν ἀπήμονά τε λιαρόν τε.
γηθόσυνος δ' οὔρῳ πέτασ' ἱστία δῖος Ὀδυσσεύς.
αὐτὰρ ὁ πηδαλίῳ ἰθύνετο τεχνηέντως
ἥμενος· οὐδέ οἱ ὕπνος ἐπὶ βλεφάροισιν ἔπιπτε
Πληϊάδας τ' ἐσορῶντι καὶ ὀψὲ δύοντα Βοώτην
Ἄρκτον θ', ἣν καὶ ἅμαξαν ἐπίκλησιν καλέουσιν,
ἥ τ' αὐτοῦ στρέφεται καί τ' Ὠρίωνα δοκεύει,
οἴη δ' ἄμμορός ἐστι λοετρῶν Ὠκεανοῖο·
τὴν γὰρ δή μιν ἄνωγε Καλυψώ, δῖα θεάων,
ποντοπορευέμεναι ἐπ' ἀριστερὰ χειρὸς ἔχοντα.
ἑπτὰ δὲ καὶ δέκα μὲν πλέεν ἤματα ποντοπορεύων,
ὀκτωκαιδεκάτῃ δ' ἐφάνη ὄρεα σκιόεντα
γαίης Φαιήκων, ὅθι τ' ἄγχιστον πέλεν αὐτῷ·
εἴσατο δ' ὡς ὅτε ῥινὸν ἐν ἠεροειδέϊ πόντῳ.

Puis il plaça le pont, le fixa en l'ajustant de montants serrés
et finit en ajoutant de grandes voliges.
Il fit le mât et y attacha la vergue.
Et il ajouta le gouvernail afin de diriger le navire.
Tout autour il le munit d'un rempart de claies d'osier
afin de le protéger des flots et le lesta d'une masse de bois.
Cependant, Calypso, divine entre les déesses, apportait de
[larges tissus
pour faire les voiles ; il les fabriqua aussi avec art.
Il y attacha les drisses, les ralingues et l'écoute
et à l'aide de leviers, tira le radeau jusqu'à la mer divine.
C'était le quatrième jour : Ulysse avait tout terminé.
Le cinquième jour, la divine Calypso le fit partir de l'île,
après l'avoir baigné et revêtu d'habits parfumés.
La déesse plaça à bord une outre de vin noir
et une autre, plus grande, d'eau, ainsi que des provisions
dans un sac et y mit une grande quantité d'excellente
[nourriture.
Elle lui envoya un vent favorable et doux.
Au vent rayonna de joie le divin Ulysse et il étendit les
[voiles.
Assis à la barre, il dirigeait le navire avec art
et sur ses paupières ne tombait le sommeil :
il regardait les Pléiades et le Bouvier qui tard se couche,
et l'Ourse que l'on appelle encore le Chariot
qui tourne sur elle-même et guette Orion
et seule ne prend part aux bains d'Océan.
Calypso, divine entre toutes, lui avait en effet enjoint
de naviguer en la gardant à sa gauche.
Pendant dix-sept jours il navigua
et le dix-huitième jour apparurent les monts sombres
de la terre des Phéaciens, dans la partie qui lui était la plus
[proche.
Elle était comme un bouclier sur la mer brumeuse.

Nausicaa

Chant VI, 1-331

Ὣς ὁ μὲν ἔνθα καθεῦδε πολύτλας δῖος Ὀδυσσεὺς
ὕπνῳ καὶ καμάτῳ ἀρημένος· αὐτὰρ Ἀθήνη
βῆ ῥ' ἐς Φαιήκων ἀνδρῶν δῆμόν τε πόλιν τε,
οἳ πρὶν μέν ποτ' ἔναιον ἐν εὐρυχόρῳ Ὑπερείῃ,
ἀγχοῦ Κυκλώπων, ἀνδρῶν ὑπερηνορεόντων,
οἵ σφεας σινέσκοντο, βίηφι δὲ φέρτεροι ἦσαν.
ἔνθεν ἀναστήσας ἄγε Ναυσίθοος θεοειδής,
εἷσεν δ' ἐν Σχερίῃ, ἑκὰς ἀνδρῶν ἀλφηστάων,
ἀμφὶ δὲ τεῖχος ἔλασσε πόλει, καὶ ἐδείματο οἴκους,
καὶ νηοὺς ποίησε θεῶν, καὶ ἐδάσσατ' ἀρούρας.
ἀλλ' ὁ μὲν ἤδη κηρὶ δαμεὶς Ἄϊδόσδε βεβήκει,
Ἀλκίνοος δὲ τότ' ἦρχε, θεῶν ἄπο μήδεα εἰδώς·
τοῦ μὲν ἔβη πρὸς δῶμα θεὰ γλαυκῶπις Ἀθήνη,
νόστον Ὀδυσσῆϊ μεγαλήτορι μητιόωσα.
βῆ δ' ἴμεν ἐς θάλαμον πολυδαίδαλον, ᾧ ἔνι κούρη
κοιμᾶτ' ἀθανάτῃσι φυὴν καὶ εἶδος ὁμοίη,
Ναυσικάα, θυγάτηρ μεγαλήτορος Ἀλκινόοιο,
πὰρ δὲ δύ' ἀμφίπολοι, Χαρίτων ἄπο κάλλος ἔχουσαι,
σταθμοῖϊν ἑκάτερθε· θύραι δ' ἐπέκειντο φαειναί.
ἡ δ' ἀνέμου ὡς πνοιὴ ἐπέσσυτο δέμνια κούρης,
στῆ δ' ἄρ' ὑπὲρ κεφαλῆς, καί μιν πρὸς μῦθον ἔειπεν,
εἰδομένη κούρῃ ναυσικλειτοῖο Δύμαντος,
ἥ οἱ ὁμηλικίη μὲν ἔην, κεχάριστο δὲ θυμῷ.
τῇ μιν ἐεισαμένη προσέφη γλαυκῶπις Ἀθήνη·
« Ναυσικάα, τί νύ σ' ὧδε μεθήμονα γείνατο μήτηρ;
εἵματα μέν τοι κεῖται ἀκηδέα σιγαλόεντα,
σοὶ δὲ γάμος σχεδόν ἐστιν, ἵνα χρὴ καλὰ μὲν αὐτὴν
ἕννυσθαι, τὰ δὲ τοῖσι παρασχεῖν οἵ κέ σ' ἄγωνται.

Dormait l'endurant, le divin Ulysse,
épuisé de sommeil et de fatigue ; Athéna cependant
gagnait le pays et la cité des Phéaciens,
qui jadis habitaient la vaste Hypérie,
près des Cyclopes arrogants,
qui les pillaient, étant plus forts.
De là, les emmena Nausithoos semblable à un dieu
et les établit en Schérie, loin des hommes mangeurs de
[pain.
Il entoura la cité de murailles, construisit des maisons,
fit des temples pour les dieux et partagea les terres.
Dompté par le destin, il descendit chez Hadès,
et alors régna Alcinoos, pénétré des pensées des dieux.
Vers sa demeure se dirigeait la déesse Athéna aux yeux
[pers,
méditant le retour du magnanime Ulysse.
Elle alla vers la chambre somptueusement ornée,
où dormait une jeune fille semblable aux dieux par la
[beauté et l'aspect,
Nausicaa, fille du magnanime Alcinoos.
Près d'elle étaient ses servantes qui avaient la beauté des
[Charites,
chacune d'elles aux deux montants ; les portes resplendissantes
[étaient closes.
Tel un souffle de vent, elle s'élança vers le lit de la jeune
[fille,
se tint debout au-dessus de sa tête et lui dit ces mots,
sous les traits de la fille de l'illustre navigateur Dymas,
qui avait son âge et lui était très chère ;
sous son apparence, Athéna aux yeux pers dit :
« Nausicaa, pourquoi ta mère t'a-t-elle faite si négligente ?
Sans soin gisent tes vêtements splendides
et ton mariage approche, quand il te faudra toi-même
revêtir de beaux habits et en offrir à ceux qui t'accompagneront !

ἐκ γάρ τοι τούτων φάτις ἀνθρώπους ἀναβαίνει
ἐσθλή, χαίρουσιν δὲ πατὴρ καὶ πότνια μήτηρ.
ἀλλ' ἴομεν πλυνέουσαι ἅμ' ἠοῖ φαινομένηφι·
καί τοι ἐγὼ συνέριθος ἅμ' ἕψομαι, ὄφρα τάχιστα
ἐντύνεαι, ἐπεὶ οὔ τοι ἔτι δὴν παρθένος ἔσσεαι·
ἤδη γάρ σε μνῶνται ἀριστῆες κατὰ δῆμον
πάντων Φαιήκων, ὅθι τοι γένος ἐστὶ καὶ αὐτῇ.
ἀλλ' ἄγ' ἐπότρυνον πατέρα κλυτὸν ἠῶθι πρὸ
ἡμιόνους καὶ ἅμαξαν ἐφοπλίσαι, ἥ κεν ἄγῃσι
ζῶστρά τε καὶ πέπλους καὶ ῥήγεα σιγαλόεντα.
καὶ δὲ σοὶ ὧδ' αὐτῇ πολὺ κάλλιον ἠὲ πόδεσσιν
ἔρχεσθαι· πολλὸν γὰρ ἀπὸ πλυνοί εἰσι πόληος ».
ἡ μὲν ἄρ' ὣς εἰποῦσ' ἀπέβη γλαυκῶπις Ἀθήνη
Οὔλυμπόνδ', ὅθι φασὶ θεῶν ἕδος ἀσφαλὲς αἰεὶ
ἔμμεναι· οὔτ' ἀνέμοισι τινάσσεται οὔτε ποτ' ὄμβρῳ
δεύεται οὔτε χιὼν ἐπιπίλναται, ἀλλὰ μάλ' αἴθρη
πέπταται ἀνέφελος, λευκὴ δ' ἐπιδέδρομεν αἴγλη·
τῷ ἔνι τέρπονται μάκαρες θεοὶ ἤματα πάντα.
ἔνθ' ἀπέβη γλαυκῶπις, ἐπεὶ διεπέφραδε κούρῃ.
αὐτίκα δ' Ἠὼς ἦλθεν ἐΰθρονος, ἥ μιν ἔγειρε
Ναυσικάαν εὔπεπλον· ἄφαρ δ' ἀπεθαύμασ' ὄνειρον,
βῆ δ' ἴμεναι διὰ δώμαθ', ἵν' ἀγγείλειε τοκεῦσι,
πατρὶ φίλῳ καὶ μητρί· κιχήσατο δ' ἔνδον ἐόντας·
ἡ μὲν ἐπ' ἐσχάρῃ ἧστο σὺν ἀμφιπόλοισι γυναιξίν,
ἠλάκατα στρωφῶσ' ἁλιπόρφυρα· τῷ δὲ θύραζε
ἐρχομένῳ ξύμβλητο μετὰ κλειτοὺς βασιλῆας

Ainsi va la bonne renommée parmi les hommes,
et s'en réjouissent père et mère.
Allons donc les laver ensemble au lever de l'Aurore,
je te suivrai, moi, comme aide, afin qu'au plus vite
tu sois prête, puisque tu ne dois plus rester longtemps
[vierge !
car déjà, dans le pays, te demandent en mariage les
[meilleurs
des Phéaciens, d'où est issue ta race.
Mais allez, presse ton illustre père à la première aurore,
de faire atteler les mules et le char qui transporteront
les ceintures, les robes et les couvertures brillantes !
Et pour toi, il sera bien mieux d'y aller ainsi plutôt qu'à
[pied :
les lavoirs sont très loin de la ville. »
À ces mots, Athéna aux yeux pers s'en alla
vers l'Olympe, là où l'on dit qu'est la demeure inébranlable
[des dieux,
ni secouée par les vents, ni mouillée par la pluie,
ni touchée par la neige ; le ciel clair
s'y étend sans nuage, une blanche splendeur le parcourt ;
et s'y réjouissent sans fin les dieux bienheureux ;
là partit la déesse aux yeux pers, après avoir instruit la
[jeune fille.
Aussitôt que vint Aurore au trône d'or, elle réveilla
Nausicaa à la belle robe ; tout étonnée encore du songe,
elle s'en alla à travers la demeure pour le raconter à ses
[parents,
à son cher père et à sa mère ; elle les trouva à l'intérieur.
Sa mère était assise auprès du foyer, avec ses servantes,
filant sa quenouille de pourpre ; alors qu'il passait la
[porte,
elle rencontra son père qui, au milieu des illustres rois,
[allait

ἐς βουλήν, ἵνα μιν κάλεον Φαίηκες ἀγαυοί.
ἡ δὲ μάλ᾽ ἄγχι στᾶσα φίλον πατέρα προσέειπε·
« πάππα φίλ᾽, οὐκ ἂν δή μοι ἐφοπλίσσειας ἀπήνην
ὑψηλὴν εὔκυκλον, ἵνα κλυτὰ εἵματ᾽ ἄγωμαι
ἐς ποταμὸν πλυνέουσα, τά μοι ῥερυπωμένα κεῖται;
καὶ δὲ σοὶ αὐτῷ ἔοικε μετὰ πρώτοισιν ἐόντα
βουλὰς βουλεύειν καθαρὰ χροῒ εἵματ᾽ ἔχοντα.
πέντε δέ τοι φίλοι υἷες ἐνὶ μεγάροις γεγάασιν,
οἱ δύ᾽ ὀπυίοντες, τρεῖς δ᾽ ἠΐθεοι θαλέθοντες·
οἱ δ᾽ αἰεὶ ἐθέλουσι νεόπλυτα εἵματ᾽ ἔχοντες
ἐς χορὸν ἔρχεσθαι· τὰ δ᾽ ἐμῇ φρενὶ πάντα μέμηλεν ».
ὣς ἔφατ᾽· αἴδετο γὰρ θαλερὸν γάμον ἐξονομῆναι
πατρὶ φίλῳ· ὁ δὲ πάντα νόει καὶ ἀμείβετο μύθῳ·
« οὔτε τοι ἡμιόνων φθονέω, τέκος, οὔτε τευ ἄλλου.
ἔρχευ· ἀτάρ τοι δμῶες ἐφοπλίσσουσιν ἀπήνην
ὑψηλὴν εὔκυκλον, ὑπερτερίῃ ἀραρυῖαν ».
ὣς εἰπὼν δμώεσσιν ἐκέκλετο, τοὶ δ᾽ ἐπίθοντο.
οἱ μὲν ἄρ᾽ ἐκτὸς ἄμαξαν ἐΰτροχον ἡμιονείην
ὥπλεον, ἡμιόνους θ᾽ ὕπαγον ζεῦξάν θ᾽ ὑπ᾽ ἀπήνῃ·
κούρη δ᾽ ἐκ θαλάμοιο φέρεν ἐσθῆτα φαεινήν.
καὶ τὴν μὲν κατέθηκεν ἐϋξέστῳ ἐπ᾽ ἀπήνῃ,
μήτηρ δ᾽ ἐν κίστῃ ἐτίθει μενοεικέ᾽ ἐδωδὴν
παντοίην, ἐν δ᾽ ὄψα τίθει, ἐν δ᾽ οἶνον ἔχευεν
ἀσκῷ ἐν αἰγείῳ· κούρη δ᾽ ἐπεβήσετ᾽ ἀπήνης.
δῶκεν δὲ χρυσέῃ ἐν ληκύθῳ ὑγρὸν ἔλαιον,
εἷος χυτλώσαιτο σὺν ἀμφιπόλοισι γυναιξίν.
ἡ δ᾽ ἔλαβεν μάστιγα καὶ ἡνία σιγαλόεντα,

au conseil où l'appelaient les nobles Phéaciens.
S'approchant tout près de son père, elle lui dit :
« Mon cher papa, ne voudrais-tu pas faire apprêter pour
[moi un char
haut, avec de bonnes roues, afin que je puisse amener
au fleuve, pour les laver, ces vêtements splendides qui
[sont salis ?
À toi il te faut bien, lorsque parmi les princes
tu tiens conseil, porter des vêtements impeccables !
et tu as cinq fils dans cette demeure,
deux mariés, trois célibataires dans la fleur de la jeunesse,
et ils veulent toujours porter des vêtements propres
pour aller danser ; à tout cela moi je pense... »
Elle parla ainsi car elle avait honte de parler de son
[mariage
à son père ; mais lui comprit tout et lui répondit :
« Mon enfant, je ne te refuse ni les mules ni rien d'autre !
Va ! les serviteurs prépareront pour toi un char
haut, aux belles roues, équipé d'un caisson. »
Ayant ainsi parlé, il donna ses ordres aux serviteurs et ils
[obéirent.
Ils sortirent le char à mules, aux belles roues,
l'équipèrent et mirent les mules sous le joug.
La jeune fille apporta de sa chambre les vêtements
[splendides
et les déposa dans le char bien poli.
Sa mère dans un panier plaça toutes sortes de bons mets,
elle mit de la viande cuite et versa du vin
dans une outre de chèvre. La jeune fille monta sur le
[char ;
sa mère lui donna de l'huile subtile dans un vase d'or,
afin de s'en oindre avec ses servantes.
Elle prit le fouet et les rênes brillantes

μάστιξεν δ' ἐλάαν· καναχὴ δ' ἦν ἡμιόνοιϊν·
αἱ δ' ἄμοτον τανύοντο, φέρον δ' ἐσθῆτα καὶ αὐτήν,
οὐκ οἴην, ἅμα τῇ γε καὶ ἀμφίπολοι κίον ἄλλαι.
αἱ δ' ὅτε δὴ ποταμοῖο ῥόον περικαλλέ' ἵκοντο,
ἔνθ' ἦ τοι πλυνοὶ ἦσαν ἐπηετανοί, πολὺ δ' ὕδωρ
καλὸν ὑπεκπρορέει μάλα περ ῥυπόωντα καθῆραι,
ἔνθ' αἵ γ' ἡμιόνους μὲν ὑπεκπροέλυσαν ἀπήνης.
καὶ τὰς μὲν σεῦαν ποταμὸν πάρα δινήεντα
τρώγειν ἄγρωστιν μελιηδέα· ταὶ δ' ἀπ' ἀπήνης
εἵματα χερσὶν ἕλοντο καὶ ἐσφόρεον μέλαν ὕδωρ,
στεῖβον δ' ἐν βόθροισι θοῶς ἔριδα προφέρουσαι.
αὐτὰρ ἐπεὶ πλῦνάν τε κάθηράν τε ῥύπα πάντα,
ἑξείης πέτασαν παρὰ θῖν' ἁλός, ἧχι μάλιστα
λάϊγγας ποτὶ χέρσον ἀποπλύνεσκε θάλασσα.
αἱ δὲ λοεσσάμεναι καὶ χρισάμεναι λίπ' ἐλαίῳ
δεῖπνον ἔπειθ' εἵλοντο παρ' ὄχθῃσιν ποταμοῖο,
εἵματα δ' ἠελίοιο μένον τερσήμεναι αὐγῇ.
αὐτὰρ ἐπεὶ σίτου τάρφθεν δμῳαί τε καὶ αὐτή,
σφαίρῃ ταὶ δ' ἄρα παῖζον, ἀπὸ κρήδεμνα βαλοῦσαι·
τῇσι δὲ Ναυσικάα λευκώλενος ἤρχετο μολπῆς.
οἵη δ' Ἄρτεμις εἶσι κατ' οὔρεα ἰοχέαιρα,
ἢ κατὰ Τηΰγετον περιμήκετον ἢ Ἐρύμανθον,
τερπομένη κάπροισι καὶ ὠκείῃς ἐλάφοισι·
τῇ δέ θ' ἅμα νύμφαι, κοῦραι Διὸς αἰγιόχοιο,
ἀγρονόμοι παίζουσι· γέγηθε δέ τε φρένα Λητώ·
πασάων δ' ὑπὲρ ἥ γε κάρη ἔχει ἠδὲ μέτωπα,
ῥεῖά τ' ἀριγνώτη πέλεται, καλαὶ δέ τε πᾶσαι·

et fouetta pour aller ; les deux mules firent un grand bruit.
Elles tiraient avec peine, emportant les vêtements et la
[jeune fille,
qui n'était pas seule : d'autres, ses servantes, l'accompagnaient.
Lorsqu'elles furent arrivées aux belles eaux du fleuve,
là où étaient les lavoirs toujours pleins et où une eau
[abondante,
claire, coulait, à même de purifier des vêtements très
[sales,
elles dételèrent les mules du char.
Elles les poussèrent le long du fleuve tourbillonnant
afin qu'elles broutent l'herbe douce comme le miel ; du
[char, elles
tirèrent les vêtements et les apportèrent dans l'eau obscure,
puis les foulèrent à l'envi dans les trous, avec rapidité.
Lorsqu'elles les eurent lavés et purifiés de toute saleté,
elles les étendirent en file sur le bord de la mer,
à l'endroit du rivage où le flot marin vient laver les galets.
Elles se baignèrent et s'oignirent d'huile grasse,
puis prirent leur repas sur les rives du fleuve,
attendant que le linge séchât sous les rayons du soleil.
Quand les servantes et elle-même se furent rassasiées de
[nourriture,
elles jouèrent à la balle, après avoir rejeté leurs voiles.
Nausicaa aux bras blanc menait la danse.
Telle va parmi les montagnes l'archère Artémis,
par le haut Taygète ou bien l'Érymanthe,
prenant son plaisir avec les sangliers et les cerfs rapides,
et l'accompagnent les nymphes des champs, filles de Zeus
[porte-égide ;
Létho se réjouit en son âme :
elle dépasse toutes les autres de la tête et du front,
et facilement on la reconnaît, toutes pourtant sont belles !

ὣς ἥ γ' ἀμφιπόλοισι μετέπρεπε παρθένος ἀδμής.
ἀλλ' ὅτε δὴ ἄρ' ἔμελλε πάλιν οἶκόνδε νέεσθαι
ζεύξασ' ἡμιόνους πτύξασά τε εἵματα καλά,
ἔνθ' αὖτ' ἄλλ' ἐνόησε θεὰ γλαυκῶπις 'Αθήνη,
ὡς 'Οδυσεὺς ἔγροιτο, ἴδοι τ' εὐώπιδα κούρην,
ἥ οἱ Φαιήκων ἀνδρῶν πόλιν ἡγήσαιτο.
σφαῖραν ἔπειτ' ἔρριψε μετ' ἀμφίπολον βασίλεια·
ἀμφιπόλου μὲν ἅμαρτε, βαθείῃ δ' ἔμβαλε δίνῃ,
αἱ δ' ἐπὶ μακρὸν ἄϋσαν. ὁ δ' ἔγρετο δῖος 'Οδυσσεύς,
ἑζόμενος δ' ὥρμαινε κατὰ φρένα καὶ κατὰ θυμόν·
« ὤ μοι ἐγώ, τέων αὖτε βροτῶν ἐς γαῖαν ἱκάνω;
ἦ ῥ' οἵ γ' ὑβρισταί τε καὶ ἄγριοι οὐδὲ δίκαιοι,
ἦε φιλόξεινοι, καί σφιν νόος ἐστὶ θεουδής;
ὥς τέ με κουράων ἀμφήλυθε θῆλυς ἀϋτή,
νυμφάων, αἳ ἔχουσ' ὀρέων αἰπεινὰ κάρηνα
καὶ πηγὰς ποταμῶν καὶ πίσεα ποιήεντα.
ἦ νύ που ἀνθρώπων εἰμὶ σχεδὸν αὐδηέντων;
ἀλλ' ἄγ', ἐγὼν αὐτὸς πειρήσομαι ἠδὲ ἴδωμαι ».
ὣς εἰπὼν θάμνων ὑπεδύσετο δῖος 'Οδυσσεύς,
ἐκ πυκινῆς δ' ὕλης πτόρθον κλάσε χειρὶ παχείῃ
φύλλων, ὡς ῥύσαιτο περὶ χροῒ μήδεα φωτός.
βῆ δ' ἴμεν ὥς τε λέων ὀρεσίτροφος, ἀλκὶ πεποιθώς,
ὅς τ' εἶσ' ὑόμενος καὶ ἀήμενος, ἐν δέ οἱ ὄσσε
δαίεται· αὐτὰρ ὁ βουσὶ μετέρχεται ἢ ὀΐεσσιν
ἠὲ μετ' ἀγροτέρας ἐλάφους· κέλεται δέ ἑ γαστὴρ
μήλων πειρήσοντα καὶ ἐς πυκινὸν δόμον ἐλθεῖν·

ainsi l'emportait sur ses servantes la vierge indomptée.
Mais au moment où elle devait rentrer à la maison,
après avoir attelé les mules et plié les vêtements,
une autre pensée eut la déesse Athéna aux yeux pers,
pour qu'Ulysse se réveillât et vît la jeune fille aux beaux
[yeux,
et qu'elle le conduisît à la cité des Phéaciens.
La princesse lança la balle à l'une de ses servantes,
la manqua, et jeta la balle dans un tourbillon profond ;
elles poussèrent alors un grand cri et le divin Ulysse se
[réveilla.
S'asseyant, il délibéra dans son esprit et dans son cœur :
« Malheur à moi ! Sur la terre de quels mortels suis-je
[arrivé ?
Sont-ils des hommes violents, des rustres, des hommes
[injustes,
ou bien sont-ils hospitaliers et respectueux des dieux ?
M'est parvenu un cri de jeunes filles,
de nymphes qui habitent les sommets escarpés des
[montagnes,
les sources des fleuves et les prairies herbeuses ;
ou peut-être suis-je à côté de mortels à voix humaine ?
Mais allons, je veux m'en rendre compte moi-même et le
[savoir !
Ayant ainsi parlé, le divin Ulysse sortit du buisson.
De sa large main, il cassa dans le bois épais une branche,
pleine de feuilles, afin de couvrir sa nudité.
Il s'avança comme un lion des montagnes, sûr de sa force,
qui va, trempé par la pluie, battu par le vent ; ses yeux
brûlent en lui ; et il se jette au milieu des bœufs, des brebis
et des cerfs sauvages ; son ventre le pousse
à attaquer les troupeaux et même à pénétrer dans les
[demeures bien closes ;

ὣς Ὀδυσεὺς κούρῃσιν ἐϋπλοκάμοισιν ἔμελλε
μίξεσθαι, γυμνός περ ἐών· χρειὼ γὰρ ἵκανε.
σμερδαλέος δ' αὐτῇσι φάνη κεκακωμένος ἅλμῃ,
τρέσσαν δ' ἄλλυδις ἄλλη ἐπ' ἠϊόνας προὐχούσας·
οἴη δ' Ἀλκινόου θυγάτηρ μένε· τῇ γὰρ Ἀθήνη
θάρσος ἐνὶ φρεσὶ θῆκε καὶ ἐκ δέος εἵλετο γυίων.
στῆ δ' ἄντα σχομένη· ὁ δὲ μερμήριξεν Ὀδυσσεύς,
ἢ γούνων λίσσοιτο λαβὼν εὐώπιδα κούρην,
ἦ αὔτως ἐπέεσσιν ἀποσταδὰ μειλιχίοισι
λίσσοιτ', εἰ δείξειε πόλιν καὶ εἵματα δοίη.
ὣς ἄρα οἱ φρονέοντι δοάσσατο κέρδιον εἶναι,
λίσσεσθαι ἐπέεσσιν ἀποσταδὰ μειλιχίοισι,
μή οἱ γοῦνα λαβόντι χολώσαιτο φρένα κούρη.
αὐτίκα μειλίχιον καὶ κερδαλέον φάτο μῦθον·
« γουνοῦμαί σε, ἄνασσα· θεός νύ τις ἦ βροτός ἐσσι;
εἰ μέν τις θεός ἐσσι, τοὶ οὐρανὸν εὐρὺν ἔχουσιν,
Ἀρτέμιδί σε ἐγώ γε, Διὸς κούρῃ μεγάλοιο,
εἶδός τε μέγεθός τε φυήν τ' ἄγχιστα ἐΐσκω·
εἰ δέ τίς ἐσσι βροτῶν, οἳ ἐπὶ χθονὶ ναιετάουσι,
τρισμάκαρες μὲν σοί γε πατὴρ καὶ πότνια μήτηρ,
τρισμάκαρες δὲ κασίγνητοι· μάλα πού σφισι θυμὸς
αἰὲν ἐϋφροσύνῃσιν ἰαίνεται εἵνεκα σεῖο,
λευσσόντων τοιόνδε θάλος χορὸν εἰσοιχνεῦσαν.
κεῖνος δ' αὖ περὶ κῆρι μακάρτατος ἔξοχον ἄλλων,
ὅς κέ σ' ἐέδνοισι βρίσας οἶκόνδ' ἀγάγηται.
οὐ γάρ πω τοιοῦτον ἴδον βροτὸν ὀφθαλμοῖσιν,
οὔτ' ἄνδρ' οὔτε γυναῖκα· σέβας μ' ἔχει εἰσορόωντα.
Δήλῳ δή ποτε τοῖον Ἀπόλλωνος παρὰ βωμῷ

ainsi Ulysse allait se mêler aux jeunes filles aux belles [boucles,
bien que nu ; car le besoin le poussait.
Effroyable il leur parut, souillé de saumure,
et elles s'enfuirent çà et là, terrorisées, sur les rives du [fleuve.
Seule resta la fille d'Alcinoos. Athéna en effet
avait mis le courage en son âme et chassé de ses membres [la peur.
Elle se tenait face à lui, immobile. Ulysse hésitait :
devait-il, pour la supplier, prendre les genoux de la jeune [fille aux beaux yeux,
ou bien, par de douces paroles, et ainsi de loin,
la supplier de lui indiquer la ville et de lui donner des [vêtements ?
Ayant réfléchi, il lui sembla préférable
de la prier de loin, par de douces paroles,
car il craignait, en lui prenant les genoux, d'irriter la jeune [fille.
Aussitôt donc, il lui tint ce discours doux et habile :
« Je t'en supplie, ô reine ! Es-tu un dieu ou un mortel ?
Si tu es un dieu, de ceux qui sont les maîtres du vaste ciel,
c'est à Artémis, la fille du grand Zeus,
par la beauté, la taille et l'aspect, que tu ressembles le plus !
Si tu es un mortel, de ceux qui habitent la terre,
trois fois heureux ton père et ta mère souveraine !
trois fois heureux tes frères ! assurément leur cœur
sans cesse dans la joie trouve le réconfort à cause de toi,
à regarder ta jeunesse entrer dans la danse !
Mais heureux en son cœur plus que tout autre celui
qui, plein de cadeaux, t'emportera chez lui !
car de mes yeux je n'ai jamais vu un tel mortel,
ni homme ni femme et la crainte me saisit en te regardant !
À Délos jadis, ainsi, près de l'autel d'Apollon,

φοίνικος νέον ἔρνος ἀνερχόμενον ἐνόησα·
ἦλθον γὰρ καὶ κεῖσε, πολὺς δέ μοι ἕσπετο λαὸς
τὴν ὁδὸν ᾗ δὴ μέλλεν ἐμοὶ κακὰ κήδε' ἔσεσθαι.
ὣς δ' αὔτως καὶ κεῖνο ἰδὼν ἐτεθήπεα θυμῷ
δήν, ἐπεὶ οὔ πω τοῖον ἀνήλυθεν ἐκ δόρυ γαίης,
ὡς σέ, γύναι, ἄγαμαί τε τέθηπά τε δείδιά τ' αἰνῶς
γούνων ἅψασθαι· χαλεπὸν δέ με πένθος ἱκάνει.
χθιζὸς ἐεικοστῷ φύγον ἤματι οἴνοπα πόντον·
τόφρα δέ μ' αἰεὶ κῦμ' ἐφόρει κραιπναί τε θύελλαι
νήσου ἀπ' Ὠγυγίης· νῦν δ' ἐνθάδε κάββαλε δαίμων,
ὄφρα τί που καὶ τῇδε πάθω κακόν· οὐ γὰρ ὀΐω
παύσεσθ', ἀλλ' ἔτι πολλὰ θεοὶ τελέουσι πάροιθεν.
ἀλλά, ἄνασσ', ἐλέαιρε· σὲ γὰρ κακὰ πολλὰ μογήσας
ἐς πρώτην ἱκόμην, τῶν δ' ἄλλων οὔ τινα οἶδα
ἀνθρώπων, οἳ τήνδε πόλιν καὶ γαῖαν ἔχουσιν.
ἄστυ δέ μοι δεῖξον, δὸς δὲ ῥάκος ἀμφιβαλέσθαι,
εἴ τί που εἴλυμα σπείρων ἔχες ἐνθάδ' ἰοῦσα.
σοὶ δὲ θεοὶ τόσα δοῖεν ὅσα φρεσὶ σῇσι μενοινᾷς,
ἄνδρα τε καὶ οἶκον καὶ ὁμοφροσύνην ὀπάσειαν
ἐσθλήν· οὐ μὲν γὰρ τοῦ γε κρεῖσσον καὶ ἄρειον,
ἢ ὅθ' ὁμοφρονέοντε νοήμασιν οἶκον ἔχητον

je vis un jeune plant de palmier qui s'élançait ;
j'allai là-bas en effet et un peuple nombreux me suivait
en ce voyage qui devait être pour moi l'occasion de tant
[de maux.
De même qu'en voyant celui-ci, mon cœur longtemps fut
[saisi de stupeur,
car nulle part sur la terre sortit un tel fût,
de même, femme, je t'admire, je suis saisi de stupeur, et
[terriblement je crains
de toucher tes genoux ! Et grande est la douleur qui
[m'envahit !
Hier, après vingt jours, j'échappai à la mer couleur de vin ;
pendant tout ce temps, sans cesse m'emportèrent les flots
[et les vents impétueux
depuis l'île d'Ogygie ; aujourd'hui un dieu m'a jeté en ce
[lieu,
afin peut-être qu'ici encore je subisse quelque malheur ;
[car je ne crois pas
qu'ils cessent, les dieux en ajouteront encore bien d'autres...
Mais, reine, prends pitié ! C'est vers toi la première, après
[avoir souffert tant de maux,
que je suis venu, je ne connais personne d'autre
parmi les hommes qui habitent cette cité et cette terre !
Montre-moi la ville, donne-moi quelques haillons pour
[me couvrir,
si jamais en venant ici tu as apporté quelque toile pour
[ton linge.
Que les dieux te donnent tout ce que tu désires en ton
[âme,
qu'ils te donnent un mari, une maison, et la bonne
[concorde,
car il n'est rien de meilleur ni de plus fort
que lorsque, d'un esprit uni, un homme et une femme
[tiennent une maison,

ἀνὴρ ἠδὲ γυνή· πόλλ' ἄλγεα δυσμενέεσσι,
χάρματα δ' εὐμενέτῃσι· μάλιστα δέ τ' ἔκλυον αὐτοί ».
τὸν δ' αὖ Ναυσικάα λευκώλενος ἀντίον ηὔδα·
« ξεῖν', ἐπεὶ οὔτε κακῷ οὔτ' ἄφρονι φωτὶ ἔοικας,
Ζεὺς δ' αὐτὸς νέμει ὄλβον 'Ολύμπιος ἀνθρώποισιν,
ἐσθλοῖς ἠδὲ κακοῖσιν, ὅπως ἐθέλῃσιν, ἑκάστῳ·
καί που σοὶ τάδ' ἔδωκε, σὲ δὲ χρὴ τετλάμεν ἔμπης.
νῦν δ', ἐπεὶ ἡμετέρην τε πόλιν καὶ γαῖαν ἱκάνεις,
οὔτ' οὖν ἐσθῆτος δευήσεαι οὔτε τευ ἄλλου,
ὧν ἐπέοιχ' ἱκέτην ταλαπείριον ἀντιάσαντα.
ἄστυ δέ τοι δείξω, ἐρέω δέ τοι οὔνομα λαῶν.
Φαίηκες μὲν τήνδε πόλιν καὶ γαῖαν ἔχουσιν,
εἰμὶ δ' ἐγὼ θυγάτηρ μεγαλήτορος 'Αλκινόοιο,
τοῦ δ' ἐκ Φαιήκων ἔχεται κάρτος τε βίη τε ».
ἦ ῥα, καὶ ἀμφιπόλοισιν ἐϋπλοκάμοισι κέλευσε·
« στῆτέ μοι, ἀμφίπολοι· πόσε φεύγετε φῶτα ἰδοῦσαι;
ἦ μή πού τινα δυσμενέων φάσθ' ἔμμεναι ἀνδρῶν;
οὐκ ἔσθ' οὗτος ἀνὴρ διερὸς βροτὸς οὐδὲ γένηται,
ὅς κεν Φαιήκων ἀνδρῶν ἐς γαῖαν ἵκηται
δηϊοτῆτα φέρων· μάλα γὰρ φίλοι ἀθανάτοισιν.
οἰκέομεν δ' ἀπάνευθε πολυκλύστῳ ἐνὶ πόντῳ,
ἔσχατοι, οὐδέ τις ἄμμι βροτῶν ἐπιμίσγεται ἄλλος.
ἀλλ' ὅδε τις δύστηνος ἀλώμενος ἐνθάδ' ἱκάνει,
τὸν νῦν χρὴ κομέειν· πρὸς γὰρ Διός εἰσιν ἅπαντες

c'est affliction pour leurs ennemis,
joie pour leurs amis, et surtout eux-mêmes en jouissent !
Alors Nausicaa aux bras blanc lui répondit :
« Étranger, puisque tu ne sembles un homme ni vil ni [insensé,
Zeus l'Olympien lui-même distribue le bonheur aux [hommes,
qu'ils soient nobles ou vils, à chacun, comme il veut.
À toi peut-être aussi il donna cela et il te faut le supporter, [quoi qu'il en soit.
Aujourd'hui, puisque tu es arrivé jusqu'à notre cité et [notre terre,
tu ne manqueras ni de vêtements ni de rien d'autre
de ce qu'il convient de donner au malheureux suppliant.
Je te montrerai la ville et te dirai le nom de ce peuple.
Ce sont les Phéaciens qui habitent cette cité et cette terre
et moi je suis la fille du magnanime Alcinoos,
dont dépendent des Phéaciens la force et la puissance. »
Elle dit et appela ses servantes aux belles boucles :
« Arrêtez-vous, mes servantes ! Où fuyez-vous à la seule [vue d'un homme ?
Croyez-vous qu'il soit quelque ennemi ?
Il n'est aucun homme, aucun mortel vivant, et il n'en sera [jamais,
qui puisse parvenir jusqu'à la terre des Phéaciens,
pour y porter la guerre, car ils sont trop chers aux [immortels !
Nous vivons à l'écart, dans la mer houleuse,
aux confins du monde, et aucun mortel n'a de rapports [avec nous.
Mais celui-ci n'est qu'un malheureux errant parvenu [jusqu'ici,
dont il faut à présent s'occuper ; car de Zeus viennent

ξεῖνοί τε πτωχοί τε, δόσις δ' ὀλίγη τε φίλη τε.
ἀλλὰ δότ', ἀμφίπολοι, ξείνῳ βρῶσίν τε πόσιν τε,
λούσατέ τ' ἐν ποταμῷ, ὅθ' ἐπὶ σκέπας ἔστ' ἀνέμοιο ».
ὣς ἔφαθ', αἱ δ' ἔσταν τε καὶ ἀλλήλῃσι κέλευσαν,
κὰδ δ' ἄρ' Ὀδυσσῆ' εἷσαν ἐπὶ σκέπας, ὡς ἐκέλευσε
Ναυσικάα, θυγάτηρ μεγαλήτορος Ἀλκινόοιο,
πὰρ δ' ἄρα οἱ φᾶρός τε χιτῶνά τε εἵματ' ἔθηκαν,
δῶκαν δὲ χρυσέῃ ἐν ληκύθῳ ὑγρὸν ἔλαιον,
ἤνωγον δ' ἄρα μιν λοῦσθαι ποταμοῖο ῥοῇσι.
δή ῥα τότ' ἀμφιπόλοισι μετηύδα δῖος Ὀδυσσεύς·
« ἀμφίπολοι, στῆθ' οὕτω ἀπόπροθεν, ὄφρ' ἐγὼ αὐτὸς
ἅλμην ὤμοιϊν ἀπολούσομαι, ἀμφὶ δ' ἐλαίῳ
χρίσομαι· ἦ γὰρ δηρὸν ἀπὸ χροός ἐστιν ἀλοιφή.
ἄντην δ' οὐκ ἂν ἐγώ γε λοέσσομαι· αἰδέομαι γὰρ
γυμνοῦσθαι κούρῃσιν ἐϋπλοκάμοισι μετελθών ».
ὣς ἔφαθ', αἱ δ' ἀπάνευθεν ἴσαν, εἶπον δ' ἄρα κούρῃ.
αὐτὰρ ὁ ἐκ ποταμοῦ χρόα νίζετο δῖος Ὀδυσσεὺς
ἅλμην, ἥ οἱ νῶτα καὶ εὐρέας ἄμπεχεν ὤμους·
ἐκ κεφαλῆς δ' ἔσμηχεν ἁλὸς χνόον ἀτρυγέτοιο.
αὐτὰρ ἐπεὶ δὴ πάντα λοέσσατο καὶ λίπ' ἄλειψεν,
ἀμφὶ δὲ εἵματα ἕσσαθ' ἅ οἱ πόρε παρθένος ἀδμής,
τὸν μὲν Ἀθηναίη θῆκεν, Διὸς ἐκγεγαυῖα,
μείζονά τ' εἰσιδέειν καὶ πάσσονα, κὰδ δὲ κάρητος
οὔλας ἧκε κόμας, ὑακινθίνῳ ἄνθει ὁμοίας.

tous les étrangers et les mendiants et le don le plus petit
[leur est cher !
Donnez donc à l'étranger, mes servantes, à manger et à
[boire,
et baignez-le dans le fleuve, en un lieu à l'abri du vent ! »
Elle parla ainsi et celles-ci s'arrêtèrent, s'exhortant les unes
[les autres ;
elles conduisirent Ulysse en un lieu abrité, ainsi que l'avait
[ordonné
Nausicaa, la fille du magnanime Alcinoos.
Elles placèrent à côté de lui des vêtements, un manteau
[et une tunique,
lui donnèrent l'huile subtile dans le vase d'or
et l'invitèrent à se baigner dans les eaux du fleuve.
Alors le divin Ulysse dit aux servantes :
« Servantes, restez ainsi à l'écart, de sorte que moi-même
je lave le sel de mes épaules et que je m'oigne !
car depuis longtemps l'huile n'a touché ma peau.
Mais devant vous je ne veux me laver : j'ai honte
de paraître nu au milieu de jeunes filles aux belles
[boucles !
Il parla ainsi ; elles s'éloignèrent et avertirent la jeune fille.
Alors, dans l'eau du fleuve Ulysse lava de sa peau
le sel qui recouvrait son dos et ses larges épaules ;
de l'écume de la mer inféconde, il nettoya sa tête ;
et quand il se fut entièrement lavé et abondamment oint
[d'huile,
il mit les vêtements que lui avait donnés la vierge
[indomptée.
Athéna, la fille de Zeus, fit que
plus grand et plus fort il paraissait et de son chef
elle faisait descendre des boucles de cheveux semblables
[à la fleur de jacinthe.

ὡς δ' ὅτε τις χρυσὸν περιχεύεται ἀργύρῳ ἀνὴρ
ἴδρις, ὃν Ἥφαιστος δέδαεν καὶ Παλλὰς Ἀθήνη
τέχνην παντοίην, χαρίεντα δὲ ἔργα τελείει,
ὣς ἄρα τῷ κατέχευε χάριν κεφαλῇ τε καὶ ὤμοις.
ἕζετ' ἔπειτ' ἀπάνευθε κιὼν ἐπὶ θῖνα θαλάσσης,
κάλλεϊ καὶ χάρισι στίλβων· θηεῖτο δὲ κούρη.
δή ῥα τότ' ἀμφιπόλοισιν ἐϋπλοκάμοισι μετηύδα·
« κλῦτέ μοι, ἀμφίπολοι λευκώλενοι, ὄφρα τι εἴπω.
οὐ πάντων ἀέκητι θεῶν, οἳ Ὄλυμπον ἔχουσι,
Φαιήκεσσ' ὅδ' ἀνὴρ ἐπιμίσγεται ἀντιθέοισι·
πρόσθεν μὲν γάρ δή μοι ἀεικέλιος δέατ' εἶναι,
νῦν δὲ θεοῖσιν ἔοικε, τοὶ οὐρανὸν εὐρὺν ἔχουσιν.
αἳ γὰρ ἐμοὶ τοιόσδε πόσις κεκλημένος εἴη
ἐνθάδε ναιετάων, καί οἱ ἅδοι αὐτόθι μίμνειν.
ἀλλὰ δότ', ἀμφίπολοι, ξείνῳ βρῶσίν τε πόσιν τε ».
ὣς ἔφαθ', αἱ δ' ἄρα τῆς μάλα μὲν κλύον ἠδ' ἐπίθοντο,
πὰρ δ' ἄρ' Ὀδυσσῆϊ ἔθεσαν βρῶσίν τε πόσιν τε.
ἦ τοι ὁ πῖνε καὶ ἦσθε πολύτλας δῖος Ὀδυσσεὺς
ἁρπαλέως· δηρὸν γὰρ ἐδητύος ἦεν ἄπαστος.
αὐτὰρ Ναυσικάα λευκώλενος ἄλλ' ἐνόησεν·
εἵματ' ἄρα πτύξασα τίθει καλῆς ἐπ' ἀπήνης,
ζεῦξε δ' ὑφ' ἡμιόνους κρατερώνυχας, ἂν δ' ἔβη αὐτή.
ὤτρυνεν δ' Ὀδυσῆα, ἔπος τ' ἔφατ' ἔκ τ' ὀνόμαζεν·
« ὄρσεο δὴ νῦν, ξεῖνε, πόλινδ' ἴμεν, ὄφρα σε πέμψω

Comme l'or autour de l'argent verse
l'artisan qu'instruisit Héphaestos et Pallas Athéna
en toutes sortes d'arts, et il accomplit des œuvres
[resplendissantes de grâce,
de même, elle versait la grâce sur sa tête et sur ses épaules.
Puis il alla s'asseoir à l'écart, sur le rivage de la mer,
resplendissant de beauté et de grâce, et la jeune fille
[l'admirait.
Elle dit alors à ses servantes aux belles boucles :
« Ecoutez, servantes aux bras blancs, que je vous dise une
[chose !
Ce n'est pas sans la volonté de tous les dieux, maîtres de
l'Olympe,
que cet homme est venu se mêler aux Phéaciens semblables
[aux dieux !
Auparavant il me paraissait ignoble,
mais maintenant c'est aux dieux maîtres du vaste ciel qu'il
[ressemble !
Si seulement un tel homme pouvait être dit mon époux,
habiter ici, et y rester avec plaisir !
mais allons, mes servantes, donnez à l'étranger à manger
[et à boire !
Elle parla ainsi ; et elles l'écoutèrent et obéirent.
Auprès d'Ulysse, elles placèrent de quoi manger et boire ;
et l'endurant, le divin Ulysse but et mangea
avidement, car depuis longtemps il était à jeun.
Nausicaa aux bras blancs eut alors une autre pensée.
Elle plaça, après les avoir pliés, les vêtements dans le beau
[char,
attela les mules aux durs sabots et monta.
Exhortant Ulysse, elle lui adressa ces paroles :
« Maintenant debout, étranger, allons à la ville, que je te
[conduise

πατρὸς ἐμοῦ πρὸς δῶμα δαΐφρονος, ἔνθα σέ φημι
πάντων Φαιήκων εἰδησέμεν ὅσσοι ἄριστοι.
ἀλλὰ μάλ' ὧδ' ἔρδειν· δοκέεις δέ μοι οὐκ ἀπινύσσειν·
ὄφρ' ἂν μέν κ' ἀγροὺς ἴομεν καὶ ἔργ' ἀνθρώπων,
τόφρα σὺν ἀμφιπόλοισι μεθ' ἡμιόνους καὶ ἄμαξαν
καρπαλίμως ἔρχεσθαι· ἐγὼ δ' ὁδὸν ἡγεμονεύσω.
αὐτὰρ ἐπὴν πόλιος ἐπιβείομεν ἣν πέρι πύργος
ὑψηλός, καλὸς δὲ λιμὴν ἑκάτερθε πόληος,
λεπτὴ δ' εἰσίθμη· νῆες δ' ὁδὸν ἀμφιέλισσαι
εἰρύαται· πᾶσιν γὰρ ἐπίστιόν ἐστιν ἑκάστῳ.
ἔνθα δέ τέ σφ' ἀγορή, καλὸν Ποσιδήϊον ἀμφίς,
ῥυτοῖσιν λάεσσι κατωρυχέεσσ' ἀραρυῖα.
ἔνθα δὲ νηῶν ὅπλα μελαινάων ἀλέγουσι,
πείσματα καὶ σπεῖρα, καὶ ἀποξύνουσιν ἐρετμά.
οὐ γὰρ Φαιήκεσσι μέλει βιὸς οὐδὲ φαρέτρη,
ἀλλ' ἱστοὶ καὶ ἐρετμὰ νεῶν καὶ νῆες ἐῗσαι,
ᾗσιν ἀγαλλόμενοι πολιὴν περόωσι θάλασσαν·
τῶν ἀλεείνω φῆμιν ἀδευκέα, μή τις ὀπίσσω
μωμεύῃ· μάλα δ' εἰσὶν ὑπερφίαλοι κατὰ δῆμον·
καί νύ τις ὧδ' εἴπῃσι κακώτερος ἀντιβολήσας·
"τίς δ' ὅδε Ναυσικάᾳ ἕπεται καλός τε μέγας τε
ξεῖνος; ποῦ δέ μιν εὗρε; πόσις νύ οἱ ἔσσεται αὐτῇ.
ἦ τινά που πλαγχθέντα κομίσσατο ἧς ἀπὸ νηὸς
ἀνδρῶν τηλεδαπῶν, ἐπεὶ οὔ τινες ἐγγύθεν εἰσίν·
ἤ τίς οἱ εὐξαμένῃ πολυάρητος θεὸς ἦλθεν
οὐρανόθεν καταβάς, ἕξει δέ μιν ἤματα πάντα.

à la demeure de mon valeureux père ! là, je te le dis,
tu verras les meilleurs de tous les Phéaciens !
Mais fais bien ceci, tu ne me sembles pas dépourvu de
[sens :
tant que nous parcourrons les champs et les travaux des
[hommes,
reste, avec les servantes, derrière les mules et le char,
à marcher d'un bon pas ; moi, je conduirai la route.
Nous arriverons à la cité ceinte de hautes murailles :
de chacun de ses côtés se trouve un beau port,
avec une entrée étroite ; sur la route les vaisseaux recourbés
sont tirés, car chacun d'eux y a son abri ;
là, autour du beau Poséidon, s'étend la grande place,
dallée d'énormes pierres enfouies ;
là, on s'occupe des agrès des vaisseaux noirs,
des cordages, des voiles, et l'on polit les rames ;
car aux Phéaciens n'importent les arcs et les carquois,
mais les mâts, les rames et les navires égaux,
grâce auxquels, tout joyeux, ils parcourent la mer
[blanchie.
Je veux éviter de leur part la mauvaise rumeur, et qu'on
[ne me critique
par-derrière ; car il y en a, des insolents, parmi le peuple !
voici ce qu'un plus méchant qui nous croiserait pourrait
[dire :
« Quel est cet étranger beau et grand qui accompagne
[Nausicaa ?
Où l'a-t-elle trouvé ? Certainement ce sera son mari !
Peut-être est-ce un naufragé qu'elle a recueilli,
un de ces étrangers, puisque nous sommes sans voisins ?
Ou bien est-ce un dieu ardemment invoqué, descendu du
[ciel
à ses prières, et qu'elle va posséder pour toujours ?

βέλτερον, εἰ καὐτή περ ἐποιχομένη πόσιν εὗρεν
ἄλλοθεν· ἦ γὰρ τούσδε γ' ἀτιμάζει κατὰ δῆμον
Φαίηκας, τοί μιν μνῶνται πολέες τε καὶ ἐσθλοί".
ὣς ἐρέουσιν, ἐμοὶ δέ κ' ὀνείδεα ταῦτα γένοιτο.
καὶ δ' ἄλλῃ νεμεσῶ, ἥ τις τοιαῦτά γε ῥέζοι,
ἥ τ' ἀέκητι φίλων πατρὸς καὶ μητρὸς ἐόντων
ἀνδράσι μίσγηται πρίν γ' ἀμφάδιον γάμον ἐλθεῖν.
ξεῖνε, σὺ δ' ὧδ' ἐμέθεν ξυνίει ἔπος, ὄφρα τάχιστα
πομπῆς καὶ νόστοιο τύχῃς παρὰ πατρὸς ἐμοῖο.
δήομεν ἀγλαὸν ἄλσος 'Αθήνης ἄγχι κελεύθου
αἰγείρων· ἐν δὲ κρήνη νάει, ἀμφὶ δὲ λειμών.
ἔνθα δὲ πατρὸς ἐμοῦ τέμενος τεθαλυῖά τ' ἀλωή,
τόσσον ἀπὸ πτόλιος ὅσσον τε γέγωνε βοήσας·
ἔνθα καθεζόμενος μεῖναι χρόνον, εἰς ὅ κεν ἡμεῖς
ἄστυδε ἔλθωμεν καὶ ἱκώμεθα δώματα πατρός.
αὐτὰρ ἐπὴν ἡμέας ἔλπῃ ποτὶ δώματ' ἀφῖχθαι,
καὶ τότε Φαιήκων ἴμεν ἐς πόλιν ἠδ' ἐρέεσθαι
δώματα πατρὸς ἐμοῦ μεγαλήτορος 'Αλκινόοιο.
ῥεῖα δ' ἀρίγνωτ' ἐστὶ καὶ ἂν πάϊς ἡγήσαιτο
νήπιος· οὐ μὲν γάρ τι ἐοικότα τοῖσι τέτυκται
δώματα Φαιήκων, οἷος δόμος 'Αλκινόοιο
ἥρως. ἀλλ' ὁπότ' ἄν σε δόμοι κεκύθωσι καὶ αὐλή,
ὦκα μάλα μεγάροιο διελθέμεν, ὄφρ' ἂν ἵκηαι
μητέρ' ἐμήν· ἡ δ' ἧσται ἐπ' ἐσχάρῃ ἐν πυρὸς αὐγῇ,

Tant mieux si elle-même est allée chercher un mari
ailleurs ! car elle méprise ceux-ci dans le pays,
les Phéaciens qui nombreux et pourtant nobles la demandent
[en mariage... »
Voici ce qu'ils diront et ce sera une honte pour moi !
D'une autre je m'indignerais moi aussi, qui agirait de la
[sorte,
qui, sans le consentement de son père et de sa mère
[toujours vivants,
fréquenterait des hommes avant d'aller à ses noces
[publiques !
Étranger, comprends bien ces paroles, afin qu'au plus vite
tu obtiennes de mon père ton retour et une escorte !
Nous trouverons près du chemin le splendide bois sacré
[d'Athéna,
planté de peupliers ; une fontaine y coule et autour
[s'étend une prairie.
Là, est le domaine de mon père et son jardin florissant,
qui sont de la cité à distance d'un cri.
Reste là assis, le temps que nous
arrivions à la ville et que nous gagnons la demeure de
[mon père.
Puis, quand tu penseras que nous sommes arrivées à la
[maison,
alors, va à la cité des Phéaciens et demande
la demeure de mon père le magnanime Alcinoos !
Elle est facilement reconnaissable et même un petit
[enfant saurait t'y mener ;
car parmi les Phéaciens, il n'est d'autres demeures semblables
à celles du héros Alcinoos. Quand tu seras à couvert dans
[la cour et dans la demeure,
traverse très vite la grande salle et va trouver
ma mère ; elle se tient assise auprès du foyer, dans la lueur
[du feu,

ἠλάκατα στρωφῶσ' ἁλιπόρφυρα, θαῦμα ἰδέσθαι,
κίονι κεκλιμένη· δμωαὶ δέ οἱ εἵατ' ὄπισθεν.
ἔνθα δὲ πατρὸς ἐμοῖο θρόνος ποτικέκλιται αὐτῇ,
τῷ ὅ γε οἰνοποτάζει ἐφήμενος ἀθάνατος ὥς.
τὸν παραμειψάμενος μητρὸς περὶ γούνασι χεῖρας
βάλλειν ἡμετέρης, ἵνα νόστιμον ἦμαρ ἴδηαι
χαίρων καρπαλίμως, εἰ καὶ μάλα τηλόθεν ἐσσί.
εἴ κέν τοι κείνη γε φίλα φρονέῃσ' ἐνὶ θυμῷ,
ἐλπωρή τοι ἔπειτα φίλους τ' ἰδέειν καὶ ἱκέσθαι
οἶκον ἐϋκτίμενον καὶ σὴν ἐς πατρίδα γαῖαν ».
ὣς ἄρα φωνήσασ' ἵμασεν μάστιγι φαεινῇ
ἡμιόνους· αἱ δ' ὦκα λίπον ποταμοῖο ῥέεθρα.
αἱ δ' εὖ μὲν τρώχων, εὖ δ' ἐπλίσσοντο πόδεσσιν.
ἡ δὲ μάλ' ἡνιόχευεν, ὅπως ἅμ' ἑποίατο πεζοὶ
ἀμφίπολοί τ' Ὀδυσεύς τε· νόῳ δ' ἐπέβαλλεν ἱμάσθλην.
δύσετό τ' ἠέλιος, καὶ τοὶ κλυτὸν ἄλσος ἵκοντο
ἱρὸν Ἀθηναίης, ἵν' ἄρ' ἕζετο δῖος Ὀδυσσεύς.
αὐτίκ' ἔπειτ' ἠρᾶτο Διὸς κούρῃ μεγάλοιο·
« κλῦθί μοι, αἰγιόχοιο Διὸς τέκος, Ἀτρυτώνη·
νῦν δή πέρ μευ ἄκουσον, ἐπεὶ πάρος οὔ ποτ' ἄκουσας
ῥαιομένου, ὅτε μ' ἔρραιε κλυτὸς ἐννοσίγαιος.
δός μ' ἐς Φαίηκας φίλον ἐλθεῖν ἠδ' ἐλεεινόν ».
ὣς ἔφατ' εὐχόμενος, τοῦ δ' ἔκλυε Παλλὰς Ἀθήνη·
αὐτῷ δ' οὔ πω φαίνετ' ἐναντίη· αἴδετο γάρ ῥα
πατροκασίγνητον· ὁ δ' ἐπιζαφελῶς μενέαινεν
ἀντιθέῳ Ὀδυσῆϊ πάρος ἣν γαῖαν ἱκέσθαι.

filant sa quenouille de pourpre, merveille à voir ;
elle est appuyée à une colonne, ses servantes sont assises
[derrière elle ;
Là, à côté d'elle, est le trône de mon père ;
assis, il boit son vin à petits traits, tel un immortel.
Passe devant lui et jette tes mains autour des genoux de
[ma mère,
afin que vite tu voies le jour de ton retour,
dans la joie, et même si tu habites très loin !
Si jamais en son âme celle-ci te prend en amitié,
tu auras l'espoir de revoir les tiens, de retrouver
ta belle demeure et ta patrie ! »
Ayant ainsi parlé, elle frappa de son fouet brillant
les mules ; vite, elles laissèrent les eaux du fleuve ;
tantôt elles allaient au trot, tantôt elles marchaient au pas ;
Nausicaa tenait les rênes de sorte que puissent suivre à pied
les servantes et Ulysse et avec intelligence elle donnait du
[fouet.
Le soleil se coucha et ils arrivèrent à l'illustre bois sacré
d'Athéna, où le divin Ulysse s'assit.
Aussitôt alors, il pria la fille du grand Zeus :
« Écoute-moi, fille de Zeus porte-égide, Atrytonée !
à présent écoute-moi ! car tu ne m'as pas écouté avant,
lorsque je faisais naufrage, lorsque me brisait l'illustre
[Ébranleur de la terre !
Accorde-moi d'être accueilli en ami par les Phéaciens et
[qu'ils me prennent en pitié ! »
Il dit ainsi en priant et Pallas Athéna l'entendit.
Mais elle ne se montra face à face car elle craignait
le frère de son père[1] qui resta violemment en colère
contre Ulysse semblable à un dieu, jusqu'à ce que celui-ci
[rejoignît sa terre.

1. Poséidon.

Circé

Chant X, 187-549

ἦμος δ' ἠριγένεια φάνη ῥοδοδάκτυλος Ἠώς,
καὶ τότ' ἐγὼν ἀγορὴν θέμενος μετὰ πᾶσιν ἔειπον·
"ὦ φίλοι, οὐ γάρ τ' ἴδμεν ὅπῃ ζόφος οὐδ' ὅπῃ ἠώς,
οὐδ' ὅπῃ ἠέλιος φαεσίμβροτος εἶσ' ὑπὸ γαῖαν
οὐδ' ὅπῃ ἀννεῖται· ἀλλὰ φραζώμεθα θᾶσσον,
εἴ τις ἔτ' ἔσται μῆτις· ἐγὼ δ' οὐκ οἴομαι εἶναι.
εἶδον γὰρ σκοπιὴν ἐς παιπαλόεσσαν ἀνελθὼν
νῆσον, τὴν πέρι πόντος ἀπείριτος ἐστεφάνωται.
αὐτὴ δὲ χθαμαλὴ κεῖται· καπνὸν δ' ἐνὶ μέσσῃ
ἔδρακον ὀφθαλμοῖσι διὰ δρυμὰ πυκνὰ καὶ ὕλην".
ὣς ἐφάμην, τοῖσιν δὲ κατεκλάσθη φίλον ἦτορ
μνησαμένοισ' ἔργων Λαιστρυγόνος Ἀντιφάταο
Κύκλωπός τε βίης μεγαλήτορος ἀνδροφάγοιο.
κλαῖον δὲ λιγέως, θαλερὸν κατὰ δάκρυ χέοντες·
ἀλλ' οὐ γάρ τις πρῆξις ἐγίγνετο μυρομένοισιν.
αὐτὰρ ἐγὼ δίχα πάντας ἐϋκνήμιδας ἑταίρους
ἠρίθμεον, ἀρχὸν δὲ μετ' ἀμφοτέροισιν ὄπασσα·
τῶν μὲν ἐγὼν ἦρχον, τῶν δ' Εὐρύλοχος θεοειδής.
κλήρους δ' ἐν κυνέῃ χαλκήρεϊ πάλλομεν ὦκα·
ἐκ δ' ἔθορε κλῆρος μεγαλήτορος Εὐρυλόχοιο.
βῆ δ' ἰέναι, ἅμα τῷ γε δύω καὶ εἴκοσ' ἑταῖροι
κλαίοντες· κατὰ δ' ἄμμε λίπον γοόωντας ὄπισθεν.
εὗρον δ' ἐν βήσσῃσι τετυγμένα δώματα Κίρκης
ξεστοῖσιν λάεσσι, περισκέπτῳ ἐνὶ χώρῳ.
ἀμφὶ δέ μιν λύκοι ἦσαν ὀρέστεροι ἠδὲ λέοντες,
τοὺς αὐτὴ κατέθελξεν, ἐπεὶ κακὰ φάρμακ' ἔδωκεν.
οὐδ' οἵ γ' ὡρμήθησαν ἐπ' ἀνδράσιν, ἀλλ' ἄρα τοί γε
οὐρῇσιν μακρῇσι περισσαίνοντες ἀνέσταν.
ὡς δ' ὅτ' ἂν ἀμφὶ ἄνακτα κύνες δαίτηθεν ἰόντα

Lorsque parut la fille du matin Aurore aux doigts de rose,
je rassemblai tous mes compagnons et leur parlai ainsi :
« Mes amis, nous ne savons où sont les ténèbres ni l'aurore,
à quel endroit le soleil qui éclaire les mortels va sous la
[terre,
ni d'où il se lève ; voyons donc au plus vite
s'il y a quelque remède ; pour moi, je ne le pense pas !
Du haut d'une roche où j'étais monté, j'ai vu
une île que couronne la mer infinie.
Elle est basse et en son milieu j'ai de mes yeux distingué
une fumée qui montait d'un bois et d'une épaisse forêt de
[chênes. »
À ces mots, leur cœur à chacun se brisa
au souvenir des méfaits d'Antiphatès le Lestrygon
et de la violence du fier Cyclope mangeur d'hommes.
Ils gémissaient à grands cris, versaient de fortes larmes,
mais tout en pleurant ne proposaient rien.
Alors, en deux groupes je répartis tous mes compagnons
[aux belles cnémides,
et donnai un chef à chacun d'eux.
Je prenais la tête de l'un, Euryloque semblable à un dieu
[dirigeait l'autre.
Nous agitâmes vite les sorts dans un casque de bronze
et celui du magnanime Euryloque sortit.
Il partit donc, prenant avec lui vingt-deux compagnons
qui pleuraient et nous laissaient gémissant derrière eux.
Ils trouvèrent dans la vallée la demeure de Circé,
toute en pierres taillées, dans une position dégagée.
Autour étaient des loups de montagne et des lions
qu'elle avait charmés avec des philtres maléfiques.
Et eux, au lieu de bondir sur les hommes
se dressaient et remuaient leur longue queue,
comme font les chiens autour de leur maître

σαίνωσ'· αἰεὶ γάρ τε φέρει μειλίγματα θυμοῦ·
ὣς τοὺς ἀμφὶ λύκοι κρατερώνυχες ἠδὲ λέοντες
σαῖνον· τοὶ δ' ἔδδεισαν, ἐπεὶ ἴδον αἰνὰ πέλωρα.
ἔσταν δ' εἰνὶ θύρῃσι θεᾶς καλλιπλοκάμοιο,
Κίρκης δ' ἔνδον ἄκουον ἀειδούσης ὀπὶ καλῇ
ἱστὸν ἐποιχομένης μέγαν ἄμβροτον, οἷα θεάων
λεπτά τε καὶ χαρίεντα καὶ ἀγλαὰ ἔργα πέλονται.
τοῖσι δὲ μύθων ἦρχε Πολίτης, ὄρχαμος ἀνδρῶν,
ὅς μοι κήδιστος ἑτάρων ἦν κεδνότατός τε·
"ὦ φίλοι, ἔνδον γάρ τις ἐποιχομένη μέγαν ἱστὸν
καλὸν ἀοιδιάει, δάπεδον δ' ἅπαν ἀμφιμέμυκεν,
ἢ θεὸς ἠὲ γυνή· ἀλλὰ φθεγγώμεθα θᾶσσον".
ὣς ἄρ' ἐφώνησεν, τοὶ δ' ἐφθέγγοντο καλεῦντες.
ἡ δ' αἶψ' ἐξελθοῦσα θύρας ὤϊξε φαεινὰς
καὶ κάλει· οἱ δ' ἅμα πάντες ἀϊδρείῃσιν ἕποντο·
Εὐρύλοχος δ' ὑπέμεινεν, ὀΐσσατο γὰρ δόλον εἶναι.
εἷσεν δ' εἰσαγαγοῦσα κατὰ κλισμούς τε θρόνους τε,
ἐν δέ σφιν τυρόν τε καὶ ἄλφιτα καὶ μέλι χλωρὸν
οἴνῳ Πραμνείῳ ἐκύκα· ἀνέμισγε δὲ σίτῳ
φάρμακα λύγρ', ἵνα πάγχυ λαθοίατο πατρίδος αἴης.
αὐτὰρ ἐπεὶ δῶκέν τε καὶ ἔκπιον, αὐτίκ' ἔπειτα

qui sort du repas car toujours il leur apporte de bons [morceaux ;
de même, les lions et les loups aux griffes puissantes les [flattaient de leur queue,
et eux tremblaient de peur à la vue des monstres terribles.
Ils s'arrêtèrent devant la porte de la déesse aux belles [boucles,
Circé, et l'entendirent à l'intérieur qui chantait d'une belle [voix,
s'affairant autour d'une toile grande, divine,
semblable aux ouvrages fins, brillants et resplendissants [que tissent les déesses.
Politès, chef des peuples, le premier prit la parole,
le plus cher et le meilleur de mes compagnons :
« Mes amis, à l'intérieur de cette demeure, quelqu'un tisse [une grande toile
et chante d'une voix merveilleuse : le sol tout entier en [résonne !
Est-ce une déesse ou une femme ? appelons donc au plus [vite ! »
À ces mots, ils crièrent et appelèrent.
Elle sortit aussitôt, ouvrit les portes éclatantes
et les invita à entrer ; eux la suivirent, les inconscients !
Euryloque resta cependant, car il pensa que c'était un [piège.
Elle les introduisit et les fit asseoir sur des sièges et des [fauteuils.
Elle mêla pour eux du fromage, de la farine et du miel [jeune
avec du vin de Pramnos et mit dans la nourriture
des philtres funestes afin qu'ils oublient totalement leur [patrie.
Elle le leur donna et, dès qu'ils eurent tout bu,

ῥάβδῳ πεπληγυῖα κατὰ συφεοῖσιν ἐέργνυ.
οἱ δὲ συῶν μὲν ἔχον κεφαλὰς φωνήν τε τρίχας τε
καὶ δέμας, αὐτὰρ νοῦς ἦν ἔμπεδος ὡς τὸ πάρος περ.
ὣς οἱ μὲν κλαίοντες ἐέρχατο· τοῖσι δὲ Κίρκη
πὰρ ἄκυλον βάλανόν τ' ἔβαλεν καρπόν τε κρανείης
ἔδμεναι, οἷα σύες χαμαιευνάδες αἰὲν ἔδουσιν.
Εὐρύλοχος δ' αἶψ' ἦλθε θοὴν ἐπὶ νῆα μέλαιναν,
ἀγγελίην ἑτάρων ἐρέων καὶ ἀδευκέα πότμον.
οὐδέ τι ἐκφάσθαι δύνατο ἔπος, ἱέμενός περ,
κῆρ ἄχεϊ μεγάλῳ βεβολημένος· ἐν δέ οἱ ὄσσε
δακρυόφιν πίμπλαντο, γόον δ' ὠΐετο θυμός.
ἀλλ' ὅτε δή μιν πάντες ἀγασσάμεθ' ἐξερέοντες,
καὶ τότε τῶν ἄλλων ἑτάρων κατέλεξεν ὄλεθρον·
"ἤομεν, ὡς ἐκέλευες, ἀνὰ δρυμά, φαίδιμ' Ὀδυσσεῦ·
εὕρομεν ἐν βήσσῃσι τετυγμένα δώματα καλὰ
ξεστοῖσιν λάεσσι, περισκέπτῳ ἐνὶ χώρῳ.
ἔνθα δέ τις μέγαν ἱστὸν ἐποιχομένη λίγ' ἄειδεν
ἢ θεὸς ἠὲ γυνή· τοὶ δ' ἐφθέγγοντο καλεῦντες.
ἡ δ' αἶψ' ἐξελθοῦσα θύρας ὤϊξε φαεινὰς
καὶ κάλει· οἱ δ' ἅμα πάντες ἀϊδρείῃσιν ἕποντο·
αὐτὰρ ἐγὼν ὑπέμεινα, ὀϊσσάμενος δόλον εἶναι.
οἱ δ' ἅμ' ἀϊστώθησαν ἀολλέες, οὐδέ τις αὐτῶν
ἐξεφάνη· δηρὸν δὲ καθήμενος ἐσκοπίαζον".
ὣς ἔφατ', αὐτὰρ ἐγὼ περὶ μὲν ξίφος ἀργυρόηλον
ὤμοιϊν βαλόμην, μέγα χάλκεον, ἀμφὶ δὲ τόξα·
τὸν δ' αἶψ' ἠνώγεα αὐτὴν ὁδὸν ἡγήσασθαι.
αὐτὰρ ὅ γ' ἀμφοτέρῃσι λαβὼν ἐλλίσσετο γούνων·

elle les frappa de sa baguette et les enferma dans la
[porcherie.
De porcs, ils avaient la tête, la voix et les poils,
toute l'apparence, sauf qu'ils avaient gardé leur esprit.
Ainsi ils furent enfermés, tout en pleurs, et Circé
leur jetait des glands et des fruits de cornouiller,
tout ce que mangent les porcs qui se vautrent par terre.
Euryloque en hâte gagna la nef noire
pour raconter l'amer destin de ses compagnons.
Il ne pouvait dire un seul mot, malgré son désir de
[parler,
tant dans son cœur il était frappé de douleur ; ses yeux
étaient remplis de larmes et son cœur ne pensait qu'à
[gémir.
Mais quand nous en fûmes tous à lui poser des questions
[et à nous impatienter,
il nous raconta la fin de ses compagnons.
« Nous allâmes dans la forêt, comme tu l'avais ordonné,
[illustre Ulysse.
Nous y trouvâmes dans une vallée une belle demeure,
toute de pierres taillées, dans une position dégagée.
Là, quelqu'un s'affairait à une grande toile et chantait à
[haute voix,
une déesse ou une mortelle. Eux appelèrent en criant.
Elle sortit aussitôt, ouvrit les portes éclatantes
et les invita à entrer ; eux la suivirent, les inconscients !
Mais moi je restai, car je pensais que c'était un piège.
Et tous ensemble ils disparurent : aucun d'entre eux
ne réapparut. Pourtant je restai longtemps à guetter. »
Il parla ainsi. Je jetai alors sur mes épaules mon épée à
[clous d'argent,
longue, en bronze, et par-dessus je mis mon arc.
Je lui ordonnai aussitôt de me conduire par la même route
mais lui me saisissant les genoux me suppliait :

“μή μ’ ἄγε κεῖσ’ ἀέκοντα, διοτρεφές, ἀλλὰ λίπ’ αὐτοῦ.
οἶδα γὰρ ὡς οὔτ’ αὐτὸς ἐλεύσεαι οὔτε τιν’ ἄλλον
ἄξεις σῶν ἑτάρων· ἀλλὰ ξὺν τοίσδεσι θᾶσσον
φεύγωμεν· ἔτι γάρ κεν ἀλύξαιμεν κακὸν ἦμαρ”.
ὣς ἔφατ’, αὐτὰρ ἐγώ μιν ἀμειβόμενος προσέειπον·
“Εὐρύλοχ’, ἤτοι μὲν σὺ μέν’ αὐτοῦ τῷδ’ ἐνὶ χώρῳ
ἔσθων καὶ πίνων, κοίλῃ παρὰ νηῒ μελαίνῃ·
αὐτὰρ ἐγὼν εἶμι· κρατερὴ δέ μοι ἔπλετ’ ἀνάγκη”.
ὣς εἰπὼν παρὰ νηὸς ἀνήϊον ἠδὲ θαλάσσης.
ἀλλ’ ὅτε δὴ ἄρ’ ἔμελλον ἰὼν ἱερὰς ἀνὰ βήσσας
Κίρκης ἵξεσθαι πολυφαρμάκου ἐς μέγα δῶμα,
ἔνθα μοι Ἑρμείας χρυσόρραπις ἀντεβόλησεν
ἐρχομένῳ πρὸς δῶμα, νεηνίῃ ἀνδρὶ ἐοικώς,
πρῶτον ὑπηνήτῃ, τοῦ περ χαριεστάτη ἥβη·
ἔν τ’ ἄρα μοι φῦ χειρὶ ἔπος τ’ ἔφατ’ ἔκ τ’ ὀνόμαζε·
“πῇ δὴ αὖτ’, ὦ δύστηνε, δι’ ἄκριας ἔρχεαι οἶος,
χώρου ἄϊδρις ἐών; ἕταροι δέ τοι οἵδ’ ἐνὶ Κίρκης
ἔρχαται, ὥς τε σύες πυκινοὺς κευθμῶνας ἔχοντες.
ἦ τοὺς λυσόμενος δεῦρ’ ἔρχεαι; οὐδέ σέ φημι
αὐτὸν νοστήσειν, μενέεις δὲ σύ γ’ ἔνθα περ ἄλλοι.
ἀλλ’ ἄγε δή σε κακῶν ἐκλύσομαι ἠδὲ σαώσω·
τῆ, τόδε φάρμακον ἐσθλὸν ἔχων ἐς δώματα Κίρκης
ἔρχευ, ὅ κέν τοι κρατὸς ἀλάλκῃσιν κακὸν ἦμαρ.
πάντα δέ τοι ἐρέω ὀλοφώϊα δήνεα Κίρκης.

« Ne m'emmène pas de force là-bas, fils de Zeus, mais
[laisse-moi ici !
car je sais que toi-même tu ne retourneras ni ne ramèneras
[aucun
de tes compagnons ; mais avec tous ceux-ci
partons au plus vite : il est encore temps de fuir le jour
[du malheur ! »
Il parla ainsi mais moi je lui répondis :
« Euryloque, toi reste donc ici
à manger et à boire, près de la nef noire !
Moi j'irai : il me le faut ! »
À ces mots je laissai le navire et la mer.
Mais au moment où entrant dans les vallées sacrées,
je devais arriver à la vaste demeure de Circé aux mille
[sortilèges,
Hermès à la baguette d'or vint à ma rencontre,
alors que je me dirigeais vers la maison, sous l'aspect d'un
[tout jeune homme,
à la barbe naissante et avec toute la grâce de la jeunesse.
Me prenant par la main, il me dit ces paroles :
« Où vas-tu donc, malheureux, ainsi seul à travers ces
[collines,
sans connaître les lieux ? Tes compagnons sont enfermés
[chez Circé,
à l'étroit comme des porcs dans leurs étables.
Viens-tu ici pour les libérer ? Toi non plus, je pense,
n'en reviendras guère, mais tu resteras là-bas comme les
[autres !
Mais allons, je vais te libérer de ces malheurs et te sauver !
Viens, prends cette herbe bénéfique et va dans la demeure
[de Circé :
avec force, elle éloignera de toi le jour du malheur !
Je te dirai tous les desseins funestes de Circé.

τεύξει τοι κυκεῶ, βαλέει δ' ἐν φάρμακα σίτῳ·
ἀλλ' οὐδ' ὧς θέλξαι σε δυνήσεται· οὐ γὰρ ἐάσει
φάρμακον ἐσθλόν, ὅ τοι δώσω, ἐρέω δὲ ἕκαστα.
ὁππότε κεν Κίρκη σ' ἐλάσῃ περιμήκεϊ ῥάβδῳ,
δὴ τότε σὺ ξίφος ὀξὺ ἐρυσσάμενος παρὰ μηροῦ
Κίρκῃ ἐπαΐξαι ὥς τε κτάμεναι μενεαίνων.
ἡ δέ σ' ὑποδδείσασα κελήσεται εὐνηθῆναι·
ἔνθα σὺ μηκέτ' ἔπειτ' ἀπανήνασθαι θεοῦ εὐνήν,
ὄφρα κέ τοι λύσῃ θ' ἑτάρους αὐτόν τε κομίσσῃ·
ἀλλὰ κέλεσθαί μιν μακάρων μέγαν ὅρκον ὀμόσσαι
μή τί τοι αὐτῷ πῆμα κακὸν βουλευσέμεν ἄλλο,
μή σ' ἀπογυμνωθέντα κακὸν καὶ ἀνήνορα θήῃ".
ὣς ἄρα φωνήσας πόρε φάρμακον 'Αργεϊφόντης
ἐκ γαίης ἐρύσας, καί μοι φύσιν αὐτοῦ ἔδειξε.
ῥίζῃ μὲν μέλαν ἔσκε, γάλακτι δὲ εἴκελον ἄνθος·
μῶλυ δέ μιν καλέουσι θεοί· χαλεπὸν δέ τ' ὀρύσσειν
ἀνδράσι γε θνητοῖσι· θεοὶ δέ τε πάντα δύνανται.
Ἑρμείας μὲν ἔπειτ' ἀπέβη πρὸς μακρὸν Ὄλυμπον
νῆσον ἀν' ὑλήεσσαν, ἐγὼ δ' ἐς δώματα Κίρκης
ἤϊα· πολλὰ δέ μοι κραδίη πόρφυρε κιόντι.
ἔστην δ' εἰνὶ θύρῃσι θεᾶς καλλιπλοκάμοιο·
ἔνθα στὰς ἐβόησα, θεὰ δέ μευ ἔκλυεν αὐδῆς.
ἡ δ' αἶψ' ἐξελθοῦσα θύρας ὤϊξε φαεινὰς
καὶ κάλει· αὐτὰρ ἐγὼν ἑπόμην ἀκαχήμενος ἦτορ.
εἷσε δέ μ' εἰσαγαγοῦσα ἐπὶ θρόνου ἀργυροήλου,
καλοῦ δαιδαλέου· ὑπὸ δὲ θρῆνυς ποσὶν ἦεν·
τεῦχε δέ μοι κυκεῶ χρυσέῳ δέπαι, ὄφρα πίοιμι,
ἐν δέ τε φάρμακον ἧκε, κακὰ φρονέουσ' ἐνὶ θυμῷ.
αὐτὰρ ἐπεὶ δῶκέν τε καὶ ἔκπιον οὐδέ μ' ἔθελξε,

Elle fera pour toi un breuvage et jettera des philtres dans
[la nourriture
mais elle ne pourra te charmer ainsi : l'en empêchera
l'herbe bénéfique que je vais te donner. Je vais tout te
[raconter en détail :
lorsque Circé te frappera de sa longue baguette,
alors, tirant du long de ta cuisse ton épée acérée,
saute sur elle comme si avec rage tu voulais la tuer.
Tremblante de peur, elle t'invitera à coucher avec elle.
Toi alors, ne refuse pas le lit de la déesse
pour qu'elle libère tes compagnons et te traite bien !
mais ordonne-lui de jurer par le grand serment des dieux
qu'elle ne tramera contre toi un autre malheur
et qu'une fois nu elle ne t'enlèvera ta virilité. »
Ayant ainsi parlé, le Tueur d'Argos me donna l'herbe
après l'avoir arrachée de terre et il m'en montra la nature.
À la racine, elle était noire et sa fleur comme le lait.
Les dieux l'appellent moly et il est difficile de l'arracher
pour les hommes mortels, mais les dieux peuvent tout.
Puis Hermès partit pour le vaste Olympe
en passant par les forêts de l'île. Moi, vers la demeure de
[Circé
j'allai et tandis que je marchais, mon cœur s'agitait.
Je m'arrêtai à la porte de la déesse aux belles boucles
et criai. La déesse entendit ma voix.
Aussitôt elle sortit, ouvrit les portes éclatantes
et m'invita à entrer. Je la suivis le cœur plein d'angoisse.
Elle m'introduisit et me fit asseoir sur un fauteuil à clous
[d'argent,
beau, richement travaillé ; un escabeau était dessous pour
[poser les pieds.
Elle me prépara un breuvage dans une coupe d'or
et versa dedans un philtre, tramant le malheur.
Elle me la donna, je bus, mais son sortilège ne prit pas ;

ῥάβδῳ πεπληγυῖα ἔπος τ' ἔφατ' ἔκ τ' ὀνόμαζεν·
"ἔρχεο νῦν συφεόνδε, μετ' ἄλλων λέξο ἑταίρων".
ὣς φάτ', ἐγὼ δ' ἄορ ὀξὺ ἐρυσσάμενος παρὰ μηροῦ
Κίρκῃ ἐπήϊξα ὥς τε κτάμεναι μενεαίνων.
ἡ δὲ μέγα ἰάχουσα ὑπέδραμε καὶ λάβε γούνων,
καί μ' ὀλοφυρομένη ἔπεα πτερόεντα προσηύδα·
"τίς πόθεν εἰς ἀνδρῶν; πόθι τοι πόλις ἠδὲ τοκῆες;
θαῦμά μ' ἔχει ὡς οὔ τι πιὼν τάδε φάρμακ' ἐθέλχθης.
οὐδὲ γὰρ οὐδέ τις ἄλλος ἀνὴρ τάδε φάρμακ' ἀνέτλη,
ὅς κε πίῃ καὶ πρῶτον ἀμείψεται ἕρκος ὀδόντων.
σοὶ δέ τις ἐν στήθεσσιν ἀκήλητος νόος ἐστίν.
ἦ σύ γ' Ὀδυσσεύς ἐσσι πολύτροπος, ὅν τέ μοι αἰεὶ
φάσκεν ἐλεύσεσθαι χρυσόρραπις Ἀργεϊφόντης,
ἐκ Τροίης ἀνιόντα θοῇ σὺν νηῒ μελαίνῃ.
ἀλλ' ἄγε δὴ κολεῷ μὲν ἄορ θέο, νῶϊ δ' ἔπειτα
εὐνῆς ἡμετέρης ἐπιβείομεν, ὄφρα μιγέντε
εὐνῇ καὶ φιλότητι πεποίθομεν ἀλλήλοισιν".
ὣς ἔφατ', αὐτὰρ ἐγώ μιν ἀμειβόμενος προσέειπον·
"ὦ Κίρκη, πῶς γάρ με κέλῃ σοὶ ἤπιον εἶναι,
ἥ μοι σῦς μὲν ἔθηκας ἐνὶ μεγάροισιν ἑταίρους,
αὐτὸν δ' ἐνθάδ' ἔχουσα δολοφρονέουσα κελεύεις
ἐς θάλαμόν τ' ἰέναι καὶ σῆς ἐπιβήμεναι εὐνῆς,

me frappant de sa baguette, elle me dit ces paroles :
« Va maintenant à la porcherie et allonge-toi avec tes
[compagnons ! »
À ces mots, je tirai du long de ma cuisse mon épée acérée
et me précipitai avec rage sur Circé comme pour la tuer.
Elle, poussant de grands cris, courut se jeter à mes pieds,
[prit mes genoux
et tout en pleurs me dit ces mots ailés :
« Qui es-tu, d'où viens-tu ? Quel est le nom de ta cité et
[de tes parents ?
J'en suis tout étonnée : mes charmes n'ont aucun effet sur
[toi !
car aucun homme n'a jamais résisté à ces philtres,
dès lors qu'ils avaient été bus et qu'ils avaient franchi la
[barrière de leurs dents !
Mais toi dans ta poitrine tu as un esprit qui résiste aux
[enchantements.
Certainement tu es Ulysse aux mille tours, celui dont
le Tueur d'Argos à la baguette d'or m'annonçait toujours
[la venue,
à son retour de Troie sur sa nef noire et rapide.
Mais allons, range ton épée dans son fourreau et tous
[deux
allons au lit afin que nous unissant
dans les plaisirs de l'amour nous puissions nous fier l'un
[à l'autre ! »
Elle parla ainsi mais moi je lui répondis :
« Ô Circé, comment peux-tu me demander d'être tendre
[avec toi
alors que dans ta demeure tu as fait de mes compagnons
[des porcs
et que maintenant méditant pour moi des pièges, tu
[m'invites
à venir dans ta chambre et à monter dans ton lit

ὄφρα με γυμνωθέντα κακὸν καὶ ἀνήνορα θήῃς.
οὐδ' ἂν ἐγώ γ' ἐθέλοιμι τεῆς ἐπιβήμεναι εὐνῆς,
εἰ μή μοι τλαίης γε, θεά, μέγαν ὅρκον ὀμόσσαι
μή τί μοι αὐτῷ πῆμα κακὸν βουλευσέμεν ἄλλο''.
ὣς ἐφάμην, ἡ δ' αὐτίκ' ἀπώμνυεν, ὡς ἐκέλευον.
αὐτὰρ ἐπεί ῥ' ὄμοσέν τε τελεύτησέν τε τὸν ὅρκον,
καὶ τότ' ἐγὼ Κίρκης ἐπέβην περικαλλέος εὐνῆς.
ἀμφίπολοι δ' ἄρα τέως μὲν ἐνὶ μεγάροισι πένοντο
τέσσαρες, αἵ οἱ δῶμα κάτα δρήστειραι ἔασι.
γίγνονται δ' ἄρα ταί γ' ἔκ τε κρηνέων ἀπό τ' ἀλσέων
ἔκ θ' ἱερῶν ποταμῶν, οἵ τ' εἰς ἅλαδε προρέουσι.
τάων ἡ μὲν ἔβαλλε θρόνοισ' ἔνι ῥήγεα καλά,
πορφύρεα καθύπερθ', ὑπένερθε δὲ λῖθ' ὑπέβαλλεν·
ἡ δ' ἑτέρη προπάροιθε θρόνων ἐτίταινε τραπέζας
ἀργυρέας, ἐπὶ δέ σφι τίθει χρύσεια κάνεια·
ἡ δὲ τρίτη κρητῆρι μελίφρονα οἶνον ἐκίρνα
ἡδὺν ἐν ἀργυρέῳ, νέμε δὲ χρύσεια κύπελλα·
ἡ δὲ τετάρτη ὕδωρ ἐφόρει καὶ πῦρ ἀνέκαιε
πολλὸν ὑπὸ τρίποδι μεγάλῳ· ἰαίνετο δ' ὕδωρ.
αὐτὰρ ἐπεὶ δὴ ζέσσεν ὕδωρ ἐνὶ ἤνοπι χαλκῷ,
ἔς ῥ' ἀσάμινθον ἕσασα λό' ἐκ τρίποδος μεγάλοιο,
θυμῆρες κεράσασα κατὰ κρατός τε καὶ ὤμων,
ὄφρα μοι ἐκ κάματον θυμοφθόρον εἵλετο γυίων.
αὐτὰρ ἐπεὶ λοῦσέν τε καὶ ἔχρισεν λίπ' ἐλαίῳ,
ἀμφὶ δέ με χλαῖναν καλὴν βάλεν ἠδὲ χιτῶνα,
εἷσε δέ μ' εἰσαγαγοῦσα ἐπὶ θρόνου ἀργυροήλου,
καλοῦ δαιδαλέου· ὑπὸ δὲ θρῆνυς ποσὶν ἦεν·
χέρνιβα δ' ἀμφίπολος προχόῳ ἐπέχευε φέρουσα
καλῇ χρυσείῃ, ὑπὲρ ἀργυρέοιο λέβητος,

afin qu'une fois nu, tu m'enlèves ma virilité ?
Dans ton lit je ne monterai
à moins que tu ne consentes, déesse, à jurer le grand
[serment des dieux
de ne tramer contre moi un autre malheur ! »
Je parlai ainsi et elle jura aussitôt comme je l'avais demandé.
Après qu'elle eut juré et terminé le serment,
je montai dans le lit magnifique de Circé.
Quatre servantes qui avaient pour charge la maison
s'affairaient pendant ce temps dans la grande salle.
Elles étaient nées des sources des bois
et des fleuves sacrés qui coulent vers la mer.
L'une d'elles jetait sur les fauteuils de belles couvertures
pourpres et dessous plaçaient des pierres.
La deuxième, devant les sièges, étendait des tables
d'argent et mettait dessus des paniers d'or.
La troisième mélangeait doucement dans un cratère
[d'argent le doux vin
et disposait des coupes d'or.
La quatrième apportait de l'eau et allumait un bon feu
sous un grand trépied ; et l'eau chauffait.
Quand l'eau eut bouilli dans le bronze brillant,
elle m'installa dans la baignoire et me baigna la tête et les
[épaules
en mélangeant agréablement l'eau du grand trépied
afin de chasser de mes membres la fatigue mortelle.
Après qu'elle m'eut lavé et frotté d'huile,
elle me mit une tunique et un beau manteau
et, me conduisant, me fit asseoir sur un fauteuil aux clous
[d'argent,
beau, bien ouvragé ; un escabeau était dessous pour les
[pieds.
Une servante vint et d'une belle aiguière
d'or versa de l'eau dans un bassin d'argent

νίψασθαι· παρὰ δὲ ξεστὴν ἐτάνυσσε τράπεζαν.
σῖτον δ' αἰδοίη ταμίη παρέθηκε φέρουσα,
εἴδατα πόλλ' ἐπιθεῖσα, χαριζομένη παρεόντων·
ἐσθέμεναι δ' ἐκέλευεν· ἐμῷ δ' οὐχ ἥνδανε θυμῷ,
ἀλλ' ἥμην ἀλλοφρονέων, κακὰ δ' ὄσσετο θυμός.
Κίρκη δ' ὡς ἐνόησεν ἔμ' ἥμενον οὐδ' ἐπὶ σίτῳ
χεῖρας ἰάλλοντα, στυγερὸν δέ με πένθος ἔχοντα,
ἄγχι παρισταμένη ἔπεα πτερόεντα προσηύδα·
"τίφθ' οὕτως, Ὀδυσεῦ, κατ' ἄρ' ἕζεαι ἶσος ἀναύδῳ,
θυμὸν ἔδων, βρώμης δ' οὐχ ἅπτεαι οὐδὲ ποτῆτος;
ἦ τινά που δόλον ἄλλον ὀΐεαι· οὐδέ τί σε χρὴ
δειδίμεν· ἤδη γάρ τοι ἀπώμοσα καρτερὸν ὅρκον".
ὣς ἔφατ', αὐτὰρ ἐγώ μιν ἀμειβόμενος προσέειπον·
"ὦ Κίρκη, τίς γάρ κεν ἀνήρ, ὃς ἐναίσιμος εἴη,
πρὶν τλαίη πάσσασθαι ἐδητύος ἠδὲ ποτῆτος,
πρὶν λύσασθ' ἑτάρους καὶ ἐν ὀφθαλμοῖσιν ἰδέσθαι;
ἀλλ' εἰ δὴ πρόφρασσα πιεῖν φαγέμεν τε κελεύεις,
λῦσον, ἵν' ὀφθαλμοῖσιν ἴδω ἐρίηρας ἑταίρους".
ὣς ἐφάμην, Κίρκη δὲ διὲκ μεγάροιο βεβήκει
ῥάβδον ἔχουσ' ἐν χειρί, θύρας δ' ἀνέῳξε συφειοῦ,
ἐκ δ' ἔλασεν σιάλοισιν ἐοικότας ἐννεώροισιν.
οἱ μὲν ἔπειτ' ἔστησαν ἐναντίοι, ἡ δὲ δι' αὐτῶν
ἐρχομένη προσάλειφεν ἑκάστῳ φάρμακον ἄλλο.
τῶν δ' ἐκ μὲν μελέων τρίχες ἔρρεον, ἃς πρὶν ἔφυσε
φάρμακον οὐλόμενον, τό σφιν πόρε πότνια Κίρκη·
ἄνδρες δ' αἶψ' ἐγένοντο νεώτεροι ἢ πάρος ἦσαν
καὶ πολὺ καλλίονες καὶ μείζονες εἰσοράασθαι.

afin que je me lave les mains. Elle approcha une table
[polie.
La digne intendante apporta le pain et le posa ;
elle ajouta de nombreux mets, faisant largesse de ses
[réserves
et m'invita à manger ; mais moi je n'en avais nulle envie
et restais assis à penser à autre chose, imaginant dans
[mon cœur des malheurs.
Lorsque Circé me vit qui restais assis sans étendre les
[mains sur le pain,
en proie à une terrible douleur,
elle vint se mettre à mes côtés et me dit ces mots ailés :
« Pourquoi donc, Ulysse, restes-tu là assis comme un
[muet,
à te ronger le cœur, sans toucher ni à la nourriture ni à
[la boisson ?
Crains-tu un autre piège ? Tu ne saurais avoir peur
car je t'ai juré le grand serment ! »
Elle parla ainsi et je lui répondis :
« Ô Circé, quel est l'homme juste
qui pourrait se rassasier de nourriture et de boisson
avant d'avoir délivré et vu de ses yeux ses compagnons ?
Si vraiment tu as envie que je mange et boive,
libère mes fidèles compagnons afin que je les voie ! »
Ainsi parlai-je et Circé sortit de la salle,
sa baguette dans les mains et elle ouvrit les portes de la
[porcherie.
Elle les fit sortir, semblables à de gros porcs de neuf ans.
Ils se dressèrent face à nous et elle, passant entre eux,
enduisait le corps de chacun d'un nouveau philtre.
De leur corps tombaient les soies qu'avait fait pousser
le philtre funeste donné par Circé.
Ils redevinrent des hommes, plus jeunes qu'auparavant
et beaucoup plus beaux et grands d'apparence.

ἔγνωσαν δέ με κεῖνοι, ἔφυν τ' ἐν χερσὶν ἕκαστος·
πᾶσιν δ' ἱμερόεις ὑπέδυ γόος, ἀμφὶ δὲ δῶμα
σμερδαλέον κονάβιζε· θεὰ δ' ἐλέαιρε καὶ αὐτή.
ἡ δέ μευ ἄγχι στᾶσα προσηύδα δῖα θεάων·
"διογενὲς Λαερτιάδη, πολυμήχαν' Ὀδυσσεῦ,
ἔρχεο νῦν ἐπὶ νῆα θοὴν καὶ θῖνα θαλάσσης.
νῆα μὲν ἂρ πάμπρωτον ἐρύσσατε ἤπειρόνδε,
κτήματα δ' ἐν σπήεσσι πελάσσατε ὅπλα τε πάντα·
αὐτὸς δ' ἂψ ἰέναι καὶ ἄγειν ἐρίηρας ἑταίρους".
ὣς ἔφατ', αὐτὰρ ἐμοί γ' ἐπεπείθετο θυμὸς ἀγήνωρ,
βῆν δ' ἰέναι ἐπὶ νῆα θοὴν καὶ θῖνα θαλάσσης.
εὗρον ἔπειτ' ἐπὶ νηῒ θοῇ ἐρίηρας ἑταίρους
οἴκτρ' ὀλοφυρομένους, θαλερὸν κατὰ δάκρυ χέοντας.
ὡς δ' ὅτ' ἂν ἄγραυλοι πόριες περὶ βοῦς ἀγελαίας,
ἐλθούσας ἐς κόπρον, ἐπὴν βοτάνης κορέσωνται,
πᾶσαι ἅμα σκαίρουσιν ἐναντίαι· οὐδ' ἔτι σηκοὶ
ἴσχουσ', ἀλλ' ἁδινὸν μυκώμεναι ἀμφιθέουσι
μητέρας· ὣς ἐμὲ κεῖνοι, ἐπεὶ ἴδον ὀφθαλμοῖσι,
δακρυόεντες ἔχυντο· δόκησε δ' ἄρα σφίσι θυμὸς
ὣς ἔμεν, ὡς εἰ πατρίδ' ἱκοίατο καὶ πόλιν αὐτῶν
τρηχείης Ἰθάκης, ἵνα τ' ἔτραφον ἠδ' ἐγένοντο·
καί μ' ὀλοφυρόμενοι ἔπεα πτερόεντα προσηύδων·
"σοὶ μὲν νοστήσαντι, διοτρεφές, ὣς ἐχάρημεν,
ὡς εἴ τ' εἰς Ἰθάκην ἀφικοίμεθα πατρίδα γαῖαν·
ἀλλ' ἄγε, τῶν ἄλλων ἑτάρων κατάλεξον ὄλεθρον".
ὣς ἔφαν, αὐτὰρ ἐγὼ προσέφην μαλακοῖς ἐπέεσσι·
"νῆα μὲν ἂρ πάμπρωτον ἐρύσσομεν ἤπειρόνδε,
κτήματα δ' ἐν σπήεσσι πελάσσομεν ὅπλα τε πάντα·
αὐτοὶ δ' ὀτρύνεσθε ἐμοὶ ἅμα πάντες ἕπεσθαι,

Ils me reconnurent et chacun me prenait la main.
Tous avaient envie de pleurer et la maison, autour,
terriblement retentissait. La déesse, elle aussi, était prise
[de pitié.
Elle vint près de moi et me dit, divine entre les déesses :
« Enfant de Zeus, fils de Laërte, industrieux Ulysse,
va maintenant vers ta nef rapide et le rivage de la mer !
Tirez tout d'abord le navire au sec,
puis mettez vos biens et tous les agrès dans les grottes ;
toi, reviens et ramène tes fidèles compagnons ! »
Elle dit et mon noble cœur l'écouta :
j'allai vers la nef rapide et le rivage de la mer
et trouvai mes fidèles compagnons près de la nef rapide,
gémissant lamentablement et versant d'abondantes larmes.
Comme autour du troupeau des vaches
qui rentrent à l'étable après s'être rassasiées d'herbe,
les génisses qui étaient parquées bondissent toutes ensemble
[au-devant d'elles, et les barrières
ne les retiennent plus mais elles courent serrées les unes
[contre les autres et mugissent
autour de leur mère ; ainsi mes compagnons, après qu'ils
[m'eurent vu,
pleuraient et leur cœur était
comme s'ils avaient retrouvé leur patrie et leur cité
dans la rocheuse Ithaque où ils étaient nés et avaient
[grandi.
Gémissant ainsi, ils me dirent ces mots ailés :
« De ton retour, enfant de Zeus, nous nous réjouissons
comme si nous étions arrivés à Ithaque, notre patrie !
Mais allons, raconte nous la fin de nos compagnons ! »
Ils parlèrent ainsi et je leur dis ces douces paroles :
« Tirons tout d'abord le navire au sec
puis mettons nos biens et tous les agrès dans les grottes !
Quant à vous tous, dépêchez-vous de me suivre

ὄφρ' ἴδηθ' ἑτάρους ἱεροῖσ' ἐν δώμασι Κίρκης
πίνοντας καὶ ἔδοντας· ἐπηετανὸν γὰρ ἔχουσιν".
ὣς ἐφάμην, οἱ δ' ὦκα ἐμοῖσ' ἐπέεσσι πίθοντο·
Εὐρύλοχος δέ μοι οἶος ἐρύκανε πάντας ἑταίρους·
"ἆ δειλοί, πόσ' ἴμεν; τί κακῶν ἱμείρετε τούτων,
Κίρκης ἐς μέγαρον καταβήμεναι, ἥ κεν ἅπαντας
ἢ σῦς ἠὲ λύκους ποιήσεται ἠὲ λέοντας,
οἵ κέν οἱ μέγα δῶμα φυλάσσοιμεν καὶ ἀνάγκῃ,
ὥς περ Κύκλωψ ἔρξ', ὅτε οἱ μέσσαυλον ἵκοντο
ἡμέτεροι ἕταροι, σὺν δ' ὁ θρασὺς εἵπετ' Ὀδυσσεύς·
τούτου γὰρ καὶ κεῖνοι ἀτασθαλίῃσιν ὄλοντο".
ὣς ἔφατ', αὐτὰρ ἐγώ γε μετὰ φρεσὶ μερμήριξα,
σπασσάμενος τανύηκες ἄορ παχέος παρὰ μηροῦ,
τῷ οἱ ἀποτμήξας κεφαλὴν οὖδάσδε πελάσσαι,
καὶ πηῷ περ ἐόντι μάλα σχεδόν· ἀλλά μ' ἑταῖροι
μειλιχίοισ' ἐπέεσσιν ἐρήτυον ἄλλοθεν ἄλλος·
"διογενές, τοῦτον μὲν ἐάσομεν, εἰ σὺ κελεύεις,
αὐτοῦ πὰρ νηΐ τε μένειν καὶ νῆα ἔρυσθαι·
ἡμῖν δ' ἡγεμόνευ' ἱερὰ πρὸς δώματα Κίρκης".
ὣς φάμενοι παρὰ νηὸς ἀνήϊον ἠδὲ θαλάσσης.
οὐδὲ μὲν Εὐρύλοχος κοίλῃ παρὰ νηΐ λέλειπτο,
ἀλλ' ἕπετ'· ἔδδεισεν γὰρ ἐμὴν ἔκπαγλον ἐνιπήν.
τόφρα δὲ τοὺς ἄλλους ἑτάρους ἐν δώμασι Κίρκη
ἐνδυκέως λοῦσέν τε καὶ ἔχρισεν λίπ' ἐλαίῳ,
ἀμφὶ δ' ἄρα χλαίνας οὔλας βάλεν ἠδὲ χιτῶνας·
δαινυμένους δ' εὖ πάντας ἐφεύρομεν ἐν μεγάροισιν.

afin de voir vos compagnons dans les demeures sacrées
[de Circé
buvant et mangeant : ils ont tout en abondance ! »
À ces mots aussitôt ils m'obéirent.
Seul Euryloque retenait ainsi tous ses compagnons :
« Ah malheureux ! Où allons-nous ? Pourquoi désirez-
[vous ces maux,
pourquoi aller dans la demeure de Circé qui tous
nous transformera en porcs, en loups ou bien en lions
afin que, sous la contrainte, nous gardions sa vaste
[maison ?
Ainsi fit le Cyclope, lorsque dans sa bergerie pénétrèrent
nos compagnons, et le courageux Ulysse était avec eux !
Mais à cause de sa folie, ceux-ci périrent ! »
Il parla ainsi et moi j'hésitais en mon esprit
si, tirant du long de ma large cuisse mon épée acérée,
j'allais lui trancher la tête et la faire tomber à terre,
bien qu'il me fût un parent très proche ; mais mes
[compagnons,
chacun à leur tour, me retinrent par de douces paroles :
« Enfant de Zeus, laissons donc celui-là, si tu le veux
[bien,
près du navire, il le gardera !
et conduis-nous dans la demeure sacrée de Circé ! »
À ces mots, ils laissèrent derrière eux le vaisseau et la mer.
Même Euryloque près de la nef creuse ne resta
mais nous suivit, apeuré par mes terribles menaces.
Pendant ce temps, Circé baignait avec soin dans sa
[demeure
mes autres compagnons et les oignait d'huile ;
elle leur mit des manteaux de laine et des tuniques.
Nous les trouvâmes tous qui banquetaient dans la grande
[salle.

οἱ δ' ἐπεὶ ἀλλήλους εἶδον φράσσαντό τ' ἐσάντα,
κλαῖον ὀδυρόμενοι, περὶ δὲ στεναχίζετο δῶμα.
ἡ δέ μευ ἄγχι στᾶσα προσηύδα δῖα θεάων·
"διογενὲς Λαερτιάδη, πολυμήχαν' Ὀδυσσεῦ,
μηκέτι νῦν θαλερὸν γόον ὄρνυτε· οἶδα καὶ αὐτή,
ἠμὲν ὅσ' ἐν πόντῳ πάθετ' ἄλγεα ἰχθυόεντι,
ἠδ' ὅσ' ἀνάρσιοι ἄνδρες ἐδηλήσαντ' ἐπὶ χέρσου.
ἀλλ' ἄγετ' ἐσθίετε βρώμην καὶ πίνετε οἶνον,
εἰς ὅ κεν αὖτις θυμὸν ἐνὶ στήθεσσι λάβητε,
οἷον ὅτε πρώτιστον ἐλείπετε πατρίδα γαῖαν
τρηχείης Ἰθάκης· νῦν δ' ἀσκελέες καὶ ἄθυμοι,
αἰὲν ἄλης χαλεπῆς μεμνημένοι· οὐδέ ποθ' ὔμιν
θυμὸς ἐν εὐφροσύνῃ, ἐπεὶ ἦ μάλα πολλὰ πέποσθε".
ὣς ἔφαθ', ἡμῖν δ' αὖτ' ἐπεπείθετο θυμὸς ἀγήνωρ.
ἔνθα μὲν ἤματα πάντα τελεσφόρον εἰς ἐνιαυτὸν
ἥμεθα, δαινύμενοι κρέα τ' ἄσπετα καὶ μέθυ ἡδύ·
ἀλλ' ὅτε δή ῥ' ἐνιαυτὸς ἔην, περὶ δ' ἔτραπον ὧραι,
μηνῶν φθινόντων, περὶ δ' ἤματα μακρὰ τελέσθη,
καὶ τότε μ' ἐκκαλέσαντες ἔφαν ἐρίηρες ἑταῖροι·
"δαιμόνι', ἤδη νῦν μιμνήσκεο πατρίδος αἴης,
εἴ τοι θέσφατόν ἐστι σαωθῆναι καὶ ἱκέσθαι
οἶκον ἐϋκτίμενον καὶ σὴν ἐς πατρίδα γαῖαν".
ὣς ἔφαν, αὐτὰρ ἐμοί γ' ἐπεπείθετο θυμὸς ἀγήνωρ.
ὣς τότε μὲν πρόπαν ἦμαρ ἐς ἠέλιον καταδύντα
ἥμεθα, δαινύμενοι κρέα τ' ἄσπετα καὶ μέθυ ἡδύ.

Lorsque les uns et les autres ils se virent et se retrouvèrent
[face à face,
ils se mirent à pleurer en gémissant ; tout autour la
[maison résonnait.
Circé vint près de moi et me dit, divine entre les déesses :
« Enfant de Zeus, fils de Laërte, industrieux Ulysse,
ne faites plus monter à présent votre grand cri de
[douleur ; je sais moi aussi
tous les maux que vous avez soufferts sur la mer
[poissonneuse
et combien, sur terre, vous ont fait du mal les hommes
[hostiles !
Mais allons ! mangez et buvez
jusqu'à ce que vous repreniez le courage qu'en votre cœur
au début vous aviez lorsque vous quittèrent votre patrie,
la rocheuse Ithaque ; aujourd'hui, vous voilà sans force et
[sans courage,
toujours à ressasser vos malheurs sur la mer ; jamais
votre âme n'est en joie, tant vous avez souffert ! »
Elle dit et nous écoutâmes en notre noble cœur.
Nous restâmes là tous les jours, durant toute une année,
à manger de la viande à profusion et à boire un doux vin.
Mais lorsque l'année s'accomplit et que retournèrent les
[saisons,
les mois passant et les longs jours revenant,
mes fidèles compagnons m'appelèrent et me dire :
« Qu'as-tu donc ? Il est temps de te souvenir de ta patrie,
si vraiment les dieux ont décidé que tu sois sauvé et que
[tu retrouves
ta belle demeure et la terre de tes pères ! »
Ils parlèrent ainsi et moi j'écoutai en mon noble cœur.
Pendant tout le jour, jusqu'au coucher du soleil,
nous restâmes assis, à manger de la viande à profusion et
[à boire du doux vin.

ἦμος δ' ἠέλιος κατέδυ καὶ ἐπὶ κνέφας ἦλθεν,
οἱ μὲν κοιμήσαντο κατὰ μέγαρα σκιόεντα.
αὐτὰρ ἐγὼ Κίρκης ἐπιβὰς περικαλλέος εὐνῆς
γούνων ἐλλιτάνευσα, θεὰ δέ μευ ἔκλυεν αὐδῆς·
"ὦ Κίρκη, τέλεσόν μοι ὑπόσχεσιν, ἥν περ ὑπέστης,
οἴκαδε πεμψέμεναι· θυμὸς δέ μοι ἔσσυται ἤδη,
ἠδ' ἄλλων ἑτάρων, οἵ μευ φθινύθουσι φίλον κῆρ
ἀμφ' ἔμ' ὀδυρόμενοι, ὅτε που σύ γε νόσφι γένηαι".
ὣς ἐφάμην, ἡ δ' αὐτίκ' ἀμείβετο δῖα θεάων·
"διογενὲς Λαερτιάδη, πολυμήχαν' Ὀδυσσεῦ,
μηκέτι νῦν ἀέκοντες ἐμῷ ἐνὶ μίμνετε οἴκῳ·
ἀλλ' ἄλλην χρὴ πρῶτον ὁδὸν τελέσαι καὶ ἱκέσθαι
εἰς Ἀΐδαο δόμους καὶ ἐπαινῆς Περσεφονείης,
ψυχῇ χρησομένους Θηβαίου Τειρεσίαο,
μάντηος ἀλαοῦ, τοῦ τε φρένες ἔμπεδοί εἰσι·
τῷ καὶ τεθνειῶτι νόον πόρε Περσεφόνεια
οἴῳ πεπνῦσθαι· τοὶ δὲ σκιαὶ ἀΐσσουσιν".
ὣς ἔφατ', αὐτὰρ ἐμοί γε κατεκλάσθη φίλον ἦτορ·
κλαῖον δ' ἐν λεχέεσσι καθήμενος, οὐδέ νύ μοι κῆρ
ἤθελ' ἔτι ζώειν καὶ ὁρᾶν φάος ἠελίοιο.
αὐτὰρ ἐπεὶ κλαίων τε κυλινδόμενός τε κορέσθην,
καὶ τότε δή μιν ἔπεσσιν ἀμειβόμενος προσέειπον·
"ὦ Κίρκη, τίς γὰρ ταύτην ὁδὸν ἡγεμονεύσει;
εἰς Ἄϊδος δ' οὔ πώ τις ἀφίκετο νηῒ μελαίνῃ".
ὣς ἐφάμην, ἡ δ' αὐτίκ' ἀμείβετο δῖα θεάων·
"διογενὲς Λαερτιάδη, πολυμήχαν' Ὀδυσσεῦ,
μή τί τοι ἡγεμόνος γε ποθὴ παρὰ νηῒ μελέσθω·
ἱστὸν δὲ στήσας ἀνά θ' ἱστία λευκὰ πετάσσας
ἧσθαι· τὴν δέ κέ τοι πνοιὴ βορέαο φέρῃσιν.

Lorsque le soleil descendit et que vinrent les ténèbres,
ils se couchèrent dans la salle assombrie.
Alors, moi, montant dans le lit magnifique de Circé,
je la suppliai en lui tenant les genoux et la déesse m'écouta :
« Ô Circé, tiens la promesse que tu m'as faite
de me renvoyer chez moi : me presse mon âme
et celle de mes compagnons qui me rongent le cœur
à venir pleurer autour de moi, lorsque tu n'es pas là. »
Je parlai ainsi et elle aussitôt me répondit, divine entre les
[déesses :
« Enfant de Zeus, fils de Laërte, industrieux Ulysse,
ne restez plus à contrecœur chez moi !
Mais il vous faut d'abord faire un autre voyage et parvenir
jusqu'aux demeures d'Hadès et de la terrible Perséphone,
afin de consulter l'âme de Tirésias de Thèbes,
du devin aveugle dont l'esprit reste inchangé ;
car Perséphone, à lui seul, a donné d'être dans la mort en
[pleine possession de ses facultés
tandis que les autres sont des ombres qui errent. »
Elle parla ainsi et mon cœur se brisa.
Je pleurais assis sur le lit et mon cœur
ne désirait plus vivre ni voir la lumière du soleil.
Quand je fus las de pleurer et de me retourner
je lui répondis par ces mots :
« Ô Circé, et qui nous guidera en ce voyage ?
Personne, sur un vaisseau noir, n'est encore arrivé chez
[Hadès ! »
Je parlai ainsi et elle aussitôt me répondit, divine entre les
[déesses :
« Enfant de Zeus, fils de Laërte, industrieux Ulysse,
ne te soucie pas de ton guide !
Après avoir dressé le mât et étendu les voiles blanches,
assieds-toi : le souffle de Borée portera le navire.

ἀλλ' ὁπότ' ἂν δὴ νηῒ δι' Ὠκεανοῖο περήσῃς,
ἔνθ' ἀκτή τε λάχεια καὶ ἄλσεα Περσεφονείης,
μακραί τ' αἴγειροι καὶ ἰτέαι ὠλεσίκαρποι,
νῆα μὲν αὐτοῦ κέλσαι ἐπ' Ὠκεανῷ βαθυδίνῃ,
αὐτὸς δ' εἰς Ἀΐδεω ἰέναι δόμον εὐρώεντα.
ἔνθα μὲν εἰς Ἀχέροντα Πυριφλεγέθων τε ῥέουσι
Κώκυτός θ', ὃς δὴ Στυγὸς ὕδατός ἐστιν ἀπορρώξ,
πέτρη τε ξύνεσίς τε δύω ποταμῶν ἐριδούπων·
ἔνθα δ' ἔπειθ', ἥρως, χριμφθεὶς πέλας, ὥς σε κελεύω,
βόθρον ὀρύξαι ὅσον τε πυγούσιον ἔνθα καὶ ἔνθα,
ἀμφ' αὐτῷ δὲ χοὴν χεῖσθαι πᾶσιν νεκύεσσι,
πρῶτα μελικρήτῳ, μετέπειτα δὲ ἡδέϊ οἴνῳ,
τὸ τρίτον αὖθ' ὕδατι· ἐπὶ δ' ἄλφιτα λευκὰ παλύνειν.
πολλὰ δὲ γουνοῦσθαι νεκύων ἀμενηνὰ κάρηνα,
ἐλθὼν εἰς Ἰθάκην στεῖραν βοῦν, ἥ τις ἀρίστη,
ῥέξειν ἐν μεγάροισι πυρήν τ' ἐμπλησέμεν ἐσθλῶν,
Τειρεσίῃ δ' ἀπάνευθεν ὄϊν ἱερευσέμεν οἴῳ
παμμέλαν', ὃς μήλοισι μεταπρέπει ὑμετέροισιν.
αὐτὰρ ἐπὴν εὐχῇσι λίσῃ κλυτὰ ἔθνεα νεκρῶν,
ἔνθ' ὄϊν ἀρνειὸν ῥέζειν θῆλύν τε μέλαιναν
εἰς Ἔρεβος στρέψας, αὐτὸς δ' ἀπονόσφι τραπέσθαι
ἱέμενος ποταμοῖο ῥοάων· ἔνθα δὲ πολλαὶ
ψυχαὶ ἐλεύσονται νεκύων κατατεθνειώτων.
δὴ τότ' ἔπειθ' ἑτάροισιν ἐποτρῦναι καὶ ἀνῶξαι

Mais lorsque tu auras traversé l'Océan,
au lieu où se trouvent le plat rivage et les bois sacrés de
[Perséphone,
les hauts peupliers et les saules aux fruits morts,
échoue ton vaisseau, aux bords de l'Océan aux grands
[tourbillons,
et toi, va dans la demeure moisie d'Hadès.
Là, dans l'Achéron coulent le Pyriphlégéthon
et le Cocyte, issu du Styx ;
et s'élève une roche au confluent des deux fleuves
[retentissants ;
une fois que de cet endroit, héros, tu te seras approché
[ainsi que je te l'ordonne,
creuse un trou d'une coudée de chaque côté ;
verse autour une libation, pour tous les morts,
d'abord de lait mêlé de miel, ensuite d'un doux vin,
troisièmement d'eau ; saupoudre de la farine blanche
[par-dessus ;
et implore avec ferveur les têtes sans force des morts,
leur promettant qu'à ton retour à Ithaque, la plus belle
[génisse
tu immoleras dans ton palais et que tu rempliras le bûcher
[des plus belles offrandes ;
qu'à Tirésias et à lui seul tu sacrifieras un bélier
tout noir, le plus beau de tes troupeaux ;
puis quand de tes prières tu auras supplié les foules
[illustres des morts,
immole alors un agneau et une brebis noire,
les tournant vers l'Érèbe ; mais toi, dirige ton regard au
[loin
vers les eaux du fleuve ; c'est là que les nombreuses
âmes des morts viendront ;
alors exhorte tes compagnons, ordonne-leur

μῆλα, τὰ δὴ κατάκειτ' ἐσφαγμένα νηλέϊ χαλκῷ,
δείραντας κατακῆαι, ἐπεύξασθαι δὲ θεοῖσιν,
ἰφθίμῳ τ' Ἀΐδῃ καὶ ἐπαινῇ Περσεφονείῃ·
αὐτὸς δὲ ξίφος ὀξὺ ἐρυσσάμενος παρὰ μηροῦ
ἧσθαι, μηδὲ ἐᾶν νεκύων ἀμενηνὰ κάρηνα
αἵματος ἄσσον ἴμεν πρὶν Τειρεσίαο πυθέσθαι.
ἔνθα τοι αὐτίκα μάντις ἐλεύσεται, ὄρχαμε λαῶν,
ὅς κέν τοι εἴπῃσιν ὁδὸν καὶ μέτρα κελεύθου
νόστον θ', ὡς ἐπὶ πόντον ἐλεύσεαι ἰχθυόεντα".
ὣς ἔφατ', αὐτίκα δὲ χρυσόθρονος ἤλυθεν Ἠώς.
ἀμφὶ δέ με χλαῖνάν τε χιτῶνά τε εἵματα ἕσσεν·
αὐτὴ δ' ἀργύφεον φᾶρος μέγα ἕννυτο νύμφη,
λεπτὸν καὶ χαρίεν, περὶ δὲ ζώνην βάλετ' ἰξυῖ
καλὴν χρυσείην, κεφαλῇ δ' ἐπέθηκε καλύπτρην.
αὐτὰρ ἐγὼ διὰ δώματ' ἰὼν ὤτρυνον ἑταίρους
μειλιχίοισ' ἐπέεσσι παρασταδὸν ἄνδρα ἕκαστον·
"μηκέτι νῦν εὕδοντες ἀωτεῖτε γλυκὺν ὕπνον,
ἀλλ' ἴομεν· δὴ γάρ μοι ἐπέφραδε πότνια Κίρκη".

de dépouiller et de brûler les bêtes qui gisent égorgées par [le bronze aigu,
et qu'ils prient les dieux,
le puissant Hadès et la terrible Perséphone ;
et toi, tirant du long de ta cuisse ton épée acérée,
assieds-toi et empêche que les têtes sans force des morts
s'approchent du sang avant que tu aies entendu Tirésias ;
aussitôt alors, ô chef des peuples, viendra le devin
qui te dira le chemin et les distances,
ton retour et comment tu iras sur la mer poissonneuse. »
Elle parla ainsi et aussitôt vint Aurore au trône d'or.
Elle me vêtit d'un manteau et d'une tunique ;
la nymphe, elle, se couvrit d'une grande tunique éclatante [de blancheur,
fine, resplendissante de grâce ; autour de ses reins elle jeta [une belle ceinture
d'or et sur sa tête mit un voile.
Moi, j'allais à travers la demeure, exhortant mes compagnons
de douces paroles et m'attardant auprès de chacun :
« Cessez maintenant de dormir, quittez le doux sommeil !
allons ! j'ai les instructions de la souveraine Circé ! »

Anticlée

Chant XI, 150-224

ὣς φαμένη ψυχὴ μὲν ἔβη δόμον Ἄϊδος εἴσω
Τειρεσίαο ἄνακτος, ἐπεὶ κατὰ θέσφατ᾽ ἔλεξεν·
αὐτὰρ ἐγὼν αὐτοῦ μένον ἔμπεδον, ὄφρ᾽ ἐπὶ μήτηρ
ἤλυθε καὶ πίεν αἷμα κελαινεφές· αὐτίκα δ᾽ ἔγνω
καί μ᾽ ὀλοφυρομένη ἔπεα πτερόεντα προσηύδα·
"τέκνον ἐμόν, πῶς ἦλθες ὑπὸ ζόφον ἠερόεντα
ζωὸς ἐών; χαλεπὸν δὲ τάδε ζωοῖσιν ὁρᾶσθαι.
μέσσῳ γὰρ μεγάλοι ποταμοὶ καὶ δεινὰ ῥέεθρα,
Ὠκεανὸς μὲν πρῶτα, τὸν οὔ πως ἔστι περῆσαι
πεζὸν ἐόντ᾽, ἢν μή τις ἔχῃ εὐεργέα νῆα.
ἦ νῦν δὴ Τροίηθεν ἀλώμενος ἐνθάδ᾽ ἱκάνεις
νηΐ τε καὶ ἑτάροισι πολὺν χρόνον; οὐδέ πω ἦλθες
εἰς Ἰθάκην, οὐδ᾽ εἶδες ἐνὶ μεγάροισι γυναῖκα;".
ὣς ἔφατ᾽, αὐτὰρ ἐγώ μιν ἀμειβόμενος προσέειπον·
"μῆτερ ἐμή, χρειώ με κατήγαγεν εἰς Ἀΐδαο
ψυχῇ χρησόμενον Θηβαίου Τειρεσίαο·
οὐ γάρ πω σχεδὸν ἦλθον Ἀχαιΐδος οὐδέ πω ἁμῆς
γῆς ἐπέβην, ἀλλ᾽ αἰὲν ἔχων ἀλάλημαι ὀϊζύν,
ἐξ οὗ τὰ πρώτισθ᾽ ἑπόμην Ἀγαμέμνονι δίῳ
Ἴλιον εἰς εὔπωλον, ἵνα Τρώεσσι μαχοίμην.
ἀλλ᾽ ἄγε μοι τόδε εἰπὲ καὶ ἀτρεκέως κατάλεξον·
τίς νύ σε κὴρ ἐδάμασσε τανηλεγέος θανάτοιο;
ἦ δολιχὴ νοῦσος, ἦ Ἄρτεμις ἰοχέαιρα
οἷσ᾽ ἀγανοῖσι βέλεσσιν ἐποιχομένη κατέπεφνεν;
εἰπὲ δέ μοι πατρός τε καὶ υἱέος, ὃν κατέλειπον,
ἢ ἔτι πὰρ κείνοισιν ἐμὸν γέρας, ἦέ τις ἤδη
ἀνδρῶν ἄλλος ἔχει, ἐμὲ δ᾽ οὐκέτι φασὶ νέεσθαι.

À ces mots retourna dans la demeure d'Hadès l'âme
du roi Tirésias qui avait achevé son oracle.
Et moi, immobile je restais là, jusqu'à ce que ma mère
vînt et bût le sang noir ; elle me reconnut alors,
et pleurant, me dit ces mots ailés :
« Mon enfant, comment vivant viens-tu sous les brumeuses
[ténèbres ?
Ce sont là pour les vivants choses difficiles à voir !
Au milieu de nous sont les fleuves grands et leurs eaux
[terribles,
l'Océan d'abord, qu'on ne peut traverser
à pied, si un bon navire l'on n'a...
Viens-tu maintenant ici après avoir erré depuis Troie,
longtemps, sur ton vaisseau, avec tes compagnons ? peut-
[être n'as-tu pas encore atteint
Ithaque ? ni vu ta femme en ta demeure ? »
Elle dit ainsi et moi je lui répondis :
« Ma mère, il fallait que je descende chez Hadès,
pour consulter l'oracle de Tirésias de Thèbes.
Jamais je n'ai approché de l'Achaïe, ni touché
notre terre ; mais toujours j'ai erré dans la souffrance,
depuis le jour où j'ai suivi le divin Agamemnon,
vers Ilion aux belles pouliches, afin de combattre les Troyens !
Mais allez ! dis-moi, raconte-moi la vérité !
Quelle sorte de mort cruelle t'a domptée ?
est-ce une longue maladie, ou bien l'archère Artémis
t'a-t-elle tuée de ses doux traits[1] ?
Parle-moi de mon père et du fils que je laissai,
mes honneurs sont-ils toujours entre leurs mains ou bien
un autre les possède-t-il déjà et dit-on que je ne reviendrai
[plus ?

1. Une mort rapide était attribuée à Artémis.

εἰπὲ δέ μοι μνηστῆς ἀλόχου βουλήν τε νόον τε,
ἠὲ μένει παρὰ παιδὶ καὶ ἔμπεδα πάντα φυλάσσει,
ἦ ἤδη μιν ἔγημεν Ἀχαιῶν ὅς τις ἄριστος".
ὣς ἐφάμην, ἡ δ' αὐτίκ' ἀμείβετο πότνια μήτηρ·
"καὶ λίην κείνη γε μένει τετληότι θυμῷ
σοῖσιν ἐνὶ μεγάροισιν· ὀϊζυραὶ δέ οἱ αἰεὶ
φθίνουσιν νύκτες τε καὶ ἤματα δάκρυ χεούσῃ.
σὸν δ' οὔ πώ τις ἔχει καλὸν γέρας, ἀλλὰ ἕκηλος
Τηλέμαχος τεμένεα νέμεται καὶ δαῖτας ἐΐσας
δαίνυται, ἃς ἐπέοικε δικασπόλον ἄνδρ' ἀλεγύνειν·
πάντες γὰρ καλέουσι. πατὴρ δὲ σὸς αὐτόθι μίμνει
ἀγρῷ οὐδὲ πόλινδε κατέρχεται· οὐδέ οἱ εὐναὶ
δέμνια καὶ χλαῖναι καὶ ῥήγεα σιγαλόεντα,
ἀλλ' ὅ γε χεῖμα μὲν εὕδει ὅθι δμῶες ἐνὶ οἴκῳ
ἐν κόνι ἄγχι πυρός, κακὰ δὲ χροῒ εἵματα εἷται·
αὐτὰρ ἐπὴν ἔλθῃσι θέρος τεθαλυῖά τ' ὀπώρη,
πάντῃ οἱ κατὰ γουνὸν ἀλωῆς οἰνοπέδοιο
φύλλων κεκλιμένων χθαμαλαὶ βεβλήαται εὐναί.
ἔνθ' ὅ γε κεῖτ' ἀχέων, μέγα δὲ φρεσὶ πένθος ἀέξει
σὸν πότμον γοόων· χαλεπὸν δ' ἐπὶ γῆρας ἱκάνει.
οὕτω γὰρ καὶ ἐγὼν ὀλόμην καὶ πότμον ἐπέσπον·
οὔτ' ἐμέ γ' ἐν μεγάροισιν ἐΰσκοπος ἰοχέαιρα
οἷσ' ἀγανοῖσι βέλεσσιν ἐποιχομένη κατέπεφνεν,
οὔτε τις οὖν μοι νοῦσος ἐπήλυθεν, ἥ τε μάλιστα
τηκεδόνι στυγερῇ μελέων ἐξείλετο θυμόν·
ἀλλά με σός τε πόθος σά τε μήδεα, φαίδιμ' Ὀδυσσεῦ,
σή τ' ἀγανοφροσύνη μελιηδέα θυμὸν ἀπηύρα".
ὣς ἔφατ', αὐτὰρ ἐγώ γ' ἔθελον φρεσὶ μερμηρίξας

Dis-moi les desseins et les pensées de mon épouse légitime,
demeure-t-elle près de son enfant et veille-t-elle bien sur
[tout,
ou a-t-elle déjà épousé l'un des meilleurs des Achéens ? »
Je parlai ainsi et aussitôt mon auguste mère me répondit :
« Oui, vraiment, elle attend d'un cœur patient
dans tes demeures ! sans cesse
se consument ses nuits et ses jours, dans les larmes.
Personne ne détient tes beaux honneurs, mais tranquille,
Télémaque gère ton domaine et prend part aux festins
[équitables,
comme il convient à un homme qui rend la justice,
car tous l'invitent. Ton père reste toujours là,
dans son champ, et ne descend à la ville ; pour dormir,
il n'a ni lit, ni manteaux, ni couvertures brillantes,
mais l'hiver, il dort dans la maison où sont les serviteurs,
dans la poussière, près du feu, et porte de sales vêtements.
Et quand vient l'été, puis la fin florissante de l'été,
partout sur les pentes de sa vigne,
sont jetés à terre des lits de feuilles mortes,
où dans la douleur il gît, et s'accroît dans son âme sa
[grande douleur,
en pleurant ton sort ; et la dure vieillesse l'envahit.
C'est ainsi que moi aussi je suis morte et que j'ai suivi le
[destin.
Ce ne fut pas l'archère habile qui vint dans nos demeures
me tuer de ses douces flèches ;
ni ne m'advint une de ces maladies,
qui par une horrible consomption enlève la vie des
[membres ;
mais c'est le regret de toi, de ta sagesse, valeureux Ulysse,
de ta gentillesse, qui m'ôta la douce vie ! »
Elle parla ainsi et moi, je voulais, tout en hésitant,

μητρὸς ἐμῆς ψυχὴν ἑλέειν κατατεθνηυίης.
τρὶς μὲν ἐφωρμήθην, ἑλέειν τέ με θυμὸς ἀνώγει,
τρὶς δέ μοι ἐκ χειρῶν σκιῇ εἴκελον ἢ καὶ ὀνείρῳ
ἔπτατ'· ἐμοὶ δ' ἄχος ὀξὺ γενέσκετο κηρόθι μᾶλλον,
καί μιν φωνήσας ἔπεα πτερόεντα προσηύδων·
"μῆτερ ἐμή, τί νύ μ' οὐ μίμνεις ἑλέειν μεμαῶτα,
ὄφρα καὶ εἰν 'Αΐδαο φίλας περὶ χεῖρε βαλόντε
ἀμφοτέρω κρυεροῖο τεταρπώμεσθα γόοιο;
ἦ τί μοι εἴδωλον τόδ' ἀγαυὴ Περσεφόνεια
ὤτρυν', ὄφρ' ἔτι μᾶλλον ὀδυρόμενος στεναχίζω;".
ὣς ἐφάμην, ἡ δ' αὐτίκ' ἀμείβετο πότνια μήτηρ·
"ὤ μοι, τέκνον ἐμόν, περὶ πάντων κάμμορε φωτῶν,
οὔ τί σε Περσεφόνεια Διὸς θυγάτηρ ἀπαφίσκει,
ἀλλ' αὕτη δίκη ἐστὶ βροτῶν, ὅτε τίς κε θάνησιν.
οὐ γὰρ ἔτι σάρκας τε καὶ ὀστέα ἶνες ἔχουσιν,
ἀλλὰ τὰ μέν τε πυρὸς κρατερὸν μένος αἰθομένοιο
δάμνατ', ἐπεί κε πρῶτα λίπῃ λεύκ' ὀστέα θυμός,
ψυχὴ δ' ἠΰτ' ὄνειρος ἀποπταμένη πεπότηται.
ἀλλὰ φόωσδε τάχιστα λιλαίεο· ταῦτα δὲ πάντα
ἴσθ', ἵνα καὶ μετόπισθε τεῇ εἴπῃσθα γυναικί".

saisir l'âme de ma mère qui était morte.
Trois fois je m'élançai et me poussa mon cœur à la saisir ;
trois fois, de mes mains, elle s'enfuit telle une ombre ou
[un songe ;
la douleur toujours plus aiguë se faisait en mon cœur
et m'adressant à elle, je lui dis ces mots ailés :
« Ma mère, pourquoi malgré mon désir ne me laisses-tu
[te saisir,
afin que même chez Hadès nous embrassant,
nous nous rassasions tous deux de pleurs glacés ?
Ou alors est-ce la noble Perséphone qui m'envoie ce
[spectre,
afin que dans les larmes je souffre encore plus ? »
Je parlai ainsi et aussitôt me répondit ma mère souveraine :
« Hélas, mon enfant, le plus malheureux des hommes,
Perséphone la fille de Zeus ne te trompe pas,
mais telle est la loi des mortels une fois qu'on est mort !
car les nerfs ne tiennent plus la chair ni les os,
mais les dompte la force violente du feu,
une fois que la vie quitte les os blancs,
et l'âme, tel le songe, s'envole à tire-d'aile !
Mais désire au plus vite la lumière ! va ! et tout cela
sache-le, afin que par la suite tu le dises à ta femme ! »

Les Sirènes

Chant XII, 148-200

ἡμῖν δ' αὖ κατόπισθε νεὸς κυανοπρῴροιο
ἴκμενον οὖρον ἵει πλησίστιον, ἐσθλὸν ἑταῖρον,
Κίρκη ἐϋπλόκαμος, δεινὴ θεὸς αὐδήεσσα.
αὐτίκα δ' ὅπλα ἕκαστα πονησάμενοι κατὰ νῆα
ἥμεθα· τὴν δ' ἄνεμός τε κυβερνήτης τ' ἴθυνε.
δὴ τότ' ἐγὼν ἑτάροισι μετηύδων ἀχνύμενος κῆρ·
"ὦ φίλοι, οὐ γὰρ χρὴ ἕνα ἴδμεναι οὐδὲ δύ' οἴους
θέσφαθ', ἅ μοι Κίρκη μυθήσατο, δῖα θεάων·
ἀλλ' ἐρέω μὲν ἐγών, ἵνα εἰδότες ἤ κε θάνωμεν
ἤ κεν ἀλευάμενοι θάνατον καὶ κῆρα φύγοιμεν.
Σειρήνων μὲν πρῶτον ἀνώγει θεσπεσιάων
φθόγγον ἀλεύασθαι καὶ λειμῶν' ἀνθεμόεντα.
οἶον ἔμ' ἠνώγει ὄπ' ἀκουέμεν· ἀλλά με δεσμῷ
δήσατ' ἐν ἀργαλέῳ, ὄφρ' ἔμπεδον αὐτόθι μίμνω,
ὀρθὸν ἐν ἱστοπέδῃ, ἐκ δ' αὐτοῦ πείρατ' ἀνήφθω.
εἰ δέ κε λίσσωμαι ὑμέας λῦσαί τε κελεύω,
ὑμεῖς δὲ πλεόνεσσι τότ' ἐν δεσμοῖσι πιέζειν".
ἤτοι ἐγὼ τὰ ἕκαστα λέγων ἑτάροισι πίφαυσκον·
τόφρα δὲ καρπαλίμως ἐξίκετο νηῦς ἐϋεργὴς
νῆσον Σειρήνοιϊν· ἔπειγε γὰρ οὖρος ἀπήμων.
αὐτίκ' ἔπειτ' ἄνεμος μὲν ἐπαύσατο ἠδὲ γαλήνη
ἔπλετο νηνεμίη, κοίμησε δὲ κύματα δαίμων.
ἀνστάντες δ' ἕταροι νεὸς ἱστία μηρύσαντο,
καὶ τὰ μὲν ἐν νηῒ γλαφυρῇ θέσαν, οἱ δ' ἐπ' ἐρετμὰ
ἑζόμενοι λεύκαινον ὕδωρ ξεστῇσ' ἐλάτῃσιν.
αὐτὰρ ἐγὼ κηροῖο μέγαν τροχὸν ὀξέϊ χαλκῷ

Un vent favorable emplit la voile, bon compagnon
que derrière notre vaisseau à proue bleue envoyait
Circé aux belles boucles, la terrible déesse à voix humaine.
Dès que nous eûmes disposé dans le navire tous les agrès,
nous nous assîmes : le vent et le pilote le dirigeaient.
Le cœur angoissé, je dis alors à mes compagnons :
« Mes amis, il ne faut qu'un seul d'entre nous ou deux
[seulement connaissent
les oracles que me dit Circé, divine entre les déesses ;
je veux donc vous les dire afin que le sachant, ou nous
[mourions
ou bien, fuyant, nous échappions à la mort et au destin !
Elle nous exhorte d'abord de fuir des Sirènes divines
la voix et les prairies en fleurs ;
elle m'ordonna d'écouter moi seul leur voix ; mais que
[d'un lien solide
vous me liez, et que je reste bien immobile,
debout contre le mât, où m'attacheront des cordages !
si jamais je vous supplie et vous ordonne de me libérer,
serrez-moi alors de liens encore plus nombreux ! »
Parlant ainsi, j'instruisais en tout mes compagnons.
Cependant, le solide vaisseau atteignit rapidement
l'île des deux Sirènes : un vent propice le poussait.
Aussitôt le vent cessa, et un calme lumineux
se fit, sans le moindre vent ; un dieu endormait les flots.
S'étant levés, mes compagnons carguèrent les voiles du
[navire
et les déposèrent dans la nef creuse ; puis aux rames
s'étant assis, ils blanchirent l'eau sous le sapin poli.
Moi, du bronze aigu ayant coupé une grande forme de
[cire en petits morceaux,

τυτθὰ διατμήξας χερσὶ στιβαρῇσι πίεζον.
αἶψα δ' ἰαίνετο κηρός, ἐπεὶ κέλετο μεγάλη ἲς
'Ηελίου τ' αὐγὴ 'Υπεριονίδαο ἄνακτος·
ἑξείης δ' ἑτάροισιν ἐπ' οὔατα πᾶσιν ἄλειψα.
οἱ δ' ἐν νηΐ μ' ἔδησαν ὁμοῦ χεῖράς τε πόδας τε
ὀρθὸν ἐν ἱστοπέδῃ, ἐκ δ' αὐτοῦ πείρατ' ἀνῆπτον·
αὐτοὶ δ' ἑζόμενοι πολιὴν ἅλα τύπτον ἐρετμοῖς.
ἀλλ' ὅτε τόσσον ἀπῆμεν, ὅσον τε γέγωνε βοήσας,
ῥίμφα διώκοντες, τὰς δ' οὐ λάθεν ὠκύαλος νηῦς
ἐγγύθεν ὀρνυμένη, λιγυρὴν δ' ἔντυνον ἀοιδήν·
"δεῦρ' ἄγ' ἰών, πολύαιν' 'Οδυσεῦ, μέγα κῦδος 'Αχαιῶν,
νῆα κατάστησον, ἵνα νωϊτέρην ὄπ' ἀκούσῃς.
οὐ γάρ πώ τις τῇδε παρήλασε νηΐ μελαίνῃ,
πρίν γ' ἡμέων μελίγηρυν ἀπὸ στομάτων ὄπ' ἀκοῦσαι,
ἀλλ' ὅ γε τερψάμενος νεῖται καὶ πλείονα εἰδώς.
ἴδμεν γάρ τοι πάνθ', ὅσ' ἐνὶ Τροίῃ εὐρείῃ
'Αργεῖοι Τρῶές τε θεῶν ἰότητι μόγησαν.
ἴδμεν δ' ὅσσα γένηται ἐπὶ χθονὶ πουλυβοτείρῃ".
ὣς φάσαν ἱεῖσαι ὄπα κάλλιμον· αὐτὰρ ἐμὸν κῆρ
ἤθελ' ἀκουέμεναι, λῦσαί τ' ἐκέλευον ἑταίρους,
ὀφρύσι νευστάζων· οἱ δὲ προπεσόντες ἔρεσσον.

je pressai ceux-ci de mes mains fortes ;
vite, la cire s'amollit sous l'effet de ma force
et des rayons du Soleil, le roi fils d'Hypérion.
Je l'appliquai sur les oreilles de tous mes compagnons,
[l'un après l'autre.
Ils me lièrent sur le navire à la fois aux mains et aux
[pieds,
debout contre le mât, et au moyen de cordages m'y
[attachèrent.
Eux-mêmes s'assirent et de leurs rames frappèrent la mer
[blanchie.
Lorsque nous fûmes à distance d'un cri,
en toute hâte naviguant, notre vaisseau rapide ne leur
[échappa,
tout près s'élançant, et elles entonnèrent un chant clair.
« Viens donc ici, illustre Ulysse, grande gloire des
[Achéens,
arrête ton navire afin d'écouter notre voix à toutes deux !
car jamais personne n'est passé ici sur son vaisseau noir
sans de notre bouche écouter notre voix douce comme le
[miel,
mais après en avoir joui l'on revient plus savant !
car nous savons tout ce que dans la vaste Troie
souffrirent les Argiens et les Troyens par la volonté des
[dieux
et nous savons tout ce qui arrive sur la terre féconde ! »
Ainsi parlaient-elles dans leur beau chant et mon cœur
voulait écouter ! j'ordonnai à mes compagnons de me
[libérer,
leur faisant signe de mes sourcils ; mais eux, restant
[penchés, ramaient.

αὐτίκα δ' ἀνστάντες Περιμήδης Εὐρύλοχός τε
πλείοσί μ' ἐν δεσμοῖσι δέον μᾶλλόν τε πίεζον.
αὐτὰρ ἐπεὶ δὴ τάς γε παρήλασαν, οὐδ' ἔτ' ἔπειτα
φθόγγον Σειρήνων ἠκούομεν οὐδ' ἔτ' ἀοιδήν,
αἶψ' ἀπὸ κηρὸν ἕλοντο ἐμοὶ ἐρίηρες ἑταῖροι,
ὅν σφιν ἐπ' ὠσὶν ἄλειψ', ἐμέ τ' ἐκ δεσμῶν ἀνέλυσαν.

Aussitôt se levèrent Périmède et Euryloque,
me lièrent et me serrèrent de liens encore plus nombreux.
Puis quand nous les eûmes dépassées
et que nous n'entendîmes plus la voix des Sirènes ni leur
[chant,
mes fidèles compagnons retirèrent la cire
que j'avais mise dans leurs oreilles et me libérèrent de mes
[liens.

Athéna

Chant XIII, 185-440

ὣς οἱ μέν ῥ' εὔχοντο Ποσειδάωνι ἄνακτι
δήμου Φαιήκων ἡγήτορες ἠδὲ μέδοντες,
ἑσταότες περὶ βωμόν. ὁ δ' ἔγρετο δῖος 'Οδυσσεὺς
εὕδων ἐν γαίῃ πατρωΐῃ, οὐδέ μιν ἔγνω,
ἤδη δὴν ἀπεών· περὶ γὰρ θεὸς ἠέρα χεῦε
Παλλὰς 'Αθηναίη, κούρη Διός, ὄφρα μιν αὐτὸν
ἄγνωστον τεύξειεν ἕκαστά τε μυθήσαιτο,
μή μιν πρὶν ἄλοχος γνοίη ἀστοί τε φίλοι τε,
πρὶν πᾶσαν μνηστῆρας ὑπερβασίην ἀποτῖσαι.
τοὔνεχ' ἄρ' ἀλλοειδέ' ἐφαίνετο πάντα ἄνακτι,
ἀτραπιτοί τε διηνεκέες λιμένες τε πάνορμοι
πέτραι τ' ἠλίβατοι καὶ δένδρεα τηλεθάοντα.
στῆ δ' ἄρ' ἀναΐξας καί ῥ' εἴσιδε πατρίδα γαῖαν,
ᾤμωξέν τ' ἄρ' ἔπειτα καὶ ὣ πεπλήγετο μηρὼ
χερσὶ καταπρηνέσσ', ὀλοφυρόμενος δ' ἔπος ηὔδα·
«ὤ μοι ἐγώ, τέων αὖτε βροτῶν ἐς γαῖαν ἱκάνω;
ἤ ῥ' οἵ γ' ὑβρισταί τε καὶ ἄγριοι οὐδὲ δίκαιοι,
ἦε φιλόξεινοι καί σφιν νόος ἐστὶ θεουδής;
πῇ δὴ χρήματα πολλὰ φέρω τάδε; πῇ δὲ καὶ αὐτὸς
πλάζομαι; αἴθ' ὄφελον μεῖναι παρὰ Φαιήκεσσιν
αὐτοῦ· ἐγὼ δέ κεν ἄλλον ὑπερμενέων βασιλήων
ἐξικόμην, ὅς κέν μ' ἐφίλει καὶ ἔπεμπε νέεσθαι.
νῦν δ' οὔτ' ἄρ πῃ θέσθαι ἐπίσταμαι, οὐδὲ μὲν αὐτοῦ
καλλείψω, μή πώς μοι ἕλωρ ἄλλοισι γένηται.
ὢ πόποι, οὐκ ἄρα πάντα νοήμονες οὐδὲ δίκαιοι
ἦσαν Φαιήκων ἡγήτορες ἠδὲ μέδοντες,
οἵ μ' εἰς ἄλλην γαῖαν ἀπήγαγον· ἦ τέ μ' ἔφαντο
ἄξειν εἰς 'Ιθάκην εὐδείελον, οὐδ' ἐτέλεσσαν.

Cependant que les chefs et seigneurs du peuple des Phéaciens,
debout autour de l'autel, priaient le roi Poséidon,
s'éveilla le divin Ulysse
qui dormait sur la terre de sa patrie. Il ne la reconnut pas,
si longue avait été son absence ; un brouillard autour de
[lui avait versé la déesse
Pallas Athéna, fille de Zeus, afin
de le rendre méconnaissable et qu'elle pût tout lui expliquer,
et afin que ne le reconnussent son épouse, ses compatriotes,
[ses amis
avant qu'il eût vengé tous les excès des prétendants.
C'est pourquoi tout semblait différent au roi,
les longs sentiers, les ports largement accessibles,
les rochers élevés, les arbres verdoyants.
Il se mit debout et contempla la terre de sa patrie.
Il gémit alors et, du plat de ses mains
se frappant les cuisses, dit en pleurant :
« Malheur à moi ! Sur la terre de quels mortels suis-je arrivé ?
Sont-ils des hommes violents, des rustres, des hommes
[injustes,
ou bien sont-ils hospitaliers et respectueux des dieux ?
Où vais-je mettre toutes ces richesses ? Où vais-je moi-
[même
errer à présent ? Si seulement j'étais resté là-bas auprès
[des Phéaciens !
Je serais allé chez un autre roi puissant
qui m'aurait reçu en ami et raccompagné...
À présent, je ne sais où les mettre ni où les
laisser, pour que d'autres elles ne deviennent la proie !
Hélas ! En rien n'étaient sages ni justes
les chefs et les seigneurs des Phéaciens,
qui m'ont conduit sur une autre terre ! Ils m'avaient dit
qu'ils me conduiraient dans la claire Ithaque et ils ne l'ont
[pas fait !

Ζεύς σφεας τίσαιτο ἱκετήσιος, ὅς τε καὶ ἄλλους
ἀνθρώπους ἐφορᾷ καὶ τίνυται, ὅς τις ἁμάρτῃ.
ἀλλ' ἄγε δὴ τὰ χρήματ' ἀριθμήσω καὶ ἴδωμαι,
μή τί μοι οἴχονται κοίλης ἐπὶ νηὸς ἄγοντες».
ὣς εἰπὼν τρίποδας περικαλλέας ἠδὲ λέβητας
ἠρίθμει καὶ χρυσὸν ὑφαντά τε εἵματα καλά.
τῶν μὲν ἄρ' οὔ τι πόθει· ὁ δ' ὀδύρετο πατρίδα γαῖαν
ἑρπύζων παρὰ θῖνα πολυφλοίσβοιο θαλάσσης,
πόλλ' ὀλοφυρόμενος. σχεδόθεν δέ οἱ ἦλθεν 'Αθήνη,
ἀνδρὶ δέμας εἰκυῖα νέῳ, ἐπιβώτορι μήλων,
παναπάλῳ, οἷοί τε ἀνάκτων παῖδες ἔασι,
δίπτυχον ἀμφ' ὤμοισιν ἔχουσ' εὐεργέα λώπην·
ποσσὶ δ' ὑπὸ λιπαροῖσι πέδιλ' ἔχε, χερσὶ δ' ἄκοντα.
τὴν δ' 'Οδυσεὺς γήθησεν ἰδὼν καὶ ἐναντίος ἦλθε
καί μιν φωνήσας ἔπεα πτερόεντα προσηύδα·
«ὦ φίλ', ἐπεί σε πρῶτα κιχάνω τῷδ' ἐνὶ χώρῳ,
χαῖρέ τε καὶ μή μοί τι κακῷ νόῳ ἀντιβολήσαις,
ἀλλὰ σάω μὲν ταῦτα, σάω δ' ἐμέ· σοὶ γὰρ ἐγώ γε
εὔχομαι ὥς τε θεῷ καί σευ φίλα γούναθ' ἱκάνω.
καί μοι τοῦτ' ἀγόρευσον ἐτήτυμον, ὄφρ' ἐῢ εἰδῶ·
τίς γῆ, τίς δῆμος, τίνες ἀνέρες ἐγγεγάασιν;
ἤ πού τις νήσων εὐδείελος, ἦέ τις ἀκτὴ
κεῖθ' ἁλὶ κεκλιμένη ἐριβώλακος ἠπείροιο;».
τὸν δ' αὖτε προσέειπε θεὰ γλαυκῶπις 'Αθήνη·
«νήπιός εἰς, ὦ ξεῖν', ἢ τηλόθεν εἰλήλουθας,
εἰ δὴ τήνδε τε γαῖαν ἀνείρεαι. οὐδέ τι λίην
οὕτω νώνυμός ἐστιν· ἴσασι δέ μιν μάλα πολλοί,
ἠμὲν ὅσοι ναίουσι πρὸς ἠῶ τ' ἠέλιόν τε,
ἠδ' ὅσσοι μετόπισθε ποτὶ ζόφον ἠερόεντα.

Que Zeus des suppliants les châtie, lui qui veille
sur les autres hommes et punit les coupables !
Mais allons ! comptons ces richesses et voyons
si certaines n'ont pas disparu au cours du transport sur
[le bateau ! »
À ces mots, les magnifiques trépieds, les chaudrons,
il se mit à compter, et l'or et les beaux vêtements tissés...
Rien n'y manquait. Mais il pleurait sa patrie,
se traînant sur le rivage de la mer au fracas retentissant,
avec de longs gémissements. Tout près de lui vint Athéna,
sous l'aspect d'un jeune homme, un berger de troupeau,
tout délicat comme sont les fils des rois,
et portant autour des épaules un beau double manteau ;
il avait sous les pieds des sandales brillantes et dans les
[mains un javelot.
En la voyant, Ulysse se réjouit, vint face à elle
et prenant la parole lui dit ces mots ailés :
« Mon ami, puisque tu es le premier que je rencontre sur
[cette terre,
salut à toi ! puisses-tu ne pas m'accueillir d'un cœur hostile !
mais plutôt sauve ces richesses, et sauve-moi !
car je te supplie comme on supplie un dieu et viens toucher
[tes genoux.
Dis-moi donc la vérité, que je le sache :
quelle est cette terre ? quel est ce pays ? quels sont les
[hommes qui l'habitent ?
serait-ce une île claire, ou bien l'avancée dans la mer
d'une terre fertile ? »
Lui répondit la déesse Athéna aux yeux pers :
« Quel enfant fais-tu, étranger ! ou bien tu viens de loin
si tu me demandes quelle est cette terre ! Elle n'est pas
si inconnue : très nombreux sont ceux qui la connaissent,
ceux qui habitent vers l'aurore et le soleil,
ou bien ceux qui habitent derrière, vers la brumeuse ténèbre !

ἤ τοι μὲν τρηχεῖα καὶ οὐχ ἱππήλατός ἐστιν
οὐδὲ λίην λυπρή, ἀτὰρ οὐδ' εὐρεῖα τέτυκται.
ἐν μὲν γάρ οἱ σῖτος ἀθέσφατος, ἐν δέ τε οἶνος
γίνεται· αἰεὶ δ' ὄμβρος ἔχει τεθαλυῖά τ' ἐέρση.
αἰγίβοτος δ' ἀγαθὴ καὶ βούβοτος· ἔστι μὲν ὕλη
παντοίη, ἐν δ' ἀρδμοὶ ἐπηετανοὶ παρέασι.
τῶ τοι, ξεῖν', Ἰθάκης γε καὶ ἐς Τροίην ὄνομ' ἵκει,
τήν περ τηλοῦ φασὶν Ἀχαιΐδος ἔμμεναι αἴης ».
ὣς φάτο, γήθησεν δὲ πολύτλας δῖος Ὀδυσσεὺς
χαίρων ᾗ γαίῃ πατρωΐῃ, ὥς οἱ ἔειπε
Παλλὰς Ἀθηναίη, κούρη Διὸς αἰγιόχοιο·
καί μιν φωνήσας ἔπεα πτερόεντα προσηύδα·
οὐδ' ὅ γ' ἀληθέα εἶπε, πάλιν δ' ὅ γε λάζετο μῦθον,
αἰεὶ ἐνὶ στήθεσσι νόον πολυκερδέα νωμῶν·
« πυνθανόμην Ἰθάκης γε καὶ ἐν Κρήτῃ εὐρείῃ,
τηλοῦ ὑπὲρ πόντου· νῦν δ' εἰλήλουθα καὶ αὐτὸς
χρήμασι σὺν τοίσδεσσι· λιπὼν δ' ἔτι παισὶ τοσαῦτα
φεύγω, ἐπεὶ φίλον υἷα κατέκτανον Ἰδομενῆος,
Ὀρσίλοχον πόδας ὠκύν, ὃς ἐν Κρήτῃ εὐρείῃ
ἀνέρας ἀλφηστὰς νίκα ταχέεσσι πόδεσσιν,
οὕνεκά με στερέσαι τῆς ληΐδος ἤθελε πάσης
Τρωϊάδος, τῆς εἵνεκ' ἐγὼ πάθον ἄλγεα θυμῷ,
ἀνδρῶν τε πτολέμους ἀλεγεινά τε κύματα πείρων,
οὕνεκ' ἄρ' οὐχ ᾧ πατρὶ χαριζόμενος θεράπευον
δήμῳ ἔνι Τρώων, ἀλλ' ἄλλων ἦρχον ἑταίρων.
τὸν μὲν ἐγὼ κατιόντα βάλον χαλκήρεϊ δουρὶ
ἀγρόθεν, ἐγγὺς ὁδοῖο λοχησάμενος σὺν ἑταίρῳ·
νὺξ δὲ μάλα δνοφερὴ κάτεχ' οὐρανόν, οὐδέ τις ἡμέας
ἀνθρώπων ἐνόησε, λάθον δέ ἑ θυμὸν ἀπούρας.

Elle est âpre et peu faite pour les chevaux,
ni trop infertile, ni étendue ;
le blé y pousse en abondance, et la vigne
y donne ; elle a de la pluie en tout temps et de bonnes [rosées ;
c'est un bon pâturage pour les chèvres et les vaches ; s'y [trouvent des bois
de toute essence ; et de l'eau toujours dans les abreuvoirs ;
c'est pourquoi, étranger, le nom d'Ithaque vient jusqu'à [Troie,
qu'on dit pourtant loin de la terre des Achéens. »
Elle parla ainsi et l'endurant, le divin Ulysse se réjouit,
tout joyeux de voir sa patrie comme le lui disait
Pallas Athéna, fille de Zeus porte-égide.
Il prit la parole et lui dit ces mots ailés,
mais il ne disait la vérité, il se retenait de parler,
toujours dans sa poitrine agitant un esprit plein de ruses :
« J'ai entendu parlé d'Ithaque aussi dans la vaste Crète,
au loin sur la mer ; je viens moi-même d'arriver
avec ces richesses ; j'en ai laissé autant à mes enfants,
en fuyant, car j'ai tué le fils d'Idoménée,
Orsiloque aux pieds rapides, qui dans la vaste Crète
l'emporte à la course sur les hommes mangeurs de pain.
Il voulait me dépouiller de tout le butin
que j'avais fait à Troie, pour lequel j'avais en mon cœur [souffert tant de maux,
affrontant les combats des hommes et les flots douloureux,
parce que j'avais déplu à son père et ne l'avais servi
à Troie mais j'avais commandé à d'autres guerriers.
Je le frappai de ma lance de bronze
alors qu'il revenait des champs, me mettant en embuscade [sur le bord de la route avec un compagnon.
Une nuit obscure couvrait le ciel, personne
ne nous vit, et je lui ôtai la vie à l'insu de tous.

αὐτὰρ ἐπεὶ δὴ τόν γε κατέκτανον ὀξέϊ χαλκῷ,
αὐτίκ' ἐγὼν ἐπὶ νῆα κιὼν Φοίνικας ἀγαυοὺς
ἐλλισάμην καί σφιν μενοεικέα ληΐδα δῶκα·
τούς μ' ἐκέλευσα Πύλονδε καταστῆσαι καὶ ἐφέσσαι
ἢ εἰς Ἤλιδα δῖαν, ὅθι κρατέουσιν Ἐπειοί.
ἀλλ' ἦ τοί σφεας κεῖθεν ἀπώσατο ἲς ἀνέμοιο
πόλλ' ἀεκαζομένους, οὐδ' ἤθελον ἐξαπατῆσαι.
κεῖθεν δὲ πλαγχθέντες ἱκάνομεν ἐνθάδε νυκτός.
σπουδῇ δ' ἐς λιμένα προερέσσαμεν, οὐδέ τις ἡμῖν
δόρπου μνῆστις ἔην, μάλα περ χατέουσιν ἑλέσθαι,
ἀλλ' αὔτως ἀποβάντες ἐκείμεθα νηὸς ἅπαντες.
ἔνθ' ἐμὲ μὲν γλυκὺς ὕπνος ἐπέλλαβε κεκμηῶτα,
οἱ δὲ χρήματ' ἐμὰ γλαφυρῆς ἐκ νηὸς ἑλόντες
κάτθεσαν, ἔνθα περ αὐτὸς ἐπὶ ψαμάθοισιν ἐκείμην.
οἱ δ' ἐς Σιδονίην εὖ ναιομένην ἀναβάντες
ᾤχοντ'· αὐτὰρ ἐγὼ λιπόμην ἀκαχήμενος ἦτορ ».
  ὣς φάτο, μείδησεν δὲ θεὰ γλαυκῶπις Ἀθήνη,
χειρί τέ μιν κατέρεξε· δέμας δ' ἤϊκτο γυναικὶ
καλῇ τε μεγάλῃ τε καὶ ἀγλαὰ ἔργα ἰδυίῃ·
καί μιν φωνήσασ' ἔπεα πτερόεντα προσηύδα·
  « κερδαλέος κ' εἴη καὶ ἐπίκλοπος, ὅς σε παρέλθοι
ἐν πάντεσσι δόλοισι, καὶ εἰ θεὸς ἀντιάσειε.
σχέτλιε, ποικιλομῆτα, δόλων ἆτ', οὐκ ἄρ' ἔμελλες,
οὐδ' ἐν σῇ περ ἐὼν γαίῃ, λήξειν ἀπατάων
μύθων τε κλοπίων, οἵ τοι πεδόθεν φίλοι εἰσίν.
ἀλλ' ἄγε μηκέτι ταῦτα λεγώμεθα, εἰδότες ἄμφω
κέρδε', ἐπεὶ σὺ μέν ἐσσι βροτῶν ὄχ' ἄριστος ἁπάντων
βουλῇ καὶ μύθοισιν, ἐγὼ δ' ἐν πᾶσι θεοῖσι

Dès que je l'eus tué du bronze aigu,
je partis vers un navire et suppliai de nobles Phéniciens
et leur donnai sur mon butin de quoi les satisfaire.
Je les exhortai de me prendre à bord et de me débarquer
[à Pylos
ou bien dans la divine Élide, où règnent les Épéens.
Mais la violence du vent les dévia de là,
bien malgré eux, car ils ne voulaient me tromper.
Après avoir erré, nous arrivâmes ici la nuit ;
avec peine, nous entrâmes à la rame dans le port et
[personne d'entre nous
ne songea au repas, bien que nous en eussions tant besoin,
mais tous nous descendîmes du vaisseau et nous couchâmes
[ainsi ;
alors le doux sommeil me prit, moi qui étais épuisé ;
eux, tirant mes richesses de la nef creuse,
les déposèrent là où je gisais sur le sable ;
remontant à bord, ils partirent pour la belle Sidon
et moi restai le cœur affligé... »
Ainsi dit-il et la déesse Athéna aux yeux pers sourit.
Elle lui caressa la main ; elle avait retrouvé l'apparence
[d'une femme
belle et grande et habile en splendides travaux,
et s'adressant à lui, elle lui dit ces mots ailés :
« Quel astucieux, quel trompeur serait celui qui te
[surpasserait
en ruses de toute sorte, un dieu se trouvât face à toi !
Esprit mouvant, obstiné, insatiable de ruses, tu ne pouvais
laisser, même arrivé sur ta terre, les discours fourbes
et trompeurs qui te tiennent tant à cœur !
Mais allons ! ne parlons plus de cela ! tous deux sommes
[experts
en astuces : toi tu surpasses tous les mortels
par le conseil et la parole ; moi, je suis renommée

μήτι τε κλέομαι καὶ κέρδεσιν· οὐδὲ σύ γ' ἔγνως
Παλλάδ' Ἀθηναίην, κούρην Διός, ἥ τέ τοι αἰεὶ
ἐν πάντεσσι πόνοισι παρίσταμαι ἠδὲ φυλάσσω,
καὶ δέ σε Φαιήκεσσι φίλον πάντεσσιν ἔθηκα.
νῦν αὖ δεῦρ' ἱκόμην, ἵνα τοι σὺν μῆτιν ὑφήνω
χρήματά τε κρύψω, ὅσα τοι Φαίηκες ἀγαυοὶ
ὤπασαν οἴκαδ' ἰόντι ἐμῇ βουλῇ τε νόῳ τε,
εἴπω θ' ὅσσα τοι αἶσα δόμοις ἔνι ποιητοῖσι
κήδε' ἀνασχέσθαι· σὺ δὲ τετλάμεναι καὶ ἀνάγκῃ,
μηδέ τῳ ἐκφάσθαι μήτ' ἀνδρῶν μήτε γυναικῶν,
πάντων, οὕνεχ' ἄρ' ἦλθες ἀλώμενος, ἀλλὰ σιωπῇ
πάσχειν ἄλγεα πολλά, βίας ὑποδέγμενος ἀνδρῶν ».
τὴν δ' ἀπαμειβόμενος προσέφη πολύμητις Ὀδυσσεύς·
« ἀργαλέον σε, θεά, γνῶναι βροτῷ ἀντιάσαντι
καὶ μάλ' ἐπισταμένῳ· σὲ γὰρ αὐτὴν παντὶ ἐΐσκεις.
τοῦτο δ' ἐγὼν εὖ οἶδ', ὅτι μοι πάρος ἠπίη ἦσθα,
ἦος ἐνὶ Τροίῃ πολεμίζομεν υἷες Ἀχαιῶν·
αὐτὰρ ἐπεὶ Πριάμοιο πόλιν διεπέρσαμεν αἰπήν,
βῆμεν δ' ἐν νήεσσι, θεὸς δ' ἐκέδασσεν Ἀχαιούς,
οὔ σ' ἔτ' ἔπειτα ἴδον, κούρη Διός, οὐδ' ἐνόησα
νηὸς ἐμῆς ἐπιβᾶσαν, ὅπως τί μοι ἄλγος ἀλάλκοις.
ἀλλ' αἰεὶ φρεσὶν ᾗσιν ἔχων δεδαϊγμένον ἦτορ
ἠλώμην, ἧός με θεοὶ κακότητος ἔλυσαν·
πρίν γ' ὅτε Φαιήκων ἀνδρῶν ἐν πίονι δήμῳ
θάρσυνάς τ' ἐπέεσσι καὶ ἐς πόλιν ἤγαγες αὐτή.
νῦν δέ σε πρὸς πατρὸς γουνάζομαι· οὐ γὰρ ὀΐω

parmi tous les dieux pour ma sagesse et mes astuces ;
[mais tu n'as pas reconnu
Pallas Athéna, fille de Zeus, qui toujours,
dans toutes tes peines, est à tes côtés et veille sur toi,
et qui t'a rendu cher à tous les Phéaciens !
Aujourd'hui, je suis venue ici pour tramer un plan avec toi,
pour cacher les richesses que les nobles Phéaciens
t'ont données lors de ton départ, sur mon idée et mon
[conseil,
pour te dire toutes les souffrances que selon le destin
tu dois souffrir dans tes demeures solides ; et toi supporte-
[les, par nécessité,
et ne révèle à personne, homme ou femme,
qu'après avoir erré tu es arrivé mais, en silence,
endure tes nombreuses souffrances et supporte les violences
[des hommes ! »
Lui répondit Ulysse aux mille ruses :
« Te reconnaître, déesse, est terriblement difficile pour le
[mortel qui te rencontre,
fût-il très avisé, car tu prends toute apparence !
Je le sais bien, qu'auparavant tu me fus bienveillante
tant que les fils des Achéens combattirent à Troie ;
mais après que nous eûmes mis à sac la haute cité de Priam,
que nous partîmes sur nos vaisseaux et qu'un dieu eut
[dispersé les Achéens,
je ne t'ai plus vue, fille de Zeus, ni ne remarquai
ta présence à bord de mon navire, pour me protéger du
[malheur !
mais portant sans cesse au fond de moi un cœur déchiré,
j'errai, jusqu'à ce que les dieux me libèrent de mes maux
et que dans le riche pays des Phéaciens
tu m'encourages par tes paroles et me conduises toi-même
[à leur cité.
À présent, je te supplie par ton père : je ne crois pas

ἥκειν εἰς Ἰθάκην εὐδείελον, ἀλλά τιν᾽ ἄλλην
γαῖαν ἀναστρέφομαι· σὲ δὲ κερτομέουσαν ὀΐω
ταῦτ᾽ ἀγορευέμεναι, ἵν᾽ ἐμὰς φρένας ἠπεροπεύῃς·
εἰπέ μοι εἰ ἐτεόν γε φίλην ἐς πατρίδ᾽ ἱκάνω».
τὸν δ᾽ ἠμείβετ᾽ ἔπειτα θεὰ γλαυκῶπις Ἀθήνη·
«αἰεί τοι τοιοῦτον ἐνὶ στήθεσσι νόημα·
τῶ σε καὶ οὐ δύναμαι προλιπεῖν δύστηνον ἐόντα,
οὕνεκ᾽ ἐπητής ἐσσι καὶ ἀγχίνοος καὶ ἐχέφρων.
ἀσπασίως γάρ κ᾽ ἄλλος ἀνὴρ ἀλαλήμενος ἐλθὼν
ἵετ᾽ ἐνὶ μεγάροις ἰδέειν παῖδάς τ᾽ ἄλοχόν τε·
σοὶ δ᾽ οὔ πω φίλον ἐστὶ δαήμεναι οὐδὲ πυθέσθαι,
πρίν γ᾽ ἔτι σῆς ἀλόχου πειρήσεαι, ἥ τέ τοι αὔτως
ἧσται ἐνὶ μεγάροισιν, ὀϊζυραὶ δέ οἱ αἰεὶ
φθίνουσιν νύκτες τε καὶ ἤματα δάκρυ χεούσῃ.
αὐτὰρ ἐγὼ τὸ μὲν οὔ ποτ᾽ ἀπίστεον, ἀλλ᾽ ἐνὶ θυμῷ
ᾔδε᾽, ὃ νοστήσεις ὀλέσας ἄπο πάντας ἑταίρους·
ἀλλά τοι οὐκ ἐθέλησα Ποσειδάωνι μάχεσθαι
πατροκασιγνήτῳ, ὅς τοι κότον ἔνθετο θυμῷ,
χωόμενος ὅτι οἱ υἱὸν φίλον ἐξαλάωσας.
ἀλλ᾽ ἄγε τοι δείξω Ἰθάκης ἕδος, ὄφρα πεποίθῃς·
Φόρκυνος μὲν ὅδ᾽ ἐστὶ λιμήν, ἁλίοιο γέροντος,
ἥδε δ᾽ ἐπὶ κρατὸς λιμένος τανύφυλλος ἐλαίη·
ἀγχόθι δ᾽ αὐτῆς ἄντρον ἐπήρατον ἠεροειδές,
ἱρὸν Νυμφάων, αἳ Νηϊάδες καλέονται·
τοῦτο δέ τοι σπέος εὐρὺ κατηρεφές, ἔνθα σὺ πολλὰς
ἔρδεσκες Νύμφῃσι τεληέσσας ἑκατόμβας·
τοῦτο δὲ Νήριτόν ἐστιν ὄρος καταειμένον ὕλῃ».

être arrivé dans la claire Ithaque ! c'est sur une autre terre
que je me retrouve ! et je crois que tu te moques
et dis cela afin de tromper mon esprit !
Dis-moi donc s'il est vrai que je suis arrivé dans ma
[patrie ! »
Lui répondit alors la déesse Athéna aux yeux pers :
« Toujours en toi cette même pensée !
c'est pourquoi je ne peux t'abandonner dans le malheur :
tu es sage, sagace et prudent,
car tout autre qui reviendrait après avoir erré
eût couru heureux dans sa demeure pour voir son épouse
[et ses enfants !
toi, tu ne tiens pas à savoir ni à t'informer
avant d'avoir mis à l'épreuve ton épouse qui toujours
se tient en ta demeure ; sans cesse dans les gémissements
se consument ses nuits et le jour elle pleure.
Quant à moi, je n'ai jamais désespéré, je savais en mon
[cœur
que tu reviendrais après avoir perdu tous tes compagnons ;
mais je ne voulais pas entrer en lutte avec Poséidon,
le frère de mon père qui dans son cœur te tient rancune
et qui est en colère parce que tu as aveuglé son fils[1].
Mais allons ! je vais te montrer le sol d'Ithaque, afin que
[tu me croies !
Ici est le port de Phorcys, le vieillard de la mer,
et à la pointe du port se trouve l'olivier aux feuilles
[allongées ;
voici à côté, brumeux et charmant,
l'antre sacré des Nymphes qu'on appelle Naïades ;
c'est une vaste grotte voûtée, où souvent
tu offrais aux Nymphes de parfaites hécatombes ;
et ce mont couvert de bois, c'est le Nérite. »

1. Le cyclope Polyphème.

ὣς εἰποῦσα θεὰ σκέδασ' ἠέρα, εἴσατο δὲ χθών·
γήθησέν τ' ἄρ' ἔπειτα πολύτλας δῖος Οδυσσεὺς
χαίρων ᾗ γαίῃ, κύσε δὲ ζείδωρον ἄρουραν.
αὐτίκα δὲ Νύμφῃς ἠρήσατο χεῖρας ἀνασχών·
« Νύμφαι Νηϊάδες, κοῦραι Διός, οὔ ποτ' ἐγώ γε
ὄψεσθ' ὔμμ' ἐφάμην· νῦν δ' εὐχωλῇς ἀγανῇσι
χαίρετ'· ἀτὰρ καὶ δῶρα διδώσομεν, ὡς τὸ πάρος περ,
αἴ κεν ἐᾷ πρόφρων με Διὸς θυγάτηρ ἀγελείη
αὐτόν τε ζώειν καί μοι φίλον υἱὸν ἀέξῃ ».
τὸν δ' αὖτε προσέειπε θεὰ γλαυκῶπις 'Αθήνη·
« θάρσει, μή τοι ταῦτα μετὰ φρεσὶ σῇσι μελόντων·
ἀλλὰ χρήματα μὲν μυχῷ ἄντρου θεσπεσίοιο
θείομεν αὐτίκα νῦν, ἵνα περ τάδε τοι σόα μίμνῃ·
αὐτοὶ δὲ φραζώμεθ', ὅπως ὄχ' ἄριστα γένηται ».
ὣς εἰποῦσα θεὰ δῦνε σπέος ἠεροειδές,
μαιομένη κευθμῶνας ἀνὰ σπέος· αὐτὰρ 'Οδυσσεὺς
ἆσσον πάντ' ἐφόρει, χρυσὸν καὶ ἀτειρέα χαλκὸν
εἵματά τ' εὐποίητα, τά οἱ Φαίηκες ἔδωκαν.
καὶ τὰ μὲν εὖ κατέθηκε, λίθον δ' ἐπέθηκε θύρῃσι
Παλλὰς 'Αθηναίη, κούρη Διὸς αἰγιόχοιο.
τὼ δὲ καθεζομένω ἱερῆς παρὰ πυθμέν' ἐλαίης
φραζέσθην μνηστῆρσιν ὑπερφιάλοισιν ὄλεθρον.
τοῖσι δὲ μύθων ἦρχε θεὰ γλαυκῶπις 'Αθήνη·
« διογενὲς Λαερτιάδη, πολυμήχαν' 'Οδυσσεῦ,
φράζευ ὅπως μνηστῆρσιν ἀναιδέσι χεῖρας ἐφήσεις,
οἳ δή τοι τρίετες μέγαρον κάτα κοιρανέουσι,
μνώμενοι ἀντιθέην ἄλοχον καὶ ἕδνα διδόντες·
ἡ δὲ σὸν αἰεὶ νόστον ὀδυρομένη κατὰ θυμὸν
πάντας μέν ῥ' ἔλπει καὶ ὑπίσχεται ἀνδρὶ ἑκάστῳ,

À ces mots, la déesse dissipa le brouillard et la terre
[apparut.
Se réjouit alors l'endurant, le divin Ulysse,
heureux de voir sa patrie, et il baisa la terre porteuse de
[blé.
Aussitôt, levant les mains, il invoqua les Nymphes :
« Nymphes Naïades, filles de Zeus,
je croyais ne plus vous revoir ! acceptez à présent mes
[douces prières !
je vous offrirai des présents comme auparavant
si jamais la fille de Zeus, la preneuse de butin, m'accorde
de vivre et fait croître mon fils ! »
Lui répondit la déesse Athéna aux yeux pers :
« Courage ! ne te soucie de cela !
mais déposons dès maintenant tes richesses au fond de la
[grotte divine
afin de les mettre en sûreté
et examinons ensemble quel est le meilleur parti ! »
Ayant ainsi parlé, la déesse pénétra dans la grotte brumeuse,
et y chercha des cachettes ; puis Ulysse
apporta tout à côté d'elle, l'or et le bronze indestructible
et les beaux vêtements, que lui donnèrent les Phéaciens
et les déposa là ; à l'entrée Pallas Athéna plaça une
[pierre,
la fille de Zeus porte-égide.
Et tous deux assis au pied de l'olivier sacré
méditaient la mort des prétendants arrogants.
La déesse Athéna aux yeux pers la première prit la parole :
« Enfant de Zeus, fils de Laërte, industrieux Ulysse,
songe comment porter la main sur les prétendants éhontés,
qui depuis trois ans commandent en ta demeure,
faisant la cour à ta femme et lui offrant des présents !
Elle, en son cœur pleurant toujours ton retour,
fait espérer à tous, promet à chacun,

ἀγγελίας προϊεῖσα, νόος δέ οἱ ἄλλα μενοινᾷ».
τὴν δ' ἀπαμειβόμενος προσέφη πολύμητις 'Οδυσσεύς·
«ὢ πόποι, ἦ μάλα δὴ 'Αγαμέμνονος 'Ατρεΐδαο
φθίσεσθαι κακὸν οἶτον ἐνὶ μεγάροισιν ἔμελλον,
εἰ μή μοι σὺ ἕκαστα, θεά, κατὰ μοῖραν ἔειπες.
ἀλλ' ἄγε μῆτιν ὕφηνον, ὅπως ἀποτίσομαι αὐτούς·
πὰρ δέ μοι αὐτὴ στῆθι μένος πολυθαρσὲς ἐνεῖσα,
οἷον ὅτε Τροίης λύομεν λιπαρὰ κρήδεμνα.
αἴ κέ μοι ὣς μεμαυῖα παρασταίης, γλαυκῶπι,
καί κε τριηκοσίοισιν ἐγὼν ἄνδρεσσι μαχοίμην
σὺν σοί, πότνα θεά, ὅτε μοι πρόφρασσ' ἐπαρήγοις».
τὸν δ' ἠμείβετ' ἔπειτα θεὰ γλαυκῶπις 'Αθήνη·
«καὶ λίην τοι ἐγώ γε παρέσσομαι, οὐδέ με λήσεις,
ὁππότε κεν δὴ ταῦτα πενώμεθα· καί τιν' ὀΐω
αἵματί τ' ἐγκεφάλῳ τε παλαξέμεν ἄσπετον οὖδας
ἀνδρῶν μνηστήρων, οἵ τοι βίοτον κατέδουσιν.
ἀλλ' ἄγε σ' ἄγνωστον τεύξω πάντεσσι βροτοῖσι·
κάρψω μὲν χρόα καλὸν ἐνὶ γναμπτοῖσι μέλεσσι,
ξανθὰς δ' ἐκ κεφαλῆς ὀλέσω τρίχας, ἀμφὶ δὲ λαῖφος
ἕσσω, ὅ κε στυγέῃσιν ἰδὼν ἄνθρωπος ἔχοντα,
κνυζώσω δέ τοι ὄσσε πάρος περικαλλέ' ἐόντε,
ὡς ἂν ἀεικέλιος πᾶσι μνηστῆρσι φανήῃς
σῇ τ' ἀλόχῳ καὶ παιδί, τὸν ἐν μεγάροισιν ἔλειπες.
αὐτὸς δὲ πρώτιστα συβώτην εἰσαφικέσθαι,

et envoie des messages ; mais son esprit médite autre
[chose. »
Lui répondit Ulysse aux mille ruses :
« Hélas ! j'aurais donc dû en mes demeures
périr de la mort infâme de l'Atride Agamemnon
si, déesse, tu ne m'avais tout raconté comme il faut !
Mais allons ! trame un plan afin que je puisse me venger
[d'eux !
reste à mes côtés en me donnant force et courage,
comme lorsque de Troie nous dénouâmes les voiles
[brillants !
si ainsi pleine d'ardeur tu m'assistais, déesse aux yeux
[pers,
je combattrais contre trois cents hommes,
avec toi, souveraine déesse, si avec bienveillance tu venais
[à mon aide ! »
Lui répondit alors la déesse Athéna aux yeux pers :
« Je serai tout près de toi, tu n'échapperas pas à mon
[regard
quand nous serons à l'œuvre ! et je crois bien
que le sol immense sera éclaboussé du sang et de la
[cervelle
d'un de ces prétendants qui dévorent tes biens !
Mais allons ! je vais te rendre méconnaissable à tous les
[mortels :
je flétrirai ta belle peau sur ton corps agile,
je ferai tomber les cheveux blonds de ta tête, sur toi
je mettrai des haillons à faire prendre en horreur celui qui
[les porte,
et tes yeux si beaux, je les éraillerai,
si bien que tu paraîtras ignoble à tous les prétendants,
à ton épouse et au fils que tu laissas en ta demeure.
Toi-même va tout d'abord chez le porcher

ὅς τοι ὑῶν ἐπίουρος, ὁμῶς δέ τοι ἤπια οἶδε,
παῖδά τε σὸν φιλέει καὶ ἐχέφρονα Πηνελόπειαν.
δήεις τόν γε σύεσσι παρήμενον· αἱ δὲ νέμονται
πὰρ Κόρακος πέτρῃ ἐπί τε κρήνῃ Ἀρεθούσῃ,
ἔσθουσαι βάλανον μενοεικέα καὶ μέλαν ὕδωρ
πίνουσαι, τά θ' ὕεσσι τρέφει τεθαλυῖαν ἀλοιφήν.
ἔνθα μένειν καὶ πάντα παρήμενος ἐξερέεσθαι,
ὄφρ' ἂν ἐγὼν ἔλθω Σπάρτην ἐς καλλιγύναικα
Τηλέμαχον καλέουσα, τεὸν φίλον υἱόν, Ὀδυσσεῦ,
ὅς τοι ἐς εὐρύχορον Λακεδαίμονα πὰρ Μενέλαον
ᾤχετο πευσόμενος μετὰ σὸν κλέος, εἴ που ἔτ' εἴης».
τὴν δ' ἀπαμειβόμενος προσέφη πολύμητις Ὀδυσσεύς·
«τίπτε τ' ἄρ' οὔ οἱ ἔειπες, ἐνὶ φρεσὶ πάντ' εἰδυῖα;
ἦ ἵνα που καὶ κεῖνος ἀλώμενος ἄλγεα πάσχῃ
πόντον ἐπ' ἀτρύγετον, βίοτον δέ οἱ ἄλλοι ἔδουσι;».
τὸν δ' ἠμείβετ' ἔπειτα θεὰ γλαυκῶπις Ἀθήνη·
«μὴ δή τοι κεῖνός γε λίην ἐνθύμιος ἔστω.
αὐτή μιν πόμπευον, ἵνα κλέος ἐσθλὸν ἄροιτο
κεῖσ' ἐλθών· ἀτὰρ οὔ τιν' ἔχει πόνον, ἀλλὰ ἕκηλος
ἧσται ἐν Ἀτρεΐδαο δόμοις, παρὰ δ' ἄσπετα κεῖται.
ἦ μέν μιν λοχόωσι νέοι σὺν νηῒ μελαίνῃ,
ἱέμενοι κτεῖναι, πρὶν πατρίδα γαῖαν ἱκέσθαι·
ἀλλὰ τά γ' οὐκ ὀΐω· πρὶν καί τινα γαῖα καθέξει
ἀνδρῶν μνηστήρων, οἵ τοι βίοτον κατέδουσιν».
ὣς ἄρα μιν φαμένη ῥάβδῳ ἐπεμάσσατ' Ἀθήνη.
κάρψε μέν οἱ χρόα καλὸν ἐνὶ γναμπτοῖσι μέλεσσι,
ξανθὰς δ' ἐκ κεφαλῆς ὄλεσε τρίχας, ἀμφὶ δὲ δέρμα

qui veille sur tes porcs ; sa bienveillance envers toi n'a pas [changé,
et il aime ton fils et la sage Pénélope ;
tu le trouveras parmi les porcs : ils paissent
près de la roche du Corbeau, sur les bords de la fontaine [Aréthuse,
buvant l'eau obscure et dévorant avec avidité les glands
qui font croître leur bonne graisse.
Reste là près de lui et interroge-le sur tout,
pendant que moi j'irai à Sparte aux belles femmes
chercher ton fils Télémaque
qui est allé à la vaste Lacédémone chez Ménélas
s'enquérir de ce que l'on dit de toi et savoir si tu es encore [vivant. »
Lui répondit Ulysse aux mille ruses :
« Pourquoi ne lui as-tu rien dit, toi qui sais tout ?
Serait-ce pour que lui aussi, errant, souffre le malheur
sur la mer inféconde, pendant que d'autres mangent ses [biens ?
Lui répondit alors la déesse Athéna aux yeux pers :
« Que ton cœur ne soit pas trop inquiet pour lui !
je l'ai conduit moi-même afin qu'il acquît un bon renom
en se rendant là-bas ; il ne souffre aucune peine mais, [tranquille,
réside dans les demeures de l'Atride, jouissant de la plus [grande abondance.
Certes, des jeunes gens l'attendent en embuscade sur leur [vaisseau noir,
avec le désir de le tuer avant, qu'il ne rejoigne sa patrie ;
mais je n'y crois pas : avant, la terre recouvrira
l'un de ces prétendants qui dévorent tes biens ! »
À ces mots, Athéna le toucha de son bâton ;
elle flétrit sa belle peau sur son corps agile,
fit tomber de sa tête ses cheveux blonds,

πάντεσσιν μελέεσσι παλαιοῦ θῆκε γέροντος,
κνύζωσεν δέ οἱ ὄσσε πάρος περικαλλέ' ἐόντε·
ἀμφὶ δέ μιν ῥάκος ἄλλο κακὸν βάλεν ἠδὲ χιτῶνα,
ῥωγαλέα ῥυπόωντα, κακῷ μεμορυχμένα καπνῷ·
ἀμφὶ δέ μιν μέγα δέρμα ταχείης ἕσσ' ἐλάφοιο,
ψιλόν· δῶκε δέ οἱ σκῆπτρον καὶ ἀεικέα πήρην,
πυκνὰ ῥωγαλέην· ἐν δὲ στρόφος ἦεν ἀορτήρ.
τώ γ' ὣς βουλεύσαντε διέτμαγεν· ἡ μὲν ἔπειτα
ἐς Λακεδαίμονα δῖαν ἔβη μετὰ παῖδ' Ὀδυσῆος.

lui mit sur tous les membres la peau d'un vieillard,
puis érailla ses yeux si beaux auparavant ;
elle jeta sur lui une autre tunique, misérable, et des [haillons,
déchirés, crasseux, souillés de fumée ;
l'entoura de la grande peau râpée d'un cerf rapide,
et lui donna un bâton et une besace ignoble,
toute déchirée, dont la bandoulière était une corde.
S'étant ainsi concertés, ils se séparèrent, puis elle
partit vers la divine Lacédémone chercher le fils d'Ulysse.

Pénélope

Chant XIX, 53-334 et 509-604
Chant XXIII, 1-296

ἡ δ' ἴεν ἐκ θαλάμοιο περίφρων Πηνελόπεια,
Ἀρτέμιδι ἰκέλη ἠὲ χρυσῇ Ἀφροδίτῃ.
τῇ παρὰ μὲν κλισίην πυρὶ κάτθεσαν, ἔνθ' ἄρ' ἐφῖζε,
δινωτὴν ἐλέφαντι καὶ ἀργύρῳ, ἥν ποτε τέκτων
ποίησ' Ἰκμάλιος καὶ ὑπὸ θρῆνυν ποσὶν ἧκε
προσφυέ' ἐξ αὐτῆς, ὅθ' ἐπὶ μέγα βάλλετο κῶας.
ἔνθα καθέζετ' ἔπειτα περίφρων Πηνελόπεια.
ἦλθον δὲ δμῳαὶ λευκώλενοι ἐκ μεγάροιο.
αἱ δ' ἀπὸ μὲν σῖτον πολὺν ᾕρεον ἠδὲ τραπέζας
καὶ δέπα, ἔνθεν ἄρ' ἄνδρες ὑπερμενέοντες ἔπινον·
πῦρ δ' ἀπὸ λαμπτήρων χαμάδις βάλον, ἄλλα δ' ἐπ' αὐτῶν
νήησαν ξύλα πολλά, φόως ἔμεν ἠδὲ θέρεσθαι.
ἡ δ' Ὀδυσῆ' ἐνένιπε Μελανθὼ δεύτερον αὖτις·
« ξεῖν', ἔτι καὶ νῦν ἐνθάδ' ἀνιήσεις διὰ νύκτα
δινεύων κατὰ οἶκον, ὀπιπεύσεις δὲ γυναῖκας;
ἀλλ' ἔξελθε θύραζε, τάλαν, καὶ δαιτὸς ὄνησο·
ἢ τάχα καὶ δαλῷ βεβλημένος εἶσθα θύραζε ».
τὴν δ' ἄρ' ὑπόδρα ἰδὼν προσέφη πολύμητις Ὀδυσσεύς·
« δαιμονίη, τί μοι ὧδ' ἐπέχεις κεκοτηότι θυμῷ;
ἦ ὅτι δὴ ῥυπόω, κακὰ δὲ χροῒ εἵματα εἷμαι,
πτωχεύω δ' ἀνὰ δῆμον; ἀναγκαίη γὰρ ἐπείγει.
τοιοῦτοι πτωχοὶ καὶ ἀλήμονες ἄνδρες ἔασι.
καὶ γὰρ ἐγώ ποτε οἶκον ἐν ἀνθρώποισιν ἔναιον
ὄλβιος ἀφνειὸν καὶ πολλάκι δόσκον ἀλήτῃ
τοίῳ, ὁποῖος ἔοι καὶ ὅτευ κεχρημένος ἔλθοι·
ἦσαν δὲ δμῶες μάλα μυρίοι ἄλλα τε πολλά,
οἷσίν τ' εὖ ζώουσι καὶ ἀφνειοὶ καλέονται.

De sa chambre sortit la sage Pénélope
et vint telle Artémis ou Aphrodite d'or.
On plaça pour elle, près du feu, le siège où elle s'asseyait,
orné d'ivoire et d'argent, qu'autrefois fit l'artisan
Icmalios ; dessous, pour les pieds, il avait fixé l'escabeau,
où l'on jetait une grande toison.
C'est là que s'assit la sage Pénélope.
Les servantes aux bras blancs sortirent de la salle ;
elles emportèrent les nombreux morceaux de pain, les tables
et les coupes où buvaient les hommes arrogants ;
elles jetèrent à terre les braises des torchères
et y entassèrent du bois pour éclairer et chauffer.
Alors Mélantho, pour la deuxième fois, insulta Ulysse :
« Étranger, vas-tu aujourd'hui encore nous affliger toute
[la nuit
à tourner à travers la maison ? vas-tu encore lorgner les
[femmes ?
dehors, misérable ! va profiter de ton repas !
ou très vite c'est à coups de tison que tu vas sortir ! »
La regardant par en dessous, lui répondit alors Ulysse aux
[mille ruses :
« Qu'as-tu à me poursuivre ainsi d'un cœur rancunier ?
est-ce parce que je suis crasseux, que je porte de sales
[vêtements
et que je mendie parmi le peuple ? c'est la nécessité qui
[me presse !
ainsi font les mendiants et les vagabonds !
moi aussi autrefois, heureux, j'habitais une maison
opulente et souvent je donnais au vagabond
quel qu'il fût et quel que fût son besoin !
et j'avais d'innombrables serviteurs et bien d'autres
[choses encore
grâce auxquelles on vit bien et l'on vous dit riche ;

ἀλλὰ Ζεὺς ἀλάπαξε Κρονίων· ἤθελε γάρ που.
τῶ νῦν μή ποτε καὶ σύ, γύναι, ἀπὸ πᾶσαν ὀλέσσῃς
ἀγλαΐην, τῇ νῦν γε μετὰ δμῳῇσι κέκασσαι,
μή πώς τοι δέσποινα κοτεσσαμένη χαλεπήνῃ
ἢ Ὀδυσεὺς ἔλθῃ· ἔτι γὰρ καὶ ἐλπίδος αἶσα.
εἰ δ' ὁ μὲν ὧς ἀπόλωλε καὶ οὐκέτι νόστιμός ἐστιν,
ἀλλ' ἤδη παῖς τοῖος Ἀπόλλωνός γε ἕκητι,
Τηλέμαχος· τὸν δ' οὔ τις ἐνὶ μεγάροισι γυναικῶν
λήθει ἀτασθάλλουσ', ἐπεὶ οὐκέτι τηλίκος ἐστίν ».
ὣς φάτο, τοῦ δ' ἤκουσε περίφρων Πηνελόπεια,
ἀμφίπολον δ' ἐνένιπεν ἔπος τ' ἔφατ' ἔκ τ' ὀνόμαζε·
« πάντως, θαρσαλέη, κύον ἀδεές, οὔ τί με λήθεις
ἔρδουσα μέγα ἔργον, ὃ σῇ κεφαλῇ ἀναμάξεις.
πάντα γὰρ εὖ ᾔδησθ', ἐπεὶ ἐξ ἐμεῦ ἔκλυες αὐτῆς,
ὡς τὸν ξεῖνον ἔμελλον ἐνὶ μεγάροισιν ἐμοῖσιν
ἀμφὶ πόσει εἴρεσθαι, ἐπεὶ πυκινῶς ἀκάχημαι ».
ἦ ῥα, καὶ Εὐρυνόμην ταμίην πρὸς μῦθον ἔειπεν·
« Εὐρυνόμη, φέρε δὴ δίφρον καὶ κῶας ἐπ' αὐτοῦ,
ὄφρα καθεζόμενος εἴπῃ ἔπος ἠδ' ἐπακούσῃ
ὁ ξεῖνος ἐμέθεν· ἐθέλω δέ μιν ἐξερέεσθαι ».
ὣς ἔφαθ', ἡ δὲ μάλ' ὀτραλέως κατέθηκε φέρουσα
δίφρον ἐΰξεστον καὶ ἐπ' αὐτῷ κῶας ἔβαλλεν·
ἔνθα καθέζετ' ἔπειτα πολύτλας δῖος Ὀδυσσεύς.
τοῖσι δὲ μύθων ἦρχε περίφρων Πηνελόπεια·
« ξεῖνε, τὸ μέν σε πρῶτον ἐγὼν εἰρήσομαι αὐτή·

mais Zeus fils de Cronos a tout emporté : telle était, je
[suppose, sa volonté !
c'est pourquoi, toi aussi, femme, crains aujourd'hui de
[perdre
tout l'éclat par lequel tu brilles aujourd'hui parmi les
[servantes,
si jamais, irritée, ta maîtresse ne se met en colère contre
[toi
ou bien si Ulysse revient car il reste encore une part
[d'espoir !
mais s'il a péri et que vain soit son retour,
désormais son fils est là, tel par la volonté d'Apollon,
Télémaque, à qui dans son palais n'échappe
aucune des fautes des femmes car il n'est plus un
[enfant ! »
Il parla ainsi et la sage Pénélope l'entendit ;
elle prit à partie sa servante en lui adressant ces mots :
« Effrontée, chienne audacieuse, rien ne m'a échappé de
[ce que tu as fait,
grave forfait que tu paieras de ta tête !
car tu le sais très bien, tu l'as entendu de ma propre
[bouche,
que je voulais dans mes appartements
interroger l'étranger au sujet de mon époux, tant je suis
[affligée ! »
Elle parla ainsi et dit ces paroles à son intendante Eurynomé :
« Eurynomé, apporte un siège avec dessus une toison
afin qu'assis me parle et m'écoute
l'étranger : je veux l'interroger. »
Elle dit et vite celle-ci alla chercher
un beau siège et jeta dessus une toison.
C'est là que s'assit l'endurant, le divin Ulysse.
Commença à parler la sage Pénélope :
« Étranger, je voudrais tout d'abord te poser cette question :

τίς πόθεν εἰς ἀνδρῶν; πόθι τοι πόλις ἠδὲ τοκῆες; ».
τὴν δ' ἀπαμειβόμενος προσέφη πολύμητις Ὀδυσσεύς·
« ὦ γύναι, οὐκ ἄν τίς σε βροτῶν ἐπ' ἀπείρονα γαῖαν
νεικέοι· ἦ γάρ σευ κλέος οὐρανὸν εὐρὺν ἱκάνει,
ὥς τέ τευ ἢ βασιλῆος ἀμύμονος, ὅς τε θεουδὴς
ἀνδράσιν ἐν πολλοῖσι καὶ ἰφθίμοισιν ἀνάσσων
εὐδικίας ἀνέχησι, φέρησι δὲ γαῖα μέλαινα
πυροὺς καὶ κριθάς, βρίθησι δὲ δένδρεα καρπῷ,
τίκτῃ δ' ἔμπεδα μῆλα, θάλασσα δὲ παρέχῃ ἰχθῦς
ἐξ εὐηγεσίης, ἀρετῶσι δὲ λαοὶ ὑπ' αὐτοῦ.
τῶ ἐμὲ νῦν τὰ μὲν ἄλλα μετάλλα σῷ ἐνὶ οἴκῳ,
μηδ' ἐμὸν ἐξερέεινε γένος καὶ πατρίδα γαῖαν,
μή μοι μᾶλλον θυμὸν ἐνιπλήσῃς ὀδυνάων
μνησαμένῳ· μάλα δ' εἰμὶ πολύστονος· οὐδέ τί με χρὴ
οἴκῳ ἐν ἀλλοτρίῳ γοόωντά τε μυρόμενόν τε
ἧσθαι, ἐπεὶ κάκιον πενθήμεναι ἄκριτον αἰεί·
μή τίς μοι δμῳῶν νεμεσήσεται ἠὲ σύ γ' αὐτή,
φῇ δὲ δακρυπλώειν βεβαρηότα με φρένας οἴνῳ ».
τὸν δ' ἠμείβετ' ἔπειτα περίφρων Πηνελόπεια·
« ξεῖν', ἦ τοι μὲν ἐμὴν ἀρετὴν εἶδός τε δέμας τε
ὤλεσαν ἀθάνατοι, ὅτε Ἴλιον εἰσανέβαινον
Ἀργεῖοι, μετὰ τοῖσι δ' ἐμὸς πόσις ἦεν Ὀδυσσεύς.
εἰ κεῖνός γ' ἐλθὼν τὸν ἐμὸν βίον ἀμφιπολεύοι,
μεῖζόν κε κλέος εἴη ἐμὸν καὶ κάλλιον οὕτω.
νῦν δ' ἄχομαι· τόσα γάρ μοι ἐπέσσευεν κακὰ δαίμων.

qui es-tu ? d'où viens-tu ? quelle est ta cité et qui sont tes [parents ? »
Alors lui répondit Ulysse aux mille ruses :
« Ô femme, aucun mortel sur la terre infinie
ne te blâmerait ! ta gloire assurément touche au vaste ciel,
comme celle d'un roi irréprochable, qui craignant les [dieux
et régnant sur des hommes nombreux et puissants
soutient le bon droit ! et la terre noire porte
le froment et l'orge, les arbres sont lourds de fruits,
le bétail est fécond et la mer donne du poisson,
grâce à son bon gouvernement ; et les peuples prospèrent [sous lui !
Aujourd'hui en ta demeure, interroge-moi donc sur tout [autre chose !
mais ne me demande ni ma race ni ma patrie,
afin de ne pas, en mon cœur, ajouter à mon comble de [souffrances
en évoquant en moi le souvenir ! car j'ai beaucoup souffert [et il ne faut
que je reste assis à gémir et à pleurer en la demeure [d'autrui,
puisque rien n'est pire que de souffrir sans cesse !
afin aussi qu'aucune de tes servantes ou bien toi-même ne [vienne à s'irriter
et ne dise que dans les larmes je baigne, l'esprit alourdi [par le vin. »
Lui répondit alors la sage Pénélope :
« Étranger, oui ma beauté et ma valeur,
les dieux l'ont détruite lorsque pour Ilion embarquèrent
les Argiens ! et parmi eux était mon époux Ulysse...
Si celui-ci revenait et prenait soin de ma vie,
plus grande serait ma gloire et plus belle !
mais à présent je vis affligée, tant de maux précipite sur [moi un dieu !

ὅσσοι γὰρ νήσοισιν ἐπικρατέουσιν ἄριστοι,
Δουλιχίῳ τε Σάμῃ τε καὶ ὑλήεντι Ζακύνθῳ,
οἵ τ' αὐτὴν Ἰθάκην εὐδείελον ἀμφινέμονται,
οἵ μ' ἀεκαζομένην μνῶνται, τρύχουσι δὲ οἶκον.
τῶ οὔτε ξείνων ἐμπάζομαι οὔθ' ἱκετάων
οὔτε τι κηρύκων, οἳ δημιοεργοὶ ἔασιν·
ἀλλ' Ὀδυσῆ ποθέουσα φίλον κατατήκομαι ἦτορ.
οἱ δὲ γάμον σπεύδουσιν· ἐγὼ δὲ δόλους τολυπεύω.
φᾶρος μέν μοι πρῶτον ἐνέπνευσε φρεσὶ δαίμων
στησαμένῃ μέγαν ἱστὸν ἐνὶ μεγάροισιν ὑφαίνειν,
λεπτὸν καὶ περίμετρον· ἄφαρ δ' αὐτοῖς μετέειπον·
“ κοῦροι, ἐμοὶ μνηστῆρες, ἐπεὶ θάνε δῖος Ὀδυσσεύς,
μίμνετ' ἐπειγόμενοι τὸν ἐμὸν γάμον, εἰς ὅ κε φᾶρος
ἐκτελέσω, μή μοι μεταμώνια νήματ' ὄληται,
Λαέρτῃ ἥρωϊ ταφήϊον, εἰς ὅτε κέν μιν
μοῖρ' ὀλοὴ καθέλῃσι τανηλεγέος θανάτοιο·
μή τίς μοι κατὰ δῆμον Ἀχαιϊάδων νεμεσήσῃ,
αἴ κεν ἄτερ σπείρου κεῖται πολλὰ κτεατίσσας ”.
ὣς ἐφάμην, τοῖσιν δ' ἐπεπείθετο θυμὸς ἀγήνωρ.
ἔνθα καὶ ἠματίη μὲν ὑφαίνεσκον μέγαν ἱστόν,
νύκτας δ' ἀλλύεσκον, ἐπὴν δαΐδας παραθείμην.
ὣς τρίετες μὲν ἔληθον ἐγὼ καὶ ἔπειθον Ἀχαιούς·
ἀλλ' ὅτε τέτρατον ἦλθεν ἔτος καὶ ἐπήλυθον ὧραι,
μηνῶν φθινόντων, περὶ δ' ἤματα πόλλ' ἐτελέσθη,
καὶ τότε δή με διὰ δμῳάς, κύνας οὐκ ἀλεγούσας,
εἷλον ἐπελθόντες καὶ ὁμόκλησαν ἐπέεσσιν.
ὣς τὸ μὲν ἐξετέλεσσα καὶ οὐκ ἐθέλουσ', ὑπ' ἀνάγκης·

car tous les nobles qui dominent sur les îles,
à Doulichion, à Samé et sur la boisée Zante,
ceux qui habitent la claire Ithaque même,
me courtisent malgré moi et ruinent ma maison ;
c'est pourquoi je ne prends plus soin ni des étrangers ni
[des suppliants,
ni des hérauts au service du peuple,
mais pleine du regret d'Ulysse, je me consume en mon
[cœur ;
eux pressent mon mariage mais moi j'ourdis mes ruses.
Un dieu m'inspira tout d'abord de dresser
un grand métier dans mes appartements et de tisser
une toile fine et large ; et aussitôt je leur dis :
“ Jeunes gens, mes prétendants, puisqu'est mort le divin
[Ulysse,
ne hâtez plus mon mariage et attendez,
pour que n'en soit perdu le fil, que je finisse ma toile,
le linceul du héros Laërte, pour le jour où
le couchera la funeste moire de la mort douloureuse ;
afin qu'aucune des Achéennes parmi le peuple ne s'indigne
qu'il repose sans vêtement, lui qui possédait tant de
[biens ! ”
Je parlai ainsi et eux, dans leur cœur vaillant, m'écoutèrent.
Alors, le jour, je tissais la grande toile
et la nuit la défaisais, sous les torches ;
trois ans ainsi je pus dissimuler et trompai les Achéens ;
mais quand arriva la quatrième année et que revinrent les
[saisons,
les mois ayant passé, de nombreux jours s'étant écoulés,
voici qu'à cause de servantes, chiennes impitoyables,
survenant ils me surprirent et me prirent à partie.
C'est ainsi que j'achevai la toile, bien malgré moi et par
[contrainte.

νῦν δ' οὔτ' ἐκφυγέειν δύναμαι γάμον οὔτε τιν' ἄλλην
μῆτιν ἔθ' εὑρίσκω· μάλα δ' ὀτρύνουσι τοκῆες
γήμασθ', ἀσχαλάᾳ δὲ πάϊς βίοτον κατεδόντων,
γιγνώσκων· ἤδη γὰρ ἀνὴρ οἷός τε μάλιστα
οἴκου κήδεσθαι, τῷ τε Ζεὺς ὄλβον ὀπάζει.
ἀλλὰ καὶ ὥς μοι εἰπὲ τεὸν γένος, ὁππόθεν ἐσσί·
οὐ γὰρ ἀπὸ δρυός ἐσσι παλαιφάτου οὐδ' ἀπὸ πέτρης ».
τὴν δ' ἀπαμειβόμενος προσέφη πολύμητις Ὀδυσσεύς·
« ὦ γύναι αἰδοίη Λαερτιάδεω Ὀδυσῆος,
οὐκέτ' ἀπολλήξεις τὸν ἐμὸν γόνον ἐξερέουσα;
ἀλλ' ἔκ τοι ἐρέω. ἦ μέν μ' ἀχέεσσί γε δώσεις
πλείοσιν ἢ ἔχομαι· ἡ γὰρ δίκη, ὁππότε πάτρης
ἧς ἀπέῃσιν ἀνὴρ τόσσον χρόνον ὅσσον ἐγὼ νῦν,
πολλὰ βροτῶν ἐπὶ ἄστε' ἀλώμενος, ἄλγεα πάσχων.
ἀλλὰ καὶ ὧς ἐρέω ὅ μ' ἀνείρεαι ἠδὲ μεταλλᾷς.
Κρήτη τις γαῖ' ἔστι μέσῳ ἐνὶ οἴνοπι πόντῳ,
καλὴ καὶ πίειρα, περίρρυτος· ἐν δ' ἄνθρωποι
πολλοὶ ἀπειρέσιοι, καὶ ἐννήκοντα πόληες –
ἄλλη δ' ἄλλων γλῶσσα μεμιγμένη· ἐν μὲν Ἀχαιοί,
ἐν δ' Ἐτεόκρητες μεγαλήτορες, ἐν δὲ Κύδωνες
Δωριέες τε τριχάϊκες δῖοί τε Πελασγοί –·
τῇσι δ' ἐνὶ Κνωσός, μεγάλη πόλις, ἔνθα τε Μίνως
ἐννέωρος βασίλευε Διὸς μεγάλου ὀαριστής,
πατρὸς ἐμοῖο πατήρ, μεγαθύμου Δευκαλίωνος.
Δευκαλίων δ' ἐμὲ τίκτε καὶ Ἰδομενῆα ἄνακτα·
ἀλλ' ὁ μὲν ἐν νήεσσι κορωνίσιν Ἴλιον εἴσω
ᾤχεθ' ἅμ' Ἀτρεΐδῃσιν· ἐμοὶ δ' ὄνομα κλυτὸν Αἴθων,
ὁπλότερος γενεῇ· ὁ δ' ἄρα πρότερος καὶ ἀρείων.
ἔνθ' Ὀδυσῆα ἐγὼν ἰδόμην καὶ ξείνια δῶκα.

À présent, je ne puis plus fuir le mariage ni trouver
d'autre expédient ; mes parents me poussent
à prendre un mari et mon fils s'inquiète de voir manger
[son bien,
car il comprend tout : il est déjà un homme, tout à fait
[en mesure
de s'occuper de sa maison, et Zeus lui a donné la richesse ;
mais toi aussi, dis-moi quelle est ta race et d'où tu viens
car tu n'est pas né du chêne ou du rocher de la légende ! »
Lui répondit Ulysse aux mille ruses :
« Ô femme vénérable d'Ulysse fils de Laërte,
tu ne cesseras donc pas de me demander ma race ?
Je te la dirai ; et assurément tu ajouteras aux nombreuses
[peines
dont je souffre ; car c'est le sort de l'homme
qui aussi longtemps que moi reste éloigné de sa patrie,
après avoir erré parmi de nombreuses cités et souffert
[tant de maux.
Je te dirai néanmoins ce que tu me demandes.
Il est une terre, la Crète, au milieu de la mer couleur de
[vin,
belle et riche, entourée par les flots ; des hommes y sont
en nombre infini ainsi que quatre-vingt-dix cités ;
les langues des uns et des autres s'y mêlent : les Achéens,
les Étéocrétois magnanimes, les Cydoniens,
les trois tribus de Doriens et les divins Pélasges ;
parmi ces villes se trouve Cnossos, grande cité où Minos,
confident du grand Zeus, régna par périodes de neuf ans,
il était le père de mon père, le magnanime Deucalion ;
Deucalion m'engendra et le roi Idoménée ;
lui cependant partit pour Ilion sur les navires recourbés,
avec les Atrides ; Éthon est mon nom illustre,
et je suis le cadet ; lui est le premier et le meilleur !
Là, je vis Ulysse et lui donnai l'hospitalité ;

καὶ γὰρ τὸν Κρήτηνδε κατήγαγεν ἲς ἀνέμοιο
ἱέμενον Τροίηνδε, παραπλάγξασα Μαλειῶν·
στῆσε δ' ἐν 'Αμνισῷ, ὅθι τε σπέος Εἰλειθυίης,
ἐν λιμέσιν χαλεποῖσι, μόγις δ' ὑπάλυξεν ἀέλλας.
αὐτίκα δ' 'Ιδομενῆα μετάλλα ἄστυδ' ἀνελθών·
ξεῖνον γάρ οἱ ἔφασκε φίλον τ' ἔμεν αἰδοῖόν τε.
τῷ δ' ἤδη δεκάτη ἢ ἑνδεκάτη πέλεν ἠὼς
οἰχομένῳ σὺν νηυσὶ κορωνίσιν Ἴλιον εἴσω.
τὸν μὲν ἐγὼ πρὸς δώματ' ἄγων ἐῢ ἐξείνισσα,
ἐνδυκέως φιλέων, πολλῶν κατὰ οἶκον ἐόντων·
καί οἱ τοῖς ἄλλοισ' ἑτάροισ', οἳ ἅμ' αὐτῷ ἕποντο,
δημόθεν ἄλφιτα δῶκα καὶ αἴθοπα οἶνον ἀγείρας
καὶ βοῦς ἱρεύσασθαι, ἵνα πλησαίατο θυμόν.
ἔνθα δυώδεκα μὲν μένον ἤματα δῖοι 'Αχαιοί·
εἶλει γὰρ βορέης ἄνεμος μέγας οὐδ' ἐπὶ γαίῃ
εἴα ἵστασθαι, χαλεπὸς δέ τις ὤρορε δαίμων·
τῇ τρεισκαιδεκάτῃ δ' ἄνεμος πέσε, τοὶ δ' ἀνάγοντο ».
Ἴσκε ψεύδεα πολλὰ λέγων ἐτύμοισιν ὁμοῖα·
τῆς δ' ἄρ' ἀκουούσης ῥέε δάκρυα, τήκετο δὲ χρώς.
ὡς δὲ χιὼν κατατήκετ' ἐν ἀκροπόλοισιν ὄρεσσιν,
ἥν τ' εὖρος κατέτηξεν, ἐπὴν ζέφυρος καταχεύῃ,
τηκομένης δ' ἄρα τῆς ποταμοὶ πλήθουσι ῥέοντες·
ὣς τῆς τήκετο καλὰ παρήϊα δάκρυ χεούσης,
κλαιούσης ἑὸν ἄνδρα, παρήμενον. αὐτὰρ 'Οδυσσεὺς
θυμῷ μὲν γοόωσαν ἑὴν ἐλέαιρε γυναῖκα,
ὀφθαλμοὶ δ' ὡς εἰ κέρα ἕστασαν ἠὲ σίδηρος
ἀτρέμας ἐν βλεφάροισι· δόλῳ δ' ὅ γε δάκρυα κεῦθεν.
ἡ δ' ἐπεὶ οὖν τάρφθη πολυδακρύτοιο γόοιο,
ἐξαῦτίς μιν ἔπεσσιν ἀμειβομένη προσέειπε·

car la violence du vent l'avait poussé vers la Crète,
alors qu'il faisait route vers Ilion, et l'avait détourné de
[Malée ;
il s'arrêta à Amnisos, où se trouve la grotte d'Ilythie,
dans un port d'approche difficile et c'est à grand-peine
[qu'il échappa à la tempête ;
il monta à la ville et demanda aussitôt Idoménée ;
il disait qu'il était son hôte et son ami respecté ;
mais c'était déjà la dixième ou la onzième aurore
que celui-ci était parti pour Ilion sur les bateaux recourbés.
Je le conduisis donc en ma demeure et lui offris l'hospitalité,
l'accueillant avec amitié car je disposais de beaucoup dans
[ma maison ;
à lui et à tous les compagnons qui étaient à sa suite,
je donnai de l'orge et du vin couleur de feu, après l'avoir
[collecté parmi le peuple,
ainsi que des bœufs à immoler afin de rassasier leur cœur.
Les divins Achéens restèrent là douze jours.
Un fort Borée les retenait ; même à terre
on ne pouvait tenir debout : un dieu hostile l'avait suscité.
Le treizième jour, le vent tomba et ils prirent le large. »
Tous ces mensonges, il les rendait semblables au vrai.
Et elle, en écoutant, sanglotait, sa peau fondait.
De même que fond la neige sur les hautes montagnes,
qu'Euros fait fondre après que Zéphire l'a amoncelée,
et de la fonte des neiges grossissent les fleuves qui coulent,
de même, fondaient les belles joues de Pénélope qui
[versait des larmes,
et elle pleurait son époux, qui était à ses côtés ; et Ulysse
en son cœur prenait pitié de sa femme gémissante
mais ses yeux restaient comme de corne ou de fer,
immobiles en ses paupières : par ruse, il cachait ses larmes.
Quand elle fut rassasiée de pleurer et de gémir,
elle lui répondit par ces mots :

« νῦν μὲν δή σευ ξεῖνέ γ' ὀΐω πειρήσεσθαι,
εἰ ἐτεὸν δὴ κεῖθι σὺν ἀντιθέοισ' ἑτάροισι
ξείνισας ἐν μεγάροισιν ἐμὸν πόσιν, ὡς ἀγορεύεις.
εἰπέ μοι, ὁπποῖ' ἄσσα περὶ χροῒ εἵματα ἕστο,
αὐτός θ' οἷος ἔην, καὶ ἑταίρους, οἵ οἱ ἕποντο ».
τὴν δ' ἀπαμειβόμενος προσέφη πολύμητις Ὀδυσσεύς·
« ὦ γύναι, ἀργαλέον τόσσον χρόνον ἀμφὶς ἐόντα
εἰπέμεν· ἤδη γάρ μοι ἐεικοστὸν ἔτος ἐστίν,
ἐξ οὗ κεῖθεν ἔβη καὶ ἐμῆς ἀπελήλυθε πάτρης·
αὐτάρ τοι ἐρέω, ὥς μοι ἰνδάλλεται ἦτορ.
χλαῖναν πορφυρέην οὔλην ἔχε δῖος Ὀδυσσεύς,
διπλῆν· ἐν δ' ἄρα οἱ περόνη χρυσοῖο τέτυκτο
αὐλοῖσιν διδύμοισι· πάροιθε δὲ δαίδαλον ἦεν·
ἐν προτέροισι πόδεσσι κύων ἔχε ποικίλον ἐλλόν,
ἀσπαίροντα λάων· τὸ δὲ θαυμάζεσκον ἅπαντες,
ὡς οἱ χρύσεοι ἐόντες ὁ μὲν λάε νεβρὸν ἀπάγχων,
αὐτὰρ ὁ ἐκφυγέειν μεμαὼς ἤσπαιρε πόδεσσι.
τὸν δὲ χιτῶν' ἐνόησα περὶ χροῒ σιγαλόεντα,
οἷόν τε κρομύοιο λοπὸν κάτα ἰσχαλέοιο·
τὼς μὲν ἔην μαλακός, λαμπρὸς δ' ἦν ἠέλιος ὥς.
ἦ μὲν πολλαί γ' αὐτὸν ἐθηήσαντο γυναῖκες.
ἄλλο δέ τοι ἐρέω, σὺ δ' ἐνὶ φρεσὶ βάλλεο σῇσιν·
οὐκ οἶδ', ἢ τάδε ἕστο περὶ χροῒ οἴκοθ' Ὀδυσσεύς,
ἤ τις ἑταίρων δῶκε θοῆς ἐπὶ νηὸς ἰόντι
ἤ τίς που καὶ ξεῖνος, ἐπεὶ πολλοῖσιν Ὀδυσσεὺς
ἔσκε φίλος· παῦροι γὰρ Ἀχαιῶν ἦσαν ὁμοῖοι.

« Étranger, je vais maintenant te mettre à l'épreuve,
pour savoir s'il est vrai que là-bas en ta demeure, avec ses
[compagnons semblables aux dieux,
tu accueillis comme hôte mon époux, comme tu le racontes.
Dis-moi donc quels étaient les vêtements qu'il portait sur
[lui,
comment il était lui-même, et quels étaient les compagnons
[qui le suivaient ! »
Lui répondit Ulysse aux mille ruses :
« Ô femme, c'est difficile à dire, tant de temps a passé...
cela fait déjà vingt ans
qu'il est parti et qu'il a quitté ma patrie !
Je te dirai cependant ce qui me semble en mon cœur.
Le divin Ulysse portait un manteau de pourpre,
un double manteau de laine ; une agrafe d'or y était fixée,
à double trou ; dessus, une vraie œuvre d'art apparaissait :
entre ses pattes de devant, un chien tenait un faon tacheté,
et le regardait se débattre ; et tous nous nous
[émerveillions
qu'ils fussent en or, l'un qui regardait le faon en le
[serrant,
l'autre qui de ses pattes se débattait pour tenter de fuir.
Je remarquai la tunique qui brillait sur sa peau,
telle la pelure d'un oignon sec,
tant elle était douce, et lumineuse comme le soleil !
si nombreuses étaient les femmes qui l'admiraient !
Mais je te dirai autre chose et toi, mets-le bien dans ton
[esprit !
Je ne sais si Ulysse était déjà ainsi vêtu chez lui,
ou si lui en fit don l'un de ses compagnons sur sa nef
[rapide,
ou peut-être encore l'un de ses hôtes, car Ulysse
avait beaucoup d'amis et peu d'hommes parmi les
[Achéens lui étaient comparables ;

καί οἱ ἐγὼ χάλκειον ἄορ καὶ δίπλακα δῶκα
καλὴν πορφυρέην καὶ τερμιόεντα χιτῶνα,
αἰδοίως δ' ἀπέπεμπον ἐϋσσέλμου ἐπὶ νηός.
καὶ μέν οἱ κῆρυξ ὀλίγον προγενέστερος αὐτοῦ
εἵπετο· καὶ τόν τοι μυθήσομαι, οἷος ἔην περ·
γυρὸς ἐν ὤμοισιν, μελανόχροος, οὐλοκάρηνος,
Εὐρυβάτης δ' ὄνομ' ἔσκε· τίεν δέ μιν ἔξοχον ἄλλων
ὧν ἑτάρων 'Οδυσεύς, ὅτι οἱ φρεσὶν ἄρτια ᾔδη ».
ὣς φάτο, τῇ δ' ἔτι μᾶλλον ὑφ' ἵμερον ὦρσε γόοιο
σήματ' ἀναγνούσῃ, τά οἱ ἔμπεδα πέφραδ' 'Οδυσσεύς.
ἡ δ' ἐπεὶ οὖν τάρφθη πολυδακρύτοιο γόοιο,
καὶ τότε μιν μύθοισιν ἀμειβομένη προσέειπε·
« νῦν μὲν δή μοι, ξεῖνε, πάρος περ ἐὼν ἐλεεινός,
ἐν μεγάροισιν ἐμοῖσι φίλος τ' ἔσῃ αἰδοῖός τε·
αὐτὴ γὰρ τάδε εἵματ' ἐγὼ πόρον, οἷ' ἀγορεύεις,
πτύξασ' ἐκ θαλάμου, περόνην τ' ἐπέθηκα φαεινὴν
κείνῳ ἄγαλμ' ἔμεναι. τὸν δ' οὐχ ὑποδέξομαι αὖτις
οἴκαδε νοστήσαντα φίλην ἐς πατρίδα γαῖαν.
τῶ ῥα κακῇ αἴσῃ κοίλης ἐπὶ νηὸς 'Οδυσσεὺς
ᾤχετ' ἐποψόμενος Κακοΐλιον οὐκ ὀνομαστήν ».
τὴν δ' ἀπαμειβόμενος προσέφη πολύμητις 'Οδυσσεύς·
« ὦ γύναι αἰδοίη Λαερτιάδεω 'Οδυσῆος,
μηκέτι νῦν χρόα καλὸν ἐναίρεο μηδέ τι θυμὸν
τῆκε πόσιν γοόωσα. νεμεσσῶμαί γε μὲν οὐδέν·
καὶ γάρ τίς τ' ἀλλοῖον ὀδύρεται ἄνδρ' ὀλέσασα
κουρίδιον, τῷ τέκνα τέκῃ φιλότητι μιγεῖσα,
ἢ 'Οδυσῆ', ὅν φασι θεοῖσ' ἐναλίγκιον εἶναι.
ἀλλὰ γόου μὲν παῦσαι, ἐμεῖο δὲ σύνθεο μῦθον·

moi-même lui fis don d'une épée de bronze et d'un beau
[manteau double,
de pourpre, ainsi que d'une tunique ornée d'une bordure ;
et je l'escortai avec honneur jusqu'à son navire aux bancs
[solides.
Un héraut le suivait, un peu plus âgé que lui,
et voici comment il était :
il avait le dos voûté, la peau sombre, les cheveux crépus ;
son nom était Eurybate ; Ulysse l'estimait par-dessus
tous ses autres compagnons car ils s'accordaient par la
[pensée. »
Il parla ainsi et en elle monta encore plus le désir de pleurer,
car elle reconnaissait les signes sûrs que lui révélait Ulysse.
Après s'être rassasiée de pleurer et de gémir,
elle lui répondit par ces mots :
« À présent, étranger, toi qui auparavant me faisais pitié,
tu seras dans ma demeure un ami respecté !
moi-même en effet lui donnai les vêtements dont tu
[parles,
les tirant de la chambre et les pliant ; c'est moi qui lui mis
[cette agrafe,
en guise de bijou ; mais lui, je ne l'accueillerai plus
à son retour dans sa patrie !
Ainsi, par un sort funeste, Ulysse partit sur sa nef creuse,
pour voir l'Ilion de malheur, celle qu'on ne doit point
[nommer ! »
Lui répondit Ulysse aux mille ruses :
« Ô femme vénérable du fils de Laërte Ulysse,
n'abîme plus ta belle peau, ne consume plus ton cœur
à pleurer ton époux ! Je ne te blâme en rien,
car elle crie sa douleur celle qui a perdu son mari légitime,
à qui elle donna des enfants dans l'union d'amour,
fût-il différent d'Ulysse qu'on dit égal aux dieux !
Mais cesse de pleurer et écoute-moi :

νημερτέως γάρ τοι μυθήσομαι οὐδ᾽ ἐπικεύσω,
ὡς ἤδη Ὀδυσῆος ἐγὼ περὶ νόστου ἄκουσα
ἀγχοῦ, Θεσπρωτῶν ἀνδρῶν ἐν πίονι δήμῳ,
ζωοῦ· αὐτὰρ ἄγει κειμήλια πολλὰ καὶ ἐσθλά,
αἰτίζων ἀνὰ δῆμον. ἀτὰρ ἐρίηρας ἑταίρους
ὤλεσε καὶ νῆα γλαφυρὴν ἐνὶ οἴνοπι πόντῳ,
Θρινακίης ἄπο νήσου ἰών· ὀδύσαντο γὰρ αὐτῷ
Ζεύς τε καὶ Ἠέλιος· τοῦ γὰρ βόας ἔκταν ἑταῖροι.
οἱ μὲν πάντες ὄλοντο πολυκλύστῳ ἐνὶ πόντῳ·
τὸν δ᾽ ἄρ᾽ ἐπὶ τρόπιος νηὸς βάλε κῦμ᾽ ἐπὶ χέρσου,
Φαιήκων ἐς γαῖαν, οἳ ἀγχίθεοι γεγάασιν·
οἳ δή μιν περὶ κῆρι θεὸν ὣς τιμήσαντο
καί οἱ πολλὰ δόσαν πέμπειν τέ μιν ἤθελον αὐτοὶ
οἴκαδ᾽ ἀπήμαντον. καί κεν πάλαι ἐνθάδ᾽ Ὀδυσσεὺς
ἤην· ἀλλ᾽ ἄρα οἱ τό γε κέρδιον εἴσατο θυμῷ,
χρήματ᾽ ἀγυρτάζειν πολλὴν ἐπὶ γαῖαν ἰόντι·
ὣς περὶ κέρδεα πολλὰ καταθνητῶν ἀνθρώπων
οἶδ᾽ Ὀδυσεύς, οὐδ᾽ ἄν τις ἐρίσσειε βροτὸς ἄλλος.
ὥς μοι Θεσπρωτῶν βασιλεὺς μυθήσατο Φείδων·
ὤμνυε δὲ πρὸς ἔμ᾽ αὐτόν, ἀποσπένδων ἐνὶ οἴκῳ,
νῆα κατειρύσθαι καὶ ἐπαρτέας ἔμμεν ἑταίρους,
οἳ δή μιν πέμψουσι φίλην ἐς πατρίδα γαῖαν.
ἀλλ᾽ ἐμὲ πρὶν ἀπέπεμψε· τύχησε γὰρ ἐρχομένη νηῦς
ἀνδρῶν Θεσπρωτῶν ἐς Δουλίχιον πολύπυρον.
καί μοι κτήματ᾽ ἔδειξεν, ὅσα ξυναγείρατ᾽ Ὀδυσσεύς·
καί νύ κεν ἐς δεκάτην γενεὴν ἕτερόν γ᾽ ἔτι βόσκοι·
τόσσα οἱ ἐν μεγάροις κειμήλια κεῖτο ἄνακτος.
τὸν δ᾽ ἐς Δωδώνην φάτο βήμεναι, ὄφρα θεοῖο

je te parlerai en vérité, je ne te cacherai rien.
J'ai moi-même entendu parler du retour d'Ulysse,
non loin d'ici, au pays fertile des Thesprotes.
Il est vivant, et il ramène quantité de trésors magnifiques,
récoltés dans le pays ; il a perdu cependant ses fidèles [compagnons
et sa nef creuse sur la mer couleur de vin
en revenant de l'île de Thrinacie ; les avaient pris en haine
Zeus et le Soleil dont ses compagnons avaient tué les [vaches ;
et tous périrent dans la mer agitée.
Lui, réfugié sur la quille de son navire, fut jeté par les [flots sur la terre ferme,
au pays des Phéaciens proches des dieux.
Ceux-ci dans leur cœur l'honorèrent à l'égal d'un dieu ;
ils lui firent de nombreux présents et voulaient le ramener
chez lui sain et sauf ; Ulysse serait ici depuis longtemps !
mais il lui sembla préférable
de ramasser des richesses en parcourant longuement la [terre,
tant, plus que les autres hommes,
Ulysse connaît de moyens avantageux : aucun mortel ne [peut rivaliser avec lui !
Voilà ce que me dit Phidon, le roi des Thesprotes.
Il me jura, alors qu'il faisait des libations dans sa demeure,
que le navire était déjà tiré et l'équipage prêt
pour le ramener dans sa patrie ;
mais il me congédia avant : il se trouvait qu'un vaisseau
Thesprote allait à Doulichion riche en froment.
Il me montra toutes les richesses qu'Ulysse avait accumulées :
elles nourriraient deux hommes jusqu'à la dixième [génération !
Tous ces trésors gisaient dans la demeure du roi.
Il dit qu'il était allé à Dodone, afin d'entendre

ἐκ δρυὸς ὑψικόμοιο Διὸς βουλὴν ἐπακούσαι,
ὅππως νοστήσειε φίλην ἐς πατρίδα γαῖαν,
ἤδη δὴν ἀπεών, ἢ ἀμφαδὸν ἦε κρυφηδόν.
ὣς ὁ μὲν οὕτως ἐστὶ σόος καὶ ἐλεύσεται ἤδη
ἄγχι μάλ', οὐδ' ἔτι τῆλε φίλων καὶ πατρίδος αἴης
δηρὸν ἀπεσσεῖται· ἔμπης δέ τοι ὅρκια δώσω.
ἴστω νῦν Ζεὺς πρῶτα, θεῶν ὕπατος καὶ ἄριστος,
ἱστίη τ' Ὀδυσῆος ἀμύμονος, ἣν ἀφικάνω·
ἦ μέν τοι τάδε πάντα τελείεται ὡς ἀγορεύω.
τοῦδ' αὐτοῦ λυκάβαντος ἐλεύσεται ἐνθάδ' Ὀδυσσεύς,
τοῦ μὲν φθίνοντος μηνός, τοῦ δ' ἱσταμένοιο ».
τὸν δ' αὖτε προσέειπε περίφρων Πηνελόπεια·
« αἲ γὰρ τοῦτο, ξεῖνε, ἔπος τετελεσμένον εἴη·
τῶ κε τάχα γνοίης φιλότητά τε πολλά τε δῶρα
ἐξ ἐμεῦ, ὡς ἄν τίς σε συναντόμενος μακαρίζοι.
ἀλλά μοι ὧδ' ἀνὰ θυμὸν ὀΐεται, ὡς ἔσεταί περ·
οὔτ' Ὀδυσεὺς ἔτι οἶκον ἐλεύσεται, οὔτε σὺ πομπῆς
τεύξῃ, ἐπεὶ οὐ τοῖοι σημάντορές εἰσ' ἐνὶ οἴκῳ,
οἷος Ὀδυσσεὺς ἔσκε μετ' ἀνδράσιν, εἴ ποτ' ἔην γε,
ξείνους αἰδοίους ἀποπεμπέμεν ἠδὲ δέχεσθαι.
ἀλλά μιν, ἀμφίπολοι, ἀπονίψατε, κάτθετε δ' εὐνήν,
δέμνια καὶ χλαίνας καὶ ῥήγεα σιγαλόεντα,
ὥς κ' εὖ θαλπιόων χρυσόθρονον Ἠῶ ἵκηται.
ἠῶθεν δὲ μάλ' ἦρι λοέσσαι τε χρῖσαί τε,
ὥς κ' ἔνδον παρὰ Τηλεμάχῳ δείπνοιο μέδηται

du chêne divin au haut feuillage la volonté de Zeus,
et savoir comment il devait rentrer dans sa patrie
après sa longue absence : soit à découvert, soit caché.
Ainsi il est sauf et désormais reviendra
très vite ; il ne restera plus longtemps loin des siens et de
[la terre de ses pères !
en tout cas je t'en fais le serment :
qu'à présent Zeus le premier en soit témoin, lui le plus
[haut et le meilleur des dieux,
ainsi que le foyer de l'irréprochable Ulysse auprès duquel
[je suis venu,
tout s'accomplira comme je le dis,
cette lune même arrivera ici Ulysse,
quand le mois finira et que l'autre commencera ! »
Alors lui dit la sage Pénélope :
« Si seulement, étranger, cette parole s'accomplissait !
tu connaîtrais alors bien vite mon amitié et les nombreux
[dons
que je te ferais, si bien que te dirait heureux celui qui te
[rencontrerait !
Mais voilà ce qu'au fond de mon cœur, je pense qu'il
[adviendra :
Ulysse ne reviendra chez lui ni toi tu n'obtiendras
d'être raccompagné ! car en cette maison ne se trouve
[plus de chef
tel que parmi les hommes l'était Ulysse, si jamais il en fut,
pour accueillir et ramener les étrangers vénérables !
Mais, servantes, lavez-le et préparez une couche,
un lit, des manteaux, des couvertures brillantes,
afin que bien au chaud il attende Aurore au trône d'or !
Au point du jour, de bonne heure, qu'il soit baigné et oint,
pour qu'à l'intérieur du palais il puisse prendre son repas
[à côté de Télémaque,

ἥμενος ἐν μεγάρῳ. τῷ δ' ἄλγιον, ὅς κεν ἐκείνων
τοῦτον ἀνιάζῃ θυμοφθόρος· οὐδέ τι ἔργον
ἐνθάδ' ἔτι πρήξει, μάλα περ κεχολωμένος αἰνῶς.
πῶς γὰρ ἐμεῦ σύ, ξεῖνε, δαήσεαι, εἴ τι γυναικῶν
ἀλλάων περίειμι νόον καὶ ἐπίφρονα μῆτιν,
εἴ κεν ἀϋσταλέος, κακὰ εἱμένος ἐν μεγάροισι
δαινύῃ; ἄνθρωποι δὲ μινυνθάδιοι τελέθουσιν.
ὃς μὲν ἀπηνὴς αὐτὸς ἔῃ καὶ ἀπηνέα εἰδῇ,
τῷ δὲ καταρῶνται πάντες βροτοὶ ἄλγε' ὀπίσσω
ζωῷ, ἀτὰρ τεθνεῶτί γ' ἐφεψιόωνται ἅπαντες·
ὃς δ' ἂν ἀμύμων αὐτὸς ἔῃ καὶ ἀμύμονα εἰδῇ,
τοῦ μέν τε κλέος εὐρὺ διὰ ξεῖνοι φορέουσι
πάντας ἐπ' ἀνθρώπους, πολλοί τέ μιν ἐσθλὸν ἔειπον ».

*

assis dans la salle ; et malheur au tourmenteur qui parmi [ceux-ci
viendrait à l'ennuyer ! ce serait la dernière chose
qu'il ferait ici, quand bien même sa colère serait terrible !
Comment donc, étranger, pourrais-tu savoir si sur les [autres femmes
je l'emporte par l'esprit et la sagesse,
si toi, sale, mal vêtu, tu prenais ton repas en ma demeure ?
La vie de l'homme est courte.
Celui qui est dur et qui agit avec dureté,
tous les mortels lui souhaitent de souffrir,
tant qu'il est en vie ; et à sa mort, tout le monde le couvre [de sarcasmes ;
celui qui est irréprochable et qui agit sans reproche,
les étrangers au loin répandent sa gloire
chez tous les hommes, et nombreux sont ceux qui le [disent noble !

*

« ξεῖνε, τὸ μέν σ' ἔτι τυτθὸν ἐγὼν εἰρήσομαι αὐτή·
καὶ γὰρ δὴ κοίτοιο τάχ' ἔσσεται ἡδέος ὥρη,
ὅν τινά γ' ὕπνος ἕλῃ γλυκερὸς καὶ κηδόμενόν περ.
αὐτὰρ ἐμοὶ καὶ πένθος ἀμέτρητον πόρε δαίμων·
ἤματα μὲν γὰρ τέρπομ' ὀδυρομένη γοόωσα,
ἔς τ' ἐμὰ ἔργ' ὁρόωσα καὶ ἀμφιπόλων ἐνὶ οἴκῳ·
αὐτὰρ ἐπὴν νὺξ ἔλθῃ, ἕλῃσί τε κοῖτος ἅπαντας,
κεῖμαι ἐνὶ λέκτρῳ, πυκιναὶ δέ μοι ἀμφ' ἀδινὸν κῆρ
ὀξεῖαι μελεδῶναι ὀδυρομένην ἐρέθουσιν.
ὡς δ' ὅτε Πανδαρέου κούρη, χλωρηῒς ἀηδών,
καλὸν ἀείδῃσιν ἔαρος νέον ἱσταμένοιο,
δενδρέων ἐν πετάλοισι καθεζομένη πυκινοῖσιν,
ἥ τε θαμὰ τρωπῶσα χέει πολυηχέα φωνήν,
παῖδ' ὀλοφυρομένη Ἴτυλον φίλον, ὅν ποτε χαλκῷ
κτεῖνε δι' ἀφραδίας, κοῦρον Ζήθοιο ἄνακτος·
ὣς καὶ ἐμοὶ δίχα θυμὸς ὀρώρεται ἔνθα καὶ ἔνθα,
ἠὲ μένω παρὰ παιδὶ καὶ ἔμπεδα πάντα φυλάσσω,
κτῆσιν ἐμήν, δμῳάς τε καὶ ὑψερεφὲς μέγα δῶμα,
εὐνήν τ' αἰδομένη πόσιος δήμοιό τε φῆμιν,
ἦ ἤδη ἅμ' ἕπωμαι, Ἀχαιῶν ὅς τις ἄριστος
μνᾶται ἐνὶ μεγάροισι, πορὼν ἀπερείσια ἕδνα.
παῖς δ' ἐμὸς ἕως μὲν ἔην ἔτι νήπιος ἠδὲ χαλίφρων,
γήμασθ' οὔ μ' εἴα πόσιος κατὰ δῶμα λιποῦσαν·
νῦν δ' ὅτε δὴ μέγας ἐστὶ καὶ ἥβης μέτρον ἱκάνει,
καὶ δή μ' ἀρᾶται πάλιν ἐλθέμεν ἐκ μεγάροιο,

« Étranger, je voudrais te questionner encore un peu.
Bientôt ce sera l'heure agréable du coucher
pour celui que le doux sommeil saisit, fût-il affligé.
Mais moi, c'est une immense douleur qu'un dieu m'a
[donnée en partage :
le jour, je me rassasie de souffrances en pleurant,
les yeux fixés sur mon travail et celui des servantes de la
[maison ;
et quand la nuit vient et que le sommeil saisit tous les
[hommes,
je reste étendue sur mon lit et des foules
de soucis aigus excitent mon cœur en peine !
Comme l'enfant de Pandoréos, le vert rossignol,
une fois le printemps de retour, entonne à nouveau son
[beau chant,
perché dans le feuillage épais des arbres ;
modulant souvent sa voix, il verse son chant sonore,
et pleure son fils Itylos, le fils du roi Zéthos, qu'autrefois
[par le bronze
il tua dans sa folie ;
ainsi, mon cœur est tiraillé en deux :
Devrais-je rester près de mon fils et veiller sur tout
[fermement,
sur mon bien, mes servantes, ma haute et vaste demeure,
respectant la couche de mon époux et l'opinion du
[peuple ?
Ou devrais-je désormais suivre des Achéens le meilleur
qui me courtise en ma demeure et m'offre des présents
[en nombre infini ?
Tant qu'il était un enfant et qu'il était sans jugement,
mon fils ne me laissait pas me marier ni quitter la
[maison ;
mais à présent qu'il est grand et qu'il a atteint l'âge mûr,
il me prie de quitter la demeure,

κτήσιος ἀσχαλόων, τήν οἱ κατέδουσιν Ἀχαιοί.
ἀλλ' ἄγε μοι τὸν ὄνειρον ὑπόκριναι καὶ ἄκουσον.
χῆνές μοι κατὰ οἶκον ἐείκοσι πυρὸν ἔδουσιν
ἐξ ὕδατος, καί τέ σφιν ἰαίνομαι εἰσορόωσα·
ἐλθὼν δ' ἐξ ὄρεος μέγας αἰετὸς ἀγκυλοχείλης
πᾶσι κατ' αὐχένας ἦξε καὶ ἔκτανεν· οἱ δ' ἐκέχυντο
ἁθρόοι ἐν μεγάροισ', ὁ δ' ἐς αἰθέρα δῖαν ἀέρθη.
αὐτὰρ ἐγὼ κλαῖον καὶ ἐκώκυον ἔν περ ὀνείρῳ,
ἀμφὶ δέ μ' ἠγερέθοντο ἐϋπλοκαμῖδες Ἀχαιαί,
οἴκτρ' ὀλοφυρομένην, ὅ μοι αἰετὸς ἔκτανε χῆνας.
ἂψ δ' ἐλθὼν κατ' ἄρ' ἕζετ' ἐπὶ προὔχοντι μελάθρῳ,
φωνῇ δὲ βροτέῃ κατερήτυε φώνησέν τε·
" θάρσει, Ἰκαρίου κούρη τηλεκλειτοῖο·
οὐκ ὄναρ, ἀλλ' ὕπαρ ἐσθλόν, ὅ τοι τετελεσμένον ἔσται.
χῆνες μὲν μνηστῆρες, ἐγὼ δέ τοι αἰετὸς ὄρνις
ἦα πάρος, νῦν αὖτε τεὸς πόσις εἰλήλουθα,
ὃς πᾶσι μνηστῆρσιν ἀεικέα πότμον ἐφήσω ".
ὣς ἔφατ', αὐτὰρ ἐμὲ μελιηδὴς ὕπνος ἀνῆκε·
παπτήνασα δὲ χῆνας ἐνὶ μεγάροισ' ἐνόησα
πυρὸν ἐρεπτομένους παρὰ πύελον, ἧχι πάρος περ ».
τὴν δ' ἀπαμειβόμενος προσέφη πολύμητις Ὀδυσσεύς·
« ὦ γύναι, οὔ πως ἔστιν ὑποκρίνασθαι ὄνειρον
ἄλλῃ ἀποκλίναντ', ἐπεὶ ἦ ῥά τοι αὐτὸς Ὀδυσσεὺς
πέφραδ', ὅπως τελέει· μνηστῆρσι δὲ φαίνετ' ὄλεθρος
πᾶσι μάλ', οὐδέ κέ τις θάνατον καὶ κῆρας ἀλύξει ».

angoissé de voir son bien dévoré par les Achéens.
Mais allons ! écoute ce songe et explique-le moi :
vingt oies, sortant de l'eau, mangeaient du froment dans
[ma maison,
et j'éprouvais du réconfort à les regarder ;
surgissant de la montagne, un grand aigle au bec recourbé
leur brisa le cou à toutes et les tua ; elles gisaient entassées
les unes contre les autres dans la demeure, tandis que lui
[s'élevait dans le ciel brillant ;
moi je pleurais et criais, en songe toujours ;
les Achéennes aux belles boucles s'assemblaient autour de
[moi,
qui lamentablement gémissais parce que l'aigle avait tué
[mes oies ;
mais revenant ensuite, l'aigle se posa sur la saillie du toit
et d'une voix humaine me retenait en disant :
" Courage, fille d'Icare au grand renom !
ceci n'est pas un songe mais une vision vraie qui
[s'accomplira.
Les oies sont les prétendants et moi qui étais un aigle
auparavant, c'est comme ton époux à présent que je suis
[revenu
et que j'infligerai à tous les prétendants une mort horrible ! "
Il dit ainsi et le sommeil doux comme le miel me laissa.
Je cherchai du regard mes oies et les vis dans ma demeure
qui piquaient du grain près de l'auge, là où elles étaient
[avant. »
Lui répondit Ulysse aux mille ruses :
« Ô femme, on ne peut interpréter ce songe
en le tournant dans un autre sens, car c'est bien Ulysse
[lui-même
qui t'a expliqué comment il s'accomplira ; la fin des
[prétendants approche,
pour tous, pas un n'échappera à la mort et au destin ! »

τὸν δ' αὖτε προσέειπε περίφρων Πηνελόπεια·
« ξεῖν', ἦ τοι μὲν ὄνειροι ἀμήχανοι ἀκριτόμυθοι
γίνοντ', οὐδέ τι πάντα τελείεται ἀνθρώποισι.
δοιαὶ γάρ τε πύλαι ἀμενηνῶν εἰσὶν ὀνείρων·
αἱ μὲν γὰρ κεράεσσι τετεύχαται, αἱ δ' ἐλέφαντι.
τῶν οἳ μέν κ' ἔλθωσι διὰ πριστοῦ ἐλέφαντος,
οἵ ῥ' ἐλεφαίρονται, ἔπε' ἀκράαντα φέροντες·
οἳ δὲ διὰ ξεστῶν κεράων ἔλθωσι θύραζε,
οἵ ῥ' ἔτυμα κραίνουσι, βροτῶν ὅτε κέν τις ἴδηται.
ἀλλ' ἐμοὶ οὐκ ἐντεῦθεν ὀΐομαι αἰνὸν ὄνειρον
ἐλθέμεν· ἦ κ' ἀσπαστὸν ἐμοὶ καὶ παιδὶ γένοιτο.
ἄλλο δέ τοι ἐρέω, σὺ δ' ἐνὶ φρεσὶ βάλλεο σῇσιν·
ἥδε δὴ ἠὼς εἶσι δυσώνυμος, ἥ μ' Ὀδυσῆος
οἴκου ἀποσχήσει· νῦν γὰρ καταθήσω ἄεθλον,
τοὺς πελέκεας, τοὺς κεῖνος ἐνὶ μεγάροισιν ἑοῖσιν
ἵστασχ' ἑξείης, δρυόχους ὥς, δώδεκα πάντας·
στὰς δ' ὅ γε πολλὸν ἄνευθε διαρρίπτασκεν ὀϊστόν.
νῦν δὲ μνηστήρεσσιν ἄεθλον τοῦτον ἐφήσω·
ὃς δέ κε ῥηΐτατ' ἐντανύσῃ βιὸν ἐν παλάμῃσι
καὶ διοϊστεύσῃ πελέκεων δυοκαίδεκα πάντων,
τῷ κεν ἅμ' ἑσποίμην, νοσφισσαμένη τόδε δῶμα
κουρίδιον, μάλα καλόν, ἐνίπλειον βιότοιο,
τοῦ ποτε μεμνήσεσθαι ὀΐομαι ἔν περ ὀνείρῳ ».
τὴν δ' ἀπαμειβόμενος προσέφη πολύμητις Ὀδυσσεύς·
« ὦ γύναι αἰδοίη Λαερτιάδεω Ὀδυσῆος,
μηκέτι νῦν ἀνάβαλλε δόμοισ' ἔνι τοῦτον ἄεθλον·

Lui dit alors la sage Pénélope :
« Étranger, certes les songes sont insaisissables et obscurs
et ne s'accomplissent en tout pour les hommes.
Doubles en effet sont les portes des songes qui passent :
les unes faites de corne, les autres d'ivoire ;
ceux qui viennent par les portes d'ivoire scié
sont trompeurs, porteurs de vaines paroles ;
ceux qui sortent par celles de corne polie
s'accomplissent en vérité, si un mortel les voit[1].
Mais je ne crois pas que ce songe terrible soit venu par [là ;
certes ce serait une joie pour moi et mon fils !
Mais je vais te dire autre chose, et mets-le bien dans ton [esprit.
Déjà vient l'aurore innommable qui doit m'enlever
à la maison d'Ulysse ; car je vais à présent établir une [épreuve,
celle des haches qu'il dressait dans sa demeure,
les unes à la suite des autres, comme des étais de carène, [douze en tout ;
et lui, se tenant au loin, faisait passer à travers sa flèche !
Voilà l'épreuve que je vais imposer maintenant aux [prétendants !
Celui qui dans ses paumes tendra le plus facilement l'arc
et fera passer sa flèche à travers les douze haches,
celui-là je le suivrai, quittant cette maison
de ma jeunesse, si belle, pleine d'abondance,
et dont je me souviendrai, je pense, même en songe ! »
Lui répondit Ulysse aux mille ruses :
« Ô femme vénérable d'Ulysse fils de Laërte,
n'ajourne plus désormais cette épreuve en ta demeure !

1. L'ivoire (en grec *éléphas*) se rapproche du verbe « tromper » (*éléphairomai*) ; et la corne (*kéras*) du verbe « accomplir » (*krainô*).

πρὶν γάρ τοι πολύμητις ἐλεύσεται ἐνθάδ' Ὀδυσσεύς,
πρὶν τούτους τόδε τόξον ἐΰξοον ἀμφαφόωντας
νευρήν τ' ἐντανύσαι διοϊστεῦσαί τε σιδήρου ».
τὸν δ' αὖτε προσέειπε περίφρων Πηνελόπεια·
« εἴ κ' ἐθέλοις μοι, ξεῖνε, παρήμενος ἐν μεγάροισι
τέρπειν, οὔ κέ μοι ὕπνος ἐπὶ βλεφάροισι χυθείη.
ἀλλ' οὐ γάρ πως ἔστιν ἀΰπνους ἔμμεναι αἰὲν
ἀνθρώπους· ἐπὶ γάρ τοι ἑκάστῳ μοῖραν ἔθηκαν
ἀθάνατοι θνητοῖσιν ἐπὶ ζείδωρον ἄρουραν.
ἀλλ' ἦ τοι μὲν ἐγὼν ὑπερώϊον εἰσαναβᾶσα
λέξομαι εἰς εὐνήν, ἥ μοι στονόεσσα τέτυκται,
αἰεὶ δάκρυσ' ἐμοῖσι πεφυρμένη, ἐξ οὗ Ὀδυσσεὺς
ᾤχετ' ἐποψόμενος Κακοΐλιον οὐκ ὀνομαστήν.
ἔνθα κε λεξαίμην· σὺ δὲ λέξεο τῷδ' ἐνὶ οἴκῳ,
ἢ χαμάδις στορέσας, ἤ τοι κατὰ δέμνια θέντων ».
ὣς εἰποῦσ' ἀνέβαιν' ὑπερώϊα σιγαλόεντα,
οὐκ οἴη, ἅμα τῇ γε καὶ ἀμφίπολοι κίον ἄλλαι.
ἐς δ' ὑπερῷ' ἀναβᾶσα σὺν ἀμφιπόλοισι γυναιξὶ
κλαῖεν ἔπειτ' Ὀδυσῆα φίλον πόσιν, ὄφρα οἱ ὕπνον
ἡδὺν ἐπὶ βλεφάροισι βάλε γλαυκῶπις Ἀθήνη.

*

car Ulysse aux mille ruses arrivera ici
avant même que ceux-ci ayant palpé l'arc bien poli
en tendent le nerf et traversent de leur flèche le fer ! »
Lui dit alors la sage Pénélope :
« Étranger, si assis près de moi en cette demeure, tu voulais
rester à me charmer, le sommeil ne tomberait plus sur
[mes paupières !
Mais les hommes ne peuvent rester ainsi sans sommeil :
en toute chose aux mortels une part est fixée
par les immortels sur la terre qui fournit le blé.
Je vais maintenant monter aux chambres
m'allonger sur le lit qui n'est plus pour moi qu'un lit de
[plaintes,
mouillé sans cesse de mes larmes, depuis qu'Ulysse
partit pour voir l'Ilion de malheur, celle qu'on ne doit
[point nommer.
C'est là que je me coucherai ; toi couche-toi dans la maison,
en t'étendant à terre ou bien dès qu'on aura placé un lit
[pour toi ! »
Ayant ainsi parlé, elle monta aux chambres brillantes,
non pas seule, car ses servantes l'accompagnaient ;
montée là-haut avec ses servantes,
elle pleura Ulysse son époux jusqu'à ce qu'Athéna aux
[yeux pers
sur ses paupières fît tomber un doux sommeil.

*

Γρηῢς δ' εἰς ὑπερῷ' ἀνεβήσετο καγχαλόωσα,
δεσποίνῃ ἐρέουσα φίλον πόσιν ἔνδον ἐόντα·
γούνατα δ' ἐρρώσαντο, πόδες δ' ὑπερικταίνοντο.
στῆ δ' ἄρ' ὑπὲρ κεφαλῆς καί μιν πρὸς μῦθον ἔειπεν·
« ἔγρεο, Πηνελόπεια, φίλον τέκος, ὄφρα ἴδηαι
ὀφθαλμοῖσι τεοῖσι τά τ' ἔλδεαι ἤματα πάντα.
ἦλθ' Ὀδυσεὺς καὶ οἶκον ἱκάνεται, ὀψέ περ ἐλθών·
μνηστῆρας δ' ἔκτεινεν ἀγήνορας, οἵ θ' ἑὸν οἶκον
κήδεσκον καὶ κτήματ' ἔδον βιόωντό τε παῖδα ».
τὴν δ' αὖτε προσέειπε περίφρων Πηνελόπεια·
« μαῖα φίλη, μάργην σε θεοὶ θέσαν, οἵ τε δύνανται
ἄφρονα ποιῆσαι καὶ ἐπίφρονά περ μάλ' ἐόντα,
καί τε χαλιφρονέοντα σαοφροσύνης ἐπέβησαν·
οἵ σέ περ ἔβλαψαν· πρὶν δὲ φρένας αἰσίμη ἦσθα.
τίπτε με λωβεύεις πολυπενθέα θυμὸν ἔχουσαν
ταῦτα παρὲξ ἐρέουσα, καὶ ἐξ ὕπνου μ' ἀνεγείρεις
ἡδέος, ὅς μ' ἐπέδησε φίλα βλέφαρ' ἀμφικαλύψας;
οὐ γάρ πω τοιόνδε κατέδραθον, ἐξ οὗ Ὀδυσσεὺς
ᾤχετ' ἐποψόμενος Κακοΐλιον οὐκ ὀνομαστήν.
ἀλλ' ἄγε νῦν κατάβηθι καὶ ἂψ ἔρχευ μέγαρόνδε.
εἰ γάρ τίς μ' ἄλλη γε γυναικῶν, αἵ μοι ἔασι,
ταῦτ' ἐλθοῦσ' ἤγγειλε καὶ ἐξ ὕπνου ἀνέγειρε,
τῶ κε τάχα στυγερῶς μιν ἐγὼν ἀπέπεμψα νέεσθαι
αὖτις ἔσω μέγαρον· σὲ δὲ τοῦτό γε γῆρας ὀνήσει ».

La vieille[2], riant aux éclats, monta aux chambres
pour dire à sa maîtresse que son époux était dans la
[maison.
Ses genoux s'élançaient, ses pieds bondissaient[3].
Elle se tint au-dessus de sa tête et lui dit ces mots :
« Réveille-toi, Pénélope, mon enfant, afin de voir
de tes yeux ce que tu désires tous les jours !
Ulysse est arrivé ! il est revenu chez lui, bien que tardivement !
Il a tué les prétendants vaillants qui ruinaient sa maison,
mangeaient ses biens et violentaient son fils ! »
Lui répondit la sage Pénélope :
« Chère mère, les dieux t'ont rendu folle, eux qui peuvent
rendre insensé même l'homme plein de sagesse
et au sot donner la sagesse !
Ce sont eux qui t'ont égarée ! avant, ton esprit était droit !
Pourquoi me railles-tu, moi dont le cœur est plein de
[souffrances,
en me sortant de telles inepties et en me réveillant du
[doux sommeil
qui m'avait enchaînée après s'être répandu sur mes paupières ?
Je n'ai en effet jamais dormi d'un tel sommeil depuis
[qu'Ulysse
partit voir l'Ilion de malheur, celle qu'on ne doit point
[nommer.
Mais allons ! descends maintenant et retourne dans la
[salle !
Si une autre des femmes qui sont à mon service
était venue m'annoncer cela et m'éveiller du sommeil,
aussitôt je l'aurais renvoyée durement
dans la salle ; toi, ton âge t'aura servi ! »

2. Euryclée, la nourrice d'Ulysse.

3. Sens incertain ; autres possibilités de traduction : « elle trébuchait dans la hâte, ses pieds se heurtaient. »

τὴν δ᾽ αὖτε προσέειπε φίλη τροφὸς Εὐρύκλεια·
« οὔ τί σε λωβεύω, τέκνον φίλον, ἀλλ᾽ ἔτυμόν τοι
ἦλθ᾽ Ὀδυσεὺς καὶ οἶκον ἱκάνεται, ὡς ἀγορεύω,
ὁ ξεῖνος, τὸν πάντες ἀτίμων ἐν μεγάροισι.
Τηλέμαχος δ᾽ ἄρα μιν πάλαι ᾔδεεν ἔνδον ἐόντα,
ἀλλὰ σαοφροσύνῃσι νοήματα πατρὸς ἔκευθεν,
ὄφρ᾽ ἀνδρῶν τείσαιτο βίην ὑπερηνορεόντων ».
ὣς ἔφαθ᾽, ἡ δ᾽ ἐχάρη καὶ ἀπὸ λέκτροιο θοροῦσα
γρηῒ περιπλέχθη, βλεφάρων δ᾽ ἀπὸ δάκρυον ἧκε,
καί μιν φωνήσασ᾽ ἔπεα πτερόεντα προσηύδα·
« εἰ δ᾽ ἄγε δή μοι, μαῖα φίλη, νημερτὲς ἐνίσπες,
εἰ ἐτεὸν δὴ οἶκον ἱκάνεται, ὡς ἀγορεύεις,
ὅππως δὴ μνηστῆρσιν ἀναιδέσι χεῖρας ἐφῆκε
μοῦνος ἐών, οἱ δ᾽ αἰὲν ἀολλέες ἔνδον ἔμιμνον ».
τὴν δ᾽ αὖτε προσέειπε φίλη τροφὸς Εὐρύκλεια·
« οὐκ ἴδον, οὐ πυθόμην, ἀλλὰ στόνον οἶον ἄκουσα
κτεινομένων· ἡμεῖς δὲ μυχῷ θαλάμων εὐπήκτων
ἥμεθ᾽ ἀτυζόμεναι, σανίδες δ᾽ ἔχον εὖ ἀραρυῖαι,
πρίν γ᾽ ὅτε δή με σὸς υἱὸς ἀπὸ μεγάροιο κάλεσσε
Τηλέμαχος· τὸν γάρ ῥα πατὴρ προέηκε καλέσσαι.
εὗρον ἔπειτ᾽ Ὀδυσῆα μετὰ κταμένοισι νέκυσσιν
ἑσταόθ᾽· οἱ δέ μιν ἀμφί, κραταίπεδον οὖδας ἔχοντες,
κείατ᾽ ἐπ᾽ ἀλλήλοισιν· ἰδοῦσά κε θυμὸν ἰάνθης
[αἵματι καὶ λύθρῳ πεπαλαγμένον ὥς τε λέοντα].
νῦν δ᾽ οἱ μὲν δὴ πάντες ἐπ᾽ αὐλείῃσι θύρῃσιν
ἀθρόοι, αὐτὰρ ὁ δῶμα θεειοῦται περικαλλές,
πῦρ μέγα κηάμενος· σὲ δέ με προέηκε καλέσσαι.

Lui répondit alors la chère nourrice Euryclée :
« Je ne te raille pas, mon enfant, c'est la vérité !
Ulysse est arrivé, il est revenu chez lui, comme je te le [dis !
C'était l'étranger, celui que tous outrageaient dans la [maison...
Télémaque savait depuis longtemps qu'il était ici
mais par prudence il avait caché les plans de son père
jusqu'à ce qu'il venge les violences de ces hommes [arrogants ! »
À ces mots, remplie de joie elle s'élança du lit,
embrassa la vieille et de ses paupières versant des larmes,
elle lui adressa ces mots ailés :
« Si vraiment, chère mère, tu dis vrai,
s'il est réellement rentré à la maison comme tu le racontes,
comment aurait-il pu tout seul s'attaquer aux prétendants [impudents,
alors qu'eux sont toujours ici en foule ? »
Lui répondit alors la chère nourrice Euryclée :
« Je n'ai rien vu, rien su de personne mais j'ai entendu le [gémissement
d'hommes tués ; nous, nous restions assises au fond des [belles chambres,
terrifiées, les portes bien verrouillées,
jusqu'à ce que depuis la salle ton fils m'appelle,
Télémaque ; son père l'avait envoyé appeler.
Je trouvai ensuite Ulysse au milieu des cadavres,
debout, et autour de lui, sur le sol épais, ils gisaient
les uns sur les autres, ton cœur se serait réjoui de le voir,
[souillé et éclaboussé de sang, tel un lion !]
Ils sont tous entassés à présent, devant les portes de la [cour
et lui purifie au soufre la demeure splendide,
ayant allumé un grand feu ; et il m'a envoyée t'appeler.

ἀλλ' ἕπευ, ὄφρα σφῶϊν ἐϋφροσύνης ἐπιβῆτον
ἀμφοτέρω φίλον ἦτορ, ἐπεὶ κακὰ πολλὰ πέποσθε.
νῦν δ' ἤδη τόδε μακρὸν ἐέλδωρ ἐκτετέλεσται·
ἦλθε μὲν αὐτὸς ζωὸς ἐφέστιος, εὗρε δὲ καὶ σὲ
καὶ παῖδ' ἐν μεγάροισι· κακῶς δ' οἵ πέρ μιν ἔρεζον
μνηστῆρες, τοὺς πάντας ἐτείσατο ᾧ ἐνὶ οἴκῳ ».
τὴν δ' αὖτε προσέειπε περίφρων Πηνελόπεια·
« μαῖα φίλη, μή πω μέγ' ἐπεύχεο καγχαλόωσα.
οἶσθα γὰρ ὥς κ' ἀσπαστὸς ἐνὶ μεγάροισι φανείη
πᾶσι, μάλιστα δ' ἐμοί τε καὶ υἱέϊ, τὸν τεκόμεσθα·
ἀλλ' οὐκ ἔσθ' ὅδε μῦθος ἐτήτυμος, ὡς ἀγορεύεις,
ἀλλά τις ἀθανάτων κτεῖνε μνηστῆρας ἀγαυούς,
ὕβριν ἀγασσάμενος θυμαλγέα καὶ κακὰ ἔργα.
οὔ τινα γὰρ τίεσκον ἐπιχθονίων ἀνθρώπων,
οὐ κακὸν οὐδὲ μὲν ἐσθλόν, ὅτις σφέας εἰσαφίκοιτο·
τῶ δι' ἀτασθαλίας ἔπαθον κακόν. αὐτὰρ Ὀδυσσεὺς
ὤλεσε τηλοῦ νόστον Ἀχαιΐδος, ὤλετο δ' αὐτός ».
τὴν δ' ἠμείβετ' ἔπειτα φίλη τροφὸς Εὐρύκλεια·
« τέκνον ἐμόν, ποῖόν σε ἔπος φύγεν ἕρκος ὀδόντων,
ἣ πόσιν ἔνδον ἐόντα παρ' ἐσχάρῃ οὔ ποτε φῆσθα
οἴκαδ' ἐλεύσεσθαι· θυμὸς δέ τοι αἰὲν ἄπιστος.
ἀλλ' ἄγε τοι καὶ σῆμα ἀριφραδὲς ἄλλο τι εἴπω,
οὐλήν, τήν ποτέ μιν σῦς ἤλασε λευκῷ ὀδόντι·
τὴν ἀπονίζουσα φρασάμην, ἔθελον δὲ σοὶ αὐτῇ
εἰπέμεν· ἀλλά με κεῖνος ἑλὼν ἐπὶ μάστακα χερσὶν
οὐκ εἴα εἰπεῖν πολυκερδείῃσι νόοιο.
ἀλλ' ἕπευ· αὐτὰρ ἐγὼν ἐμέθεν περιδώσομαι αὐτῆς,

Mais suis-moi, afin qu'entre dans la joie
votre cœur à tous deux, après avoir connu tant de [souffrances !
Maintenant enfin se réalise ce grand espoir...
Il est revenu vivant dans son foyer ! Il t'a trouvée
dans sa demeure ainsi que son fils ! et ceux qui agirent [mal contre lui,
les prétendants, il les a tous châtiés dans sa maison ! »
Lui dit alors la sage Pénélope :
« Chère mère, n'exulte pas ainsi en riant !
Tu sais comme nous l'accueillerions dans la maison,
tous, et surtout moi et le fils que nous avons eu !
Mais ce récit que tu me fais n'est pas vrai !
C'est un des immortels qui a tué les nobles prétendants,
indigné de leur cruelle démesure et de leurs actions [iniques !
car ils ne respectaient aucun homme de la terre,
fût-il noble ou vil, qui venait vers eux.
C'est pourquoi ils connurent le malheur à cause de leur [folie ; mais Ulysse
a fini son retour loin de l'Achaïe, il est bien mort. »
Lui répondit alors la chère nourrice Euryclée :
« Mon enfant, quelle parole a franchi la barrière de tes [dents !
Toi qui, alors que ton époux est ici, en son foyer,
dis qu'il ne reviendra plus chez lui ! ton cœur est toujours [incrédule !
Mais allons, je vais te donner un signe manifeste :
la cicatrice de la blessure qu'autrefois lui fit un sanglier de [sa défense blanche,
je l'ai vue alors que je le baignais ; je voulais te le dire
mais lui, mettant sa main sur ma bouche,
m'empêcha de parler, dans sa prudence.
Mais suis-moi, je le jure sur ma tête :

αἴ κέν σ' ἐξαπάφω, κτεῖναί μ' οἰκτίστῳ ὀλέθρῳ ».
τὴν δ' ἠμείβετ' ἔπειτα περίφρων Πηνελόπεια·
« μαῖα φίλη, χαλεπόν σε θεῶν αἰειγενετάων
δήνεα εἴρυσθαι, μάλα περ πολύϊδριν ἐοῦσαν·
ἀλλ' ἔμπης ἴομεν μετὰ παῖδ' ἐμόν, ὄφρα ἴδωμαι
ἄνδρας μνηστῆρας τεθνηότας, ἠδ' ὃς ἔπεφνεν ».
ὣς φαμένη κατέβαιν' ὑπερώϊα· πολλὰ δέ οἱ κῆρ
ὥρμαιν', ἢ ἀπάνευθε φίλον πόσιν ἐξερεείνοι,
ἦ παρστᾶσα κύσειε κάρη καὶ χεῖρε λαβοῦσα.
ἡ δ' ἐπεὶ εἰσῆλθεν καὶ ὑπέρβη λάϊνον οὐδόν,
ἕζετ' ἔπειτ' Ὀδυσῆος ἐναντίον, ἐν πυρὸς αὐγῇ,
τοίχου τοῦ ἑτέρου· ὁ δ' ἄρα πρὸς κίονα μακρὴν
ἧστο κάτω ὁρόων, ποτιδέγμενος εἴ τί μιν εἴποι
ἰφθίμη παράκοιτις, ἐπεὶ ἴδεν ὀφθαλμοῖσιν.
ἡ δ' ἄνεω δὴν ἧστο, τάφος δέ οἱ ἦτορ ἵκανεν·
ὄψει δ' ἄλλοτε μέν μιν ἐνωπαδίως ἐσίδεσκεν,
ἄλλοτε δ' ἀγνώσασκε κακὰ χροῒ εἵματ' ἔχοντα.
Τηλέμαχος δ' ἐνένιπεν ἔπος τ' ἔφατ' ἔκ τ' ὀνόμαζε·
« μῆτερ ἐμή, δύσμητερ, ἀπηνέα θυμὸν ἔχουσα,
τίφθ' οὕτω πατρὸς νοσφίζεαι, οὐδὲ παρ' αὐτὸν
ἑζομένη μύθοισιν ἀνείρεαι οὐδὲ μεταλλᾷς;
οὐ μέν κ' ἄλλη γ' ὧδε γυνὴ τετληότι θυμῷ
ἀνδρὸς ἀποσταίη, ὅς οἱ κακὰ πολλὰ μογήσας
ἔλθοι ἐεικοστῷ ἔτεϊ ἐς πατρίδα γαῖαν·

000

si jamais je te trompe, fais-moi périr de la mort la plus [odieuse ! »
Lui dit alors la sage Pénélope :
« Chère mère, il t'est difficile de pénétrer
les desseins des dieux immortels, malgré ta grande sagesse.
Allons, quoi qu'il en soit, auprès de mon fils, afin que je [voie
les prétendants morts et celui qui les a tués ! »
Ayant ainsi parlé, elle descendit des chambres ; en son [cœur
elle hésitait : devait-elle interroger de loin son époux,
ou bien s'approcher et lui prendre les mains, la tête, et les [baiser ?
Quand elle fut arrivée et qu'elle eut passé le seuil de pierre,
elle s'assit face à Ulysse, dans la lueur du feu,
de l'autre côté du mur. Lui, était assis contre la grande [colonne,
et baissait les yeux, attendant que sa noble épouse lui dît [quelque chose
après l'avoir vu.
Elle resta assise longtemps, en silence ; la stupeur envahissait [son cœur.
Tantôt elle discernait son visage,
tantôt, sous ses pauvres vêtements, elle ne le reconnaissait [plus.
Télémaque la prit à partie et lui dit ces paroles :
« Mère, mauvaise mère, au cœur dur !
pourquoi te tiens-tu ainsi à l'écart de mon père et ne [t'assieds-tu pas
auprès de lui pour lui poser des questions et pour [l'interroger ?
Aucune autre femme ne resterait ainsi, d'un cœur endurci,
loin d'un mari qui après avoir souffert tant de malheurs
reviendrait après vingt ans dans sa patrie !

σοὶ δ' αἰεὶ κραδίη στερεωτέρη ἐστὶ λίθοιο ».
τὸν δ' αὖτε προσέειπε περίφρων Πηνελόπεια·
« τέκνον ἐμόν, θυμός μοι ἐνὶ στήθεσσι τέθηπεν,
οὐδέ τι προσφάσθαι δύναμαι ἔπος οὐδ' ἐρέεσθαι
οὐδ' εἰς ὦπα ἰδέσθαι ἐναντίον. εἰ δ' ἐτεὸν δὴ
ἔστ' Ὀδυσεὺς καὶ οἶκον ἱκάνεται, ἦ μάλα νῶϊ
γνωσόμεθ' ἀλλήλω καὶ λώϊον· ἔστι γὰρ ἧμιν
σήμαθ', ἃ δὴ καὶ νῶϊ κεκρυμμένα ἴδμεν ἀπ' ἄλλων ».
ὣς φάτο, μείδησεν δὲ πολύτλας δῖος Ὀδυσσεύς,
αἶψα δὲ Τηλέμαχον ἔπεα πτερόεντα προσηύδα·
« Τηλέμαχ', ἤτοι μητέρ' ἐνὶ μεγάροισιν ἔασον
πειράζειν ἐμέθεν· τάχα δὲ φράσεται καὶ ἄρειον.
νῦν δ' ὅττι ῥυπόω, κακὰ δὲ χροῒ εἵματα εἷμαι,
τοὔνεκ' ἀτιμάζει με καὶ οὔ πώ φησι τὸν εἶναι.
ἡμεῖς δὲ φραζώμεθ', ὅπως ὄχ' ἄριστα γένηται.
καὶ γάρ τίς θ' ἕνα φῶτα κατακτείνας ἐνὶ δήμῳ,
ᾧ μὴ πολλοὶ ἔωσιν ἀοσσητῆρες ὀπίσσω,
φεύγει πηούς τε προλιπὼν καὶ πατρίδα γαῖαν·
ἡμεῖς δ' ἕρμα πόληος ἀπέκταμεν, οἳ μέγ' ἄριστοι
κούρων εἰν Ἰθάκῃ· τὰ δέ σε φράζεσθαι ἄνωγα ».
τὸν δ' αὖ Τηλέμαχος πεπνυμένος ἀντίον ηὔδα·
« αὐτὸς ταῦτά γε λεῦσσε, πάτερ φίλε· σὴν γὰρ ἀρίστην
μῆτιν ἐπ' ἀνθρώπους φάσ' ἔμμεναι, οὐδέ κέ τίς τοι
ἄλλος ἀνὴρ ἐρίσειε καταθνητῶν ἀνθρώπων.
[ἡμεῖς δὲ μεμαῶτες ἅμ' ἑψόμεθ', οὐδέ τί φημι
ἀλκῆς δευήσεσθαι, ὅση δύναμίς γε πάρεστι] ».
τὸν δ' ἀπαμειβόμενος προσέφη πολύμητις Ὀδυσσεύς·

Mais ton cœur est toujours plus dur que la pierre ! »
Lui dit alors la sage Pénélope :
« Mon enfant, mon cœur dans ma poitrine est stupéfait,
je ne peux proférer un mot, ni faire de question,
ni regarder son visage en face ; si vraiment il est
Ulysse de retour chez lui, tous deux assurément
nous nous reconnaîtrons l'un l'autre, et même facilement ;
[car il est entre nous
des signes secrets, que seuls nous deux connaissons. »
À ces mots l'endurant, le divin Ulysse sourit,
et aussitôt il dit à Télémaque ces mots ailés :
« Télémaque, laisse ta mère m'éprouver en cette demeure ;
bien vite elle me reconnaîtra encore mieux !
maintenant que je suis crasseux et que je porte de sales
[vêtements,
elle ne m'estime pas et dit que ce n'est pas moi.
Pour nous, examinons quel est le meilleur parti,
car celui qui dans un pays tue un homme
qui derrière lui ne laisse pas grand monde pour le venger,
prend la fuite et abandonne parents et patrie ;
nous, nous avons abattu le rempart de la ville, les
[meilleurs
des jeunes gens d'Ithaque : réfléchis-y donc ! »
Le prudent Télémaque lui répondit :
« Vois toi-même ces choses-là, mon père, car il n'y a pas
[plus grande
intelligence que la tienne, dit-on parmi les hommes, et
[aucun autre mortel
ne pourrait rivaliser avec toi !
[Nous, nous te suivrons avec ardeur et je ne pense pas
[que
la fougue nous manquera, tant que nos forces dureront.] »
Lui répondit Ulysse aux mille ruses :

« τοιγὰρ ἐγὼν ἐρέω, ὥς μοι δοκεῖ εἶναι ἄριστα.
πρῶτα μὲν ἂρ λούσασθε καὶ ἀμφιέσασθε χιτῶνας,
δμῳὰς δ' ἐν μεγάροισιν ἀνώγετε εἵμαθ' ἑλέσθαι·
αὐτὰρ θεῖος ἀοιδὸς ἔχων φόρμιγγα λίγειαν
ὑμῖν ἡγείσθω πολυπαίγμονος ὀρχηθμοῖο,
ὥς κέν τις φαίη γάμον ἔμμεναι ἐκτὸς ἀκούων,
ἢ ἀν' ὁδὸν στείχων ἢ οἳ περιναιετάουσι·
μὴ πρόσθε κλέος εὐρὺ φόνου κατὰ ἄστυ γένηται
ἀνδρῶν μνηστήρων, πρίν γ' ἡμέας ἐλθέμεν ἔξω
ἀγρὸν ἐς ἡμέτερον πολυδένδρεον. ἔνθα δ' ἔπειτα
φρασσόμεθ', ὅττι κε κέρδος Ὀλύμπιος ἐγγυαλίξῃ ».
ὣς ἔφαθ', οἱ δ' ἄρα τοῦ μάλα μὲν κλύον ἠδ' ἐπίθοντο·
πρῶτα μὲν οὖν λούσαντο καὶ ἀμφιέσαντο χιτῶνας,
ὅπλισθεν δὲ γυναῖκες· ὁ δ' εἵλετο θεῖος ἀοιδὸς
φόρμιγγα γλαφυρήν, ἐν δέ σφισιν ἵμερον ὦρσε
μολπῆς τε γλυκερῆς καὶ ἀμύμονος ὀρχηθμοῖο.
τοῖσιν δὲ μέγα δῶμα περιστεναχίζετο ποσσὶν
ἀνδρῶν παιζόντων καλλιζώνων τε γυναικῶν.
ὧδε δέ τις εἴπεσκε δόμων ἔκτοσθεν ἀκούων·
« ἦ μάλα δή τις ἔγημε πολυμνήστην βασίλειαν·
σχετλίη, οὐδ' ἔτλη πόσιος οὗ κουριδίοιο
εἴρυσθαι μέγα δῶμα διαμπερές, εἷος ἵκοιτο ».
ὣς ἄρα τις εἴπεσκε, τὰ δ' οὐκ ἴσαν ὡς ἐτέτυκτο.
αὐτὰρ Ὀδυσσῆα μεγαλήτορα ᾧ ἐνὶ οἴκῳ
Εὐρυνόμη ταμίη λοῦσεν καὶ χρῖσεν ἐλαίῳ,
ἀμφὶ δέ μιν φᾶρος καλὸν βάλεν ἠδὲ χιτῶνα·
αὐτὰρ κὰκ κεφαλῆς χεῦεν πολὺ κάλλος Ἀθήνη
[μείζονά τ' εἰσιδέειν καὶ πάσσονα· κὰδ δὲ κάρητος
οὔλας ἧκε κόμας, ὑακινθίνῳ ἄνθει ὁμοίας.

« Je vais te dire ce qui me paraît le mieux.
D'abord lavez-vous et mettez vos tuniques,
et ordonnez aux servantes de la maison de prendre leurs
[vêtements.
Ensuite que le divin aède, de sa lyre aiguë,
vous mène dans une danse joyeuse,
afin que dehors ceux qui pourraient entendre croient que
[c'est un mariage,
que ce soient des passants sur la route ou bien nos voisins.
Qu'à travers la ville ne se répande le bruit du meurtre
des prétendants, avant que nous ne partions
pour nos vergers ! là,
nous aviserons quelle issue nous donne l'Olympien ! »
Il parla ainsi, eux l'écoutèrent et lui obéirent.
D'abord ils se lavèrent et vêtirent leurs tuniques ;
les femmes se préparèrent et le divin aède prit
sa lyre creuse ; il inspira en eux le désir
du doux chant et de la danse parfaite ;
la grande demeure résonnait sous les pieds
des danseurs et des femmes aux belles ceintures ;
et l'on disait en entendant hors des demeures :
« C'est certain, quelqu'un a épousé la reine tant courtisée !
La cruelle, elle n'a su de son époux légitime
garder la grande demeure jusqu'à ce qu'il revienne ! »
Ainsi disait-on et l'on ne savait ce qui s'était passé...
Pendant ce temps, l'intendante Eurynomé baignait
le magnanime Ulysse dans sa demeure et l'oignait d'huile ;
elle jeta sur lui une tunique et un beau manteau.
Athéna cependant versa sur sa tête une grande beauté.
[Plus grand et plus fort il paraissait et de son chef
elle faisait descendre des boucles de cheveux semblables
[à la fleur de jacinthe.

ὡς δ' ὅτε τις χρυσὸν περιχεύεται ἀργύρῳ ἀνὴρ
ἴδρις, ὃν Ἥφαιστος δέδαεν καὶ Παλλὰς Ἀθήνη
τέχνην παντοίην, χαρίεντα δὲ ἔργα τελείει,
ὣς ἄρα τῷ κατέχευε χάριν κεφαλῇ τε καὶ ὤμοις].
ἐκ δ' ἀσαμίνθου βῆ δέμας ἀθανάτοισιν ὁμοῖος·
ἂψ δ' αὖτις κατ' ἄρ' ἕζετ' ἐπὶ θρόνου, ἔνθεν ἀνέστη,
ἀντίον ἧς ἀλόχου, καί μιν πρὸς μῦθον ἔειπε·
« δαιμονίη, περὶ σοί γε γυναικῶν θηλυτεράων
κῆρ ἀτέραμνον ἔθηκαν Ὀλύμπια δώματ' ἔχοντες·
οὐ μέν κ' ἄλλη γ' ὧδε γυνὴ τετληότι θυμῷ
ἀνδρὸς ἀποσταίη, ὅς οἱ κακὰ πολλὰ μογήσας
ἔλθοι ἐεικοστῷ ἔτεϊ ἐς πατρίδα γαῖαν.
ἀλλ' ἄγε μοι, μαῖα, στόρεσον λέχος, ὄφρα καὶ αὐτὸς
λέξομαι· ἦ γὰρ τῇ γε σιδήρεον ἐν φρεσὶν ἦτορ ».
τὸν δ' αὖτε προσέειπε περίφρων Πηνελόπεια·
« δαιμόνι', οὔτ' ἄρα τι μεγαλίζομαι οὔτ' ἀθερίζω
οὐδὲ λίην ἄγαμαι, μάλα δ' εὖ οἶδ' οἷος ἔησθα
ἐξ Ἰθάκης ἐπὶ νηὸς ἰὼν δολιχηρέτμοιο.
ἀλλ' ἄγε οἱ στόρεσον πυκινὸν λέχος, Εὐρύκλεια,
ἐκτὸς ἐϋσταθέος θαλάμου, τόν ῥ' αὐτὸς ἐποίει·
ἔνθα οἱ ἐκθεῖσαι πυκινὸν λέχος ἐμβάλετ' εὐνήν,
κώεα καὶ χλαίνας καὶ ῥήγεα σιγαλόεντα ».

Comme l'or autour de l'argent verse
l'artisan qu'instruisit Héphaestos et Pallas Athéna
en toutes sortes d'arts, et il accomplit des œuvres
[resplendissantes de grâce,
de même, elle versait la grâce sur sa tête et sur ses épaules[5].]
Il sortit de la baignoire, semblable par la beauté aux
[immortels.
Aussitôt il vint s'asseoir à nouveau sur le siège d'où il
[s'était levé,
face à son épouse, et lui dit ces paroles :
« Qu'as-tu donc ? Par-dessus toutes les faibles femmes
te firent un cœur dur les maîtres de l'Olympe !
Aucune autre femme ne resterait ainsi, d'un cœur endurci,
loin d'un mari qui après avoir souffert tant de malheurs
reviendrait après vingt ans dans sa patrie !
Mais, allons, mère, étends un lit afin que seul encore
je me couche ; en elle est un cœur de fer ! »
Lui dit alors la sage Pénélope :
« Et toi qu'as-tu ? Je ne fais preuve ni d'orgueil ni de
[mépris,
ni certes de surprise ! je sais très bien comment tu étais
lorsque tu quittas Ithaque sur ton navire aux longues
[rames !
Mais allons ! étends pour lui, Euryclée, hors de la chambre
[nuptiale,
le lit solide qu'il construisit lui-même !
Quand vous aurez apporté ici le lit solide, mettez-y la
[couche,
les toisons, les manteaux et les couvertures brillantes. »

5. Même scène au chant VI, vers 227-235, lors de la rencontre avec Nausicaa. Les vers 157-162, identiques aux vers 230-235 du chant VI, ont cependant été considérés comme interpolés par un grand nombre d'éditeurs et de commentateurs.

ὣς ἄρ' ἔφη πόσιος πειρωμένη· αὐτὰρ Ὀδυσσεὺς
ὀχθήσας ἄλοχον προσεφώνεε κεδνὰ ἰδυῖαν·
« ὦ γύναι, ἦ μάλα τοῦτο ἔπος θυμαλγὲς ἔειπες.
τίς δέ μοι ἄλλοσε θῆκε λέχος; χαλεπὸν δέ κεν εἴη
καὶ μάλ' ἐπισταμένῳ, ὅτε μὴ θεὸς αὐτὸς ἐπελθὼν
ῥηϊδίως ἐθέλων θείη ἄλλῃ ἐνὶ χώρῃ.
ἀνδρῶν δ' οὔ κέν τις ζωὸς βροτός, οὐδὲ μάλ' ἡβῶν,
ῥεῖα μετοχλίσσειεν, ἐπεὶ μέγα σῆμα τέτυκται
ἐν λέχει ἀσκητῷ· τὸ δ' ἐγὼ κάμον οὐδέ τις ἄλλος.
θάμνος ἔφυ τανύφυλλος ἐλαίης ἕρκεος ἐντός,
ἀκμηνὸς θαλέθων· πάχετος δ' ἦν ἠΰτε κίων.
τῷ δ' ἐγὼ ἀμφιβαλὼν θάλαμον δέμον, ὄφρ' ἐτέλεσσα,
πυκνῇσιν λιθάδεσσι, καὶ εὖ καθύπερθεν ἔρεψα,
κολλητὰς δ' ἐπέθηκα θύρας, πυκινῶς ἀραρυίας.
καὶ τότ' ἔπειτ' ἀπέκοψα κόμην τανυφύλλου ἐλαίης,
κορμὸν δ' ἐκ ῥίζης προταμὼν ἀμφέξεσα χαλκῷ
εὖ καὶ ἐπισταμένως καὶ ἐπὶ στάθμην ἴθυνα,
ἑρμῖν' ἀσκήσας, τέτρηνα δὲ πάντα τερέτρῳ.
ἐκ δὲ τοῦ ἀρχόμενος λέχος ἔξεον, ὄφρ' ἐτέλεσσα,
δαιδάλλων χρυσῷ τε καὶ ἀργύρῳ ἠδ' ἐλέφαντι·
ἐν δ' ἐτάνυσσ' ἱμάντα βοὸς φοίνικι φαεινόν.
οὕτω τοι τόδε σῆμα πιφαύσκομαι· οὐδέ τι οἶδα,

Elle parla ainsi pour mettre à l'épreuve son époux ; alors [Ulysse,
irrité, dit à son épouse fidèle :
« Ô femme, tu as dit là une parole qui me déchire le [cœur !
Qui donc a déplacé mon lit ? cela serait difficile
même pour l'homme le plus habile, à moins que ne [survienne un dieu :
s'il le voulait, il le déplacerait facilement dans un autre [endroit !
Aucun homme vivant, même dans la fleur de la jeunesse,
ne le déplacerait facilement : un grand signe contient
ce lit travaillé avec art ; c'est moi qui le construisis et [personne d'autre !
Un olivier aux longues feuilles avait poussé dans la cour.
Il florissait, vigoureux, et était gros comme une colonne.
Je construisis autour de lui la chambre nuptiale que [j'achevai
avec des pierres bien ajustées et que je recouvris d'un bon [toit.
J'ajoutai des portes bien assemblées, parfaitement ajustées.
Alors, je coupai la chevelure de l'olivier aux longues [feuilles.
Je dégrossis le tronc depuis les racines et le polis à l'aide [du bronze,
soigneusement, avec art, et l'équarris au cordeau,
façonnant le montant du lit que je perçai partout avec une [tarière.
Le prenant pour base, j'achevai le lit et le polis,
en l'ornant d'or, d'argent et d'ivoire.
À l'intérieur, je tendis des courroies en cuir de bœuf d'un [pourpre éclatant.
Voilà le signe que je manifeste à tes yeux ; mais je ne sais,

ἤ μοι ἔτ' ἔμπεδόν ἐστι, γύναι, λέχος, ἦέ τις ἤδη
ἀνδρῶν ἄλλοσε θῆκε, ταμὼν ὕπο πυθμέν' ἐλαίης ».
ὣς φάτο, τῆς δ' αὐτοῦ λύτο γούνατα καὶ φίλον ἦτορ,
σήματ' ἀναγνούσῃ, τά οἱ ἔμπεδα πέφραδ' Ὀδυσσεύς·
δακρύσασα δ' ἔπειτ' ἰθὺς κίεν, ἀμφὶ δὲ χεῖρας
δειρῇ βάλλ' Ὀδυσῆϊ, κάρη δ' ἔκυσ' ἠδὲ προσηύδα·
« μή μοι, Ὀδυσσεῦ, σκύζευ, ἐπεὶ τά περ ἄλλα μάλιστα
ἀνθρώπων πέπνυσο· θεοὶ δ' ὤπαζον ὀϊζύν,
οἳ νῶϊν ἀγάσαντο παρ' ἀλλήλοισι μένοντε
ἥβης ταρπῆναι καὶ γήραος οὐδὸν ἱκέσθαι.
αὐτὰρ μὴ νῦν μοι τόδε χώεο μηδὲ νεμέσσα,
οὕνεκά σ' οὐ τὸ πρῶτον, ἐπεὶ ἴδον, ὧδ' ἀγάπησα.
αἰεὶ γάρ μοι θυμὸς ἐνὶ στήθεσσι φίλοισιν
ἐρρίγει, μή τίς με βροτῶν ἀπάφοιτ' ἐπέεσσιν
ἐλθών· πολλοὶ γὰρ κακὰ κέρδεα βουλεύουσιν.
οὐδέ κεν Ἀργείη Ἑλένη, Διὸς ἐκγεγαυῖα,
ἀνδρὶ παρ' ἀλλοδαπῷ ἐμίγη φιλότητι καὶ εὐνῇ,
εἰ ᾔδη, ὅ μιν αὖτις ἀρήϊοι υἷες Ἀχαιῶν
ἀξέμεναι οἶκόνδε φίλην ἐς πατρίδ' ἔμελλον.
τὴν δ' ἤτοι ῥέξαι θεὸς ὤρορεν ἔργον ἀεικές·
τὴν δ' ἄτην οὐ πρόσθεν ἑῷ ἐγκάτθετο θυμῷ
λυγρήν, ἐξ ἧς πρῶτα καὶ ἡμέας ἵκετο πένθος.
νῦν δ', ἐπεὶ ἤδη σήματ' ἀριφραδέα κατέλεξας
εὐνῆς ἡμετέρης, τὴν οὐ βροτὸς ἄλλος ὀπώπει,
ἀλλ' οἶοι σύ τ' ἐγώ τε καὶ ἀμφίπολος μία μούνη,

femme, si mon lit est toujours en place ou bien si un
[autre
homme le transporta ailleurs, après avoir tranché la base
[de l'olivier. »
À ces mots, se dérobèrent ses genoux et son cœur,
en reconnaissant les signes irréfutables donnés par Ulysse.
En pleurs, elle alla droit vers lui,
jeta ses mains autour du cou d'Ulysse, baisa sa tête et lui
[dit :
« Ulysse, ne murmure pas contre moi, toi qui fus toujours
le plus sage des hommes ! les dieux nous ont donné la
[souffrance,
eux qui nous empêchèrent de rester l'un à côté de l'autre
jouir de notre jeunesse et d'atteindre le seuil de la vieillesse.
À présent ne t'irrite pas, ne m'en veux pas
de ne pas t'avoir, dès que je t'ai vu, accueilli avec affection !
Sans cesse, en effet, mon cœur dans ma poitrine
craignait qu'un mortel vînt me tromper par ses paroles
car nombreux sont ceux qui trament de mauvaises ruses !
Hélène d'Argos, née de Zeus,
ne se serait pas unie d'amour avec un étranger
si elle avait su que les belliqueux fils des Achéens
la ramèneraient chez elle dans sa patrie.
Assurément un dieu la poussa à commettre ce forfait !
En son cœur elle ne se rendit pas compte tout d'abord
[de sa folie
funeste d'où vint pour nous aussi le malheur[6].
Mais maintenant que tu as décrit les signes clairs
de notre lit qu'aucun autre mortel n'a vu,
sinon toi et moi et une seule servante,

6. Les vers 218-224 ont été considérés comme non authentiques par de nombreux érudits. Dans l'Antiquité, Aristarque les condamnait.

Ἀκτορίς, ἥν μοι δῶκε πατὴρ ἔτι δεῦρο κιούσῃ,
ἣ νῶϊν εἴρυτο θύρας πυκινοῦ θαλάμοιο,
πείθεις δή μευ θυμόν, ἀπηνέα περ μάλ' ἐόντα ».
ὣς φάτο, τῷ δ' ἔτι μᾶλλον ὑφ' ἵμερον ὦρσε γόοιο·
κλαῖε δ' ἔχων ἄλοχον θυμαρέα, κεδνὰ ἰδυῖαν.
ὡς δ' ὅτ' ἂν ἀσπάσιος γῆ νηχομένοισι φανήῃ,
ὧν τε Ποσειδάων εὐεργέα νῆ' ἐνὶ πόντῳ
ῥαίσῃ, ἐπειγομένην ἀνέμῳ καὶ κύματι πηγῷ·
παῦροι δ' ἐξέφυγον πολιῆς ἁλὸς ἤπειρόνδε
νηχόμενοι, πολλὴ δὲ περὶ χροῒ τέτροφεν ἅλμη,
ἀσπάσιοι δ' ἐπέβαν γαίης, κακότητα φυγόντες·
ὣς ἄρα τῇ ἀσπαστὸς ἔην πόσις εἰσοροώσῃ,
δειρῆς δ' οὔ πω πάμπαν ἀφίετο πήχεε λευκώ.
καί νύ κ' ὀδυρομένοισι φάνη ῥοδοδάκτυλος Ἠώς,
εἰ μὴ ἄρ' ἄλλ' ἐνόησε θεὰ γλαυκῶπις Ἀθήνη.
νύκτα μὲν ἐν περάτῃ δολιχὴν σχέθεν, Ἠῶ δ' αὖτε
ῥύσατ' ἐπ' Ὠκεανῷ χρυσόθρονον οὐδ' ἔα ἵππους
ζεύγνυσθ' ὠκύποδας φάος ἀνθρώποισι φέροντας,
Λάμπον καὶ Φαέθονθ', οἵ τ' Ἠῶ πῶλοι ἄγουσι.
καὶ τότ' ἄρ' ἣν ἄλοχον προσέφη πολύμητις Ὀδυσσεύς·
« ὦ γύναι, οὐ γάρ πω πάντων ἐπὶ πείρατ' ἀέθλων
ἤλθομεν, ἀλλ' ἔτ' ὄπισθεν ἀμέτρητος πόνος ἔσται,
πολλὸς καὶ χαλεπός, τὸν ἐμὲ χρὴ πάντα τελέσσαι.
ὣς γάρ μοι ψυχὴ μαντεύσατο Τειρεσίαο
ἤματι τῷ, ὅτε δὴ κατέβην δόμον Ἄϊδος εἴσω,
νόστον ἑταίροισιν διζήμενος ἠδ' ἐμοὶ αὐτῷ.
ἀλλ' ἔρχευ, λέκτρονδ' ἴομεν, γύναι, ὄφρα καὶ ἤδη

Actoris, que me donna mon père lorsque je vins ici
et qui gardait les portes de notre chambre nuptiale,
tu as convaincu mon cœur, quelque dur qu'il soit ! »
Elle parla ainsi, et en lui encore plus fit monter le désir
[de pleurer.
Il pleurait, tenant dans ses bras son épouse bien-aimée et
[fidèle.
De même que la terre paraît la bienvenue aux naufragés
dont Poséidon sur la mer a brisé le solide vaisseau,
battu par le vent et le flot violent,
peu sont parvenus à fuir la mer blanchie
en nageant jusqu'à la terre ferme, et la saumure, épaisse,
[s'est déposée sur leur peau,
ils touchent la terre avec joie, ayant échappé au malheur ;
de même, à ses yeux son époux lui paraissait bienvenu
et de son cou elle ne détachait plus ses bras blancs.
Aurore aux doigts de rose leur serait apparue alors qu'ils
[pleuraient encore
si Athéna aux yeux pers n'avait eu une autre pensée.
Elle retint la Nuit longue à l'horizon,
garda Aurore au trône d'or sur l'Océan et ne la laissa pas
atteler les chevaux aux pieds rapides qui portent la lumière
[aux hommes,
Lampos et Phaéton, les poulains qui mènent Aurore.
Ulysse aux mille ruses dit alors à son épouse :
« Ô femme, nous ne sommes pas encore arrivés au terme
[de toutes les épreuves,
un travail immense reste encore à l'avenir,
long et difficile, qu'il me faudra achever complètement !
C'est ce que me prédit l'âme de Tirésias,
le jour où je suis descendu dans la demeure d'Hadès
chercher le salut pour moi et mes compagnons.
Mais viens, allons au lit, femme, pour qu'enfin couchés,

ὕπνῳ ὕπο γλυκερῷ ταρπώμεθα κοιμηθέντες ».
τὸν δ' αὖτε προσέειπε περίφρων Πηνελόπεια·
« εὐνὴ μὲν δὴ σοί γε τότ' ἔσσεται, ὁππότε θυμῷ
σῷ ἐθέλῃς, ἐπεὶ ἄρ σε θεοὶ ποίησαν ἱκέσθαι
οἶκον ἐϋκτίμενον καὶ σὴν ἐς πατρίδα γαῖαν·
ἀλλ' ἐπεὶ ἐφράσθης καί τοι θεὸς ἔμβαλε θυμῷ,
εἴπ' ἄγε μοι τὸν ἄεθλον, ἐπεὶ καὶ ὄπισθεν, ὀΐω,
πεύσομαι, αὐτίκα δ' ἐστὶ δαήμεναι οὔ τι χέρειον ».
τὴν δ' ἀπαμειβόμενος προσέφη πολύμητις Ὀδυσσεύς·
« δαιμονίη, τί τ' ἄρ' αὖ με μάλ' ὀτρύνουσα κελεύεις
εἰπέμεν; αὐτὰρ ἐγὼ μυθήσομαι οὐδ' ἐπικεύσω.
οὐ μέν τοι θυμὸς κεχαρήσεται· οὐδὲ γὰρ αὐτὸς
χαίρω, ἐπεὶ μάλα πολλὰ βροτῶν ἐπὶ ἄστε' ἄνωγεν
ἐλθεῖν, ἐν χείρεσσιν ἔχοντ' εὐῆρες ἐρετμόν,
εἰς ὅ κε τοὺς ἀφίκωμαι, οἳ οὐκ ἴσασι θάλασσαν
ἀνέρες οὐδέ θ' ἅλεσσι μεμιγμένον εἶδαρ ἔδουσιν·
οὐδ' ἄρα τοὶ ἴσασι νέας φοινικοπαρήους
οὐδ' εὐήρε' ἐρετμά, τά τε πτερὰ νηυσὶ πέλονται.
σῆμα δέ μοι τόδ' ἔειπεν ἀριφραδές, οὐδέ σε κεύσω·
ὁππότε κεν δή μοι ξυμβλήμενος ἄλλος ὁδίτης
φήῃ ἀθηρηλοιγὸν ἔχειν ἀνὰ φαιδίμῳ ὤμῳ,
καὶ τότε μ' ἐν γαίῃ πήξαντ' ἐκέλευσεν ἐρετμόν,
ἔρξανθ' ἱερὰ καλὰ Ποσειδάωνι ἄνακτι,
ἀρνειὸν ταῦρόν τε συῶν τ' ἐπιβήτορα κάπρον,
οἴκαδ' ἀποστείχειν ἔρδειν θ' ἱερὰς ἑκατόμβας
ἀθανάτοισι θεοῖσι, τοὶ οὐρανὸν εὐρὺν ἔχουσι,

000

nous goûtions au doux sommeil ! »
Lui dit alors la sage Pénélope :
« Ton lit pour toi sera prêt quand le cœur
t'en dira, puisque les dieux t'ont fait revenir
dans ta belle demeure et dans ta patrie.
Mais puisque tu y as songé, et qu'un dieu t'a inspiré cette
[pensée,
dis-moi donc quelle est cette épreuve : plus tard, je pense,
je la connaîtrai, ce n'est pas plus mal que je la connaisse
[tout de suite... »
Lui répondit Ulysse aux mille ruses :
« Qu'as-tu donc ? pourquoi m'exhortes-tu, me pousses-tu
[à parler ?
Mais je te le dirai et je ne te cacherai rien !
Ton cœur ne s'en réjouira, ni le mien,
puisqu'il m'a ordonné de parcourir nombre de villes de
[mortels,
tenant dans les mains une bonne rame,
jusqu'à ce que j'arrive chez des hommes qui ne connaissent
[pas la mer,
qui ne mangent pas de nourriture mêlée de sel,
qui ne connaissent les vaisseaux aux joues de pourpre,
ni les rames maniables qui sont les ailes des navires.
Et il me donna ce signe clair, que je ne te cacherai pas.
Lorsque sur la route je rencontrerai un passant
qui me dira que je tiens sur mon illustre épaule une pelle
[à vanner,
alors, tel est son ordre, je planterai la rame dans la terre,
je ferai de beaux sacrifices au roi Poséidon,
un bélier, un taureau, un verrat en âge de saillir les truies,
et je rentrerai chez moi pour accomplir de saintes
[hécatombes
aux dieux immortels, maîtres du vaste ciel,

πᾶσι μάλ' ἑξείης· θάνατος δέ μοι ἐξ ἁλὸς αὐτῷ
ἀβληχρὸς μάλα τοῖος ἐλεύσεται, ὅς κέ με πέφνῃ
γήραι ὕπο λιπαρῷ ἀρημένον· ἀμφὶ δὲ λαοὶ
ὄλβιοι ἔσσονται. τὰ δέ μοι φάτο πάντα τελεῖσθαι ».
τὸν δ' αὖτε προσέειπε περίφρων Πηνελόπεια·
« εἰ μὲν δὴ γῆράς γε θεοὶ τελέουσιν ἄρειον,
ἐλπωρή τοι ἔπειτα κακῶν ὑπάλυξιν ἔσεσθαι ».
ὣς οἱ μὲν τοιαῦτα πρὸς ἀλλήλους ἀγόρευον·
τόφρα δ' ἄρ' Εὐρυνόμη τε ἰδὲ τροφὸς ἔντυον εὐνὴν
ἐσθῆτος μαλακῆς δαΐδων ὕπο λαμπομενάων.
αὐτὰρ ἐπεὶ στόρεσαν πυκινὸν λέχος ἐγκονέουσαι,
γρηῢς μὲν κείουσα πάλιν οἶκόνδε βεβήκει,
τοῖσιν δ' Εὐρυνόμη θαλαμηπόλος ἡγεμόνευεν
ἐρχομένοισι λέχοσδε δάος μετὰ χερσὶν ἔχουσα·
ἐς θάλαμον δ' ἀγαγοῦσα πάλιν κίεν. οἱ μὲν ἔπειτα
ἀσπάσιοι λέκτροιο παλαιοῦ θεσμὸν ἵκοντο·

à eux tous, en suivant leur ordre ; et la mort me viendra
[de la mer,
si douce que c'est épuisé par une riche vieillesse
qu'elle m'emportera ; et autour de moi les peuples
seront heureux. Tout cela, m'a-t-il dit, s'accomplira. »
Lui dit alors la sage Pénélope :
« Si les dieux t'accordent une vieillesse meilleure,
nous reste l'espoir à l'avenir d'échapper aux malheurs ! »
Tandis qu'ils se parlaient ainsi,
Eurynomé et la nourrice apprêtaient le lit
avec des couvertures moelleuses, sous la lumière des
[torches.
Après qu'en hâte elles eurent étendu le lit solide,
la vieille retourna chez elle ;
Eurynomé, la servante de la chambre nuptiale, les précédait
allant au lit, une torche à la main.
Les ayant menés à la chambre nuptiale, elle se retira ;
et eux, remplis de joie, retrouvèrent leur ancien lit.

Appendice

Vie d'Homère du Pseudo-Plutarque

Il pourrait paraître superflu de discourir sur la race et les origines d'Homère puisque lui-même n'a pas jugé digne d'en parler et qu'il fut à ce point discret qu'il n'a en aucun lieu fait souvenir de son nom. Mais comme une introduction est utile pour ceux qui débutent dans l'étude, nous tenterons de dire ce que les Anciens ont pu recueillir à son propos.

Éphore de Cumes, dans son *Histoire locale*, essaie de montrer qu'il était de Cumes en argumentant qu'Apelles, Maion et Dios étaient frères de race cyméenne. Pour cause de dettes, Dios émigra à Ascra en Béotie. Il s'y maria avec Pychimédès et engendra Hésiode. Apelles mourut dans Cumes sa patrie et laissa une fille du nom de Crithèis, en la confiant à la protection de son frère Maion. Celui-ci lui fit violence et, craignant la condamnation de ses concitoyens, la donna en mariage à Phémios, professeur de lettres originaire de Smyrne. Habituée à se rendre elle-même aux lavoirs proches du Mélès, elle enfanta Homère tout près du fleuve. Pour cette raison, l'enfant fut nommé Mélèsigénès. Son nom fut changé en « Homère » après qu'il eut perdu la vue. C'est en effet ainsi que les Cyméens et les Ioniens appellent les aveugles parce qu'ils ont besoin d'« homèreuontes », c'est-à-dire de guides. Tout ceci d'après Éphore.

Aristote, au livre III de sa *Poétique*, raconte que sur l'île d'Ios, au moment où Nèlée, le fils de Codros, conduisait la migration ionienne, une jeune fille du lieu devint enceinte par le fait d'un dieu membre du chœur de danse des Muses. Par honte de sa grossesse qui devenait apparente, elle partit pour un endroit appelé Égine. Des pirates la capturèrent là et l'emmenèrent à Smyrne qui était alors sous la domination des Lydiens. Ils la donnèrent au roi des Lydiens qui était leur ami et dont le nom était Maion. Celui-ci aima la jeune fille à cause de sa beauté et l'épousa. Comme elle se trouvait le long du Mélès, elle fut prise des douleurs de l'enfantement et elle mit au monde Homère près du fleuve. Maion le reconnut comme son fils et l'éduqua, Crithèis étant morte juste après son accouchement. Lui-même mourut longtemps après. Les Lydiens ayant décidé sous la pression des Éoliens de quitter Smyrne et leurs chefs ayant fait proclamer que ceux qui voulaient les suivre devaient sortir de la cité, Homère, encore enfant, déclara que lui aussi voulait les accompagner. D'où qu'à la place de Mélèsigénès il fut appelé Homère.

Arrivé à l'âge adulte et après avoir acquis une certaine réputation en matière de poésie, il interrogea l'oracle pour savoir qui étaient ses parents et d'où il venait. Celui-ci lui répondit ainsi :

Il est une île, Ios, patrie de ta mère, qui à ta mort
T'accueillera mais méfie-toi de l'énigme des jeune gens.

On rapporte un autre oracle qui est le suivant :

Heureux et malheureux es-tu né,
Les deux ensemble ;
Tu cherches ta patrie mais c'est la terre de ta mère,
Non celle de tes pères,
De la terre de Minos ni proche ni loin,

Là, ton destin est de mourir,
Lorsque de la langue des enfants tu ne comprendras,
Une fois entendu, le chant difficile aux mots tortueux
Car tu as reçu une double part de vie : l'une
Obscure aux deux soleils, l'autre égale aux immortels,
Vivant et mort, et une fois mort
Éternellement jeune.

Non longtemps après cela, naviguant vers Thèbes pour assister aux Cronies (un concours musical qui s'y tient), il arriva à Ios. Là, assis sur un rocher, il contemplait des pêcheurs qui revenaient sur leur bateau et il leur demanda s'ils avaient pris quelque chose. Et eux, n'ayant rien pris mais ayant entre eux chassé leurs poux, répondirent, embarrassés par leur prise :

Ce que nous avons pris nous l'avons laissé, ce que nous n'avons pas pris, nous l'emportons.

L'énigme par laquelle ils parlaient voulait dire que les poux qu'ils avaient pris et tués, ils les avaient laissés derrière eux, et que ceux qu'ils n'avaient pas pris, ils les emportaient dans leurs habits. Ce que ne put comprendre Homère qui de découragement mourut. Les habitants d'Ios l'enterrèrent magnifiquement et gravèrent ceci sur sa tombe :

Ci-gît sous cette terre la tête sacrée
De l'ordonnateur de héros, le divin Homère.

Certains, cependant, essayent de prouver qu'il était de Colophon, en s'appuyant sur les vers élégiaques qui sont gravés sur sa statue :

Homère, fils de Mélès, la gloire à toute l'Hellade
Et à Colophon ta patrie, tu donnas pour toujours,
De ton âme divine tu fis naître
Ces deux filles en écrivant tes œuvres,
L'une chante le retour d'Ulysse l'endurant,
L'autre la guerre des Dardaniens à Ilion[1].

Ne sont pas non plus indignes d'être rappelés les vers de l'auteur d'épigrammes Antipater :

Les uns disent, Homère, que Colophon t'a nourri,
D'autres, Smyrne, d'autres Chios,
D'autres encore Ios, ou d'autres encore la prospère Salamine,
D'autres la mère des Lapithes, la Thessalie,
Tandis que d'autres proclament d'autres lieux. Mais si d'Apollon
Il me fallait dire ouvertement l'oracle,
Ta patrie est le vaste ciel et ce n'est non pas d'une femme que tu es né mais de Calliope.

Certains disent qu'il vécut à l'époque de la guerre de Troie et qu'il la vit de ses yeux ; d'autres cent ans après la guerre ; d'autres cent cinquante. Il écrivit deux poèmes, l'*Iliade* et l'*Odyssée* et selon certains, mais c'est à tort qu'ils le disent, il y ajouta en guise d'exercice et de jeu la *Batrachomyomachie* et le *Margitès*.

1. Ces vers font référence à une statue hellénistique dans laquelle l'*Iliade* et l'*Odyssée* étaient représentées comme les filles d'Homère.

Index

Achaïe 147, 219
Achéennes 11, 191, 209
Achéens 31, 51, 59, 61, 149, 157, 167, 171, 191, 193, 195, 197, 207, 209, 231
Achéloos 28
Achéron 141
Achille 8, 9
Actoris 233
Adraste 51
Agamemnon 9, 34, 35, 147, 177
Alcandre 51
Alcinoos 18, 19, 20, 21, 29, 30, 89, 99, 103, 105, 111
Alcippe 51
Amnisos 195
Anticlée 7, 24, 25, 38, 39, 145
Antyloque 55, 61
Antipater 244
Antiphatès 117
Apelles 241
Aphrodite 6, 10, 37, 59, 185
Apollon 6, 99, 187, 244
Aréthuse 179
Argiens 28, 53, 55, 59, 61, 157, 189
Argos 53, 55, 63, 69, 71, 73, 77, 125, 127, 231
Aristote 8, 241
Artémis 10, 37, 51, 75, 95, 99, 147, 185
Ascra 241

Asphalion 57
Athéna 7, 10, 13, 16, 25, 29, 30, 31, 32, 33, 34, 35, 37, 38, 39, 61, 67, 73, 89, 91, 97, 99, 105, 107, 111, 113, 161, 163, 165, 167, 169, 171, 173, 175, 177, 179, 213, 225, 227, 233, 245
Atlas 12
Atride 53, 55, 57, 61, 63, 177, 179
Atrides 193
Atrytonée 113
Aurore 55, 57, 67, 75, 83, 91, 117, 143, 165, 195, 203, 211, 233
Autolycos 24

Béotie 241
Borée 139, 195
Bouvier 85

Calliope 244
Calypso 7, 8, 11, 12, 13, 14, 15, 16, 17, 21, 22, 24, 25, 30, 32, 33, 38, 39, 65, 67, 71, 73, 75, 79, 81, 83, 85, 245
Castor 9
Charites 89
Charybde 22
Cicones 21
Circé 7, 20, 21, 22, 23, 24, 25, 26, 27, 29, 30, 32, 38, 39, 115, 117, 119, 121, 123, 125, 127, 129, 131, 135, 137, 139, 143, 155, 245
Clytemnestre 9, 34, 37
Cnossos 193
Cocyte 141
Codros, 241
Colophon 243, 244
Crète 167, 193, 195
Crithèis 241, 242

Cronide 55
Cronies 243
Cronos 187
Cumes 241
Cyclope 16, 20, 21, 32, 33, 117, 135, 173
Cyclopes 89
Cydoniens 193
Cyméens 241

Danaens 61
Dardaniens 244
Dectès 59
Deiphobe 61
Délos 99
Déméter 75
Démodocos 20, 21, 29
Deucalion 193
Dion Chrysostome 40, 41
Dios 241
Dioscures 9
Dodone 201
Doriens 193
Doulichion 191, 201
Dymas 89

Égine 242
Égypte 51
Élide 169
Éole 21
Éoliens 242
Épéens 169
Éphore 241
Éphore de Cumes 241
Érèbe 141

Érymanthe 95
Étéocrétois 193
Éthon 193
Euros 195
Eurybate 199
Euryclée 7, 25, 36, 38, 39, 217, 219, 227
Euryloque 117, 119, 121, 123, 135, 159
Eurynomé 187, 225, 237

Hadès 22, 23, 25, 33, 34, 35, 89, 139, 141, 143, 147, 151, 233
Harpyes 14, 27
Hélène 7, 9, 10, 11, 19, 22, 24, 25, 37, 38, 39, 49, 51, 55, 57, 63, 231, 245
Hellade 244
Héphaestos 33, 107, 227
Héra 28
Hermès 13, 69, 73, 81, 123, 125
Hérodote 40, 41, 42
Hésiode 241
Homère 7, 8, 10, 11, 13, 14, 15, 17, 19, 21, 22, 26, 27, 28, 29, 30, 33, 37, 38, 39, 40, 41, 42, 241, 242, 243, 244, 245
Hypérie 89
Hypérion 157

Icare 34, 35, 209
Idoménée 167, 193, 195
Iliade 8, 9, 17, 19, 20, 38, 39, 41, 42, 244
Ilion 24, 147, 189, 193, 195, 199, 213, 215
Ilythie 195
Ioniens 241
Ios 241, 242, 243, 244
Ithaque 7, 8, 10, 17, 19, 25, 30, 31, 36, 37, 53, 133, 137, 141, 147, 163, 167, 173, 191, 223, 227
Itylos 207

Jasion 75

Lacédémone 67, 179, 181
Laërte 21, 81, 133, 137, 139, 175, 191, 193, 199, 211
Lampos 233
Lapithes 244
Léda 9
Lestrygon 117
Létho 95
Lotophages 21, 22
Lydiens 242

Maion 241, 242
Malée 195
Mélantho 185
Mélès 241, 242, 244
Mélèsigénès 241, 242
Ménélas 9, 10, 11, 19, 51, 53, 55, 57, 59, 61, 179
Minos 193, 242
Muse 7, 11
Muses 25, 26, 28, 29, 242

Naïades 173, 175
Nausicaa 7, 16, 17, 18, 19, 20, 25, 29, 30, 32, 33, 38, 39, 87, 89, 91, 95, 103, 105, 107, 109, 113, 245
Nausithoos 89
Nèlée 241
Nérite 173
Nestor 10, 31, 32, 53, 55, 57
Nymphes 12, 95, 97, 173, 175

Odyssée 7, 8, 9, 10, 11, 12, 13, 14, 15, 16, 17, 18, 19, 20, 21, 22, 23, 24, 25, 26, 27, 28, 29, 30, 31, 32, 33, 34, 35, 36, 37, 38, 39, 41, 42, 244

Ogygie 13, 17, 101
Olympe 91, 107, 125, 227
Olympien 10, 103, 225
Orion 75, 85
Orsiloque 167
Ortygie 75
Ourse 85

Pallas Athéna 31, 33, 61, 107, 113, 163, 167, 171, 175, 227
Pandoréos 207
Pélasges 193
Pénélope 7, 13, 25, 33, 34, 35, 36, 37, 38, 39, 45, 81, 179, 183, 185, 187, 189, 195, 203, 211, 213, 215, 219, 221, 223, 227, 235, 237, 245
Péon 57
Périmède 159
Perséphone 23, 139, 141, 143, 151
Phaéton 233
Phéaciennes 17
Phéaciens 8, 14, 16, 17, 18, 20, 21, 26, 29, 30, 31, 69, 85, 89, 91, 93, 97, 103, 107, 109, 111, 113, 163, 171, 175, 201
Phémios 241
Phéniciens 169
Phidon 201
Phorcys 173
Phylo 51
Piérie 69
Pisistrate 10, 53
Pléiades 85
Plutarque 39, 40, 41, 241, 245
Pollux 9
Polybe 51
Polydamna 57

Polyphème 16, 21, 173
Poséidon 8, 16, 109, 113, 163, 173, 233, 235
Priam 9, 19, 31, 73, 171
Pychimédès 241
Pylos 10, 67, 169
Pyriphlégéthon 141

Salamine 244
Samé 191
Schérie 8, 16, 17, 18, 29, 69, 89
Scylla 22, 33
Sidon 169
Sirènes 7, 22, 25, 26, 27, 28, 29, 38, 39, 153, 155, 159, 245
Smyrne 241, 242, 244
Sparte 9, 10, 179
Sphinx 27
Styx 79, 141

Taygète 95
Télémaque 10, 11, 14, 19, 31, 36, 51, 53, 55, 57, 61, 67, 149, 179, 187, 203, 217, 221, 223
Thèbes 23, 24, 51, 139, 147, 243
Thesprotes 201
Thessalie 244
Thon 57
Thrinacie 201
Tirésias 22, 23, 24, 25, 139, 141, 143, 147, 233
Tithon 67
Troie 7, 8, 9, 12, 16, 18, 19, 20, 21, 25, 26, 28, 31, 34, 35, 38, 51, 59, 69, 127, 147, 157, 167, 171, 244
Troyens 9, 28, 31, 32, 59, 61, 147, 157
Tydée 61

Ulysse 7, 8, 9, 10, 11, 12, 13, 14, 15, 16, 17, 18, 19, 20, 21, 22, 23, 24, 25, 26, 27, 28, 29, 30, 31, 32, 33, 34, 35, 36, 37, 38, 51, 53, 59, 61, 67, 69, 71, 77, 79, 81, 83, 85, 89, 97, 99, 105, 107, 113, 121, 127, 131, 133, 135, 137, 139, 149, 157, 163, 165, 167, 171, 175, 177, 179, 181, 185, 187, 189, 191, 193, 195, 197, 199, 201, 203, 209, 211, 213, 215, 217, 219, 221, 223, 225, 231, 233, 235, 244

Zante 191
Zéphire 195
Zéthos 207
Zeus 9, 10, 12, 13, 31, 32, 33, 35, 51, 53, 55, 57, 59, 61, 67, 73, 75, 77, 79, 95, 99, 103, 105, 113, 123, 133, 135, 137, 139, 151, 163, 165, 167, 171, 175, 187, 193, 201, 203, 231

Table

Préface		7
Hélène	Chant IV, 121-305	49
Calypso	Chant V, 1-281	65
Nausicaa	Chant VI, 1-331	87
Circé	Chant X, 187-549	115
Anticlée	Chant XI, 150-224	145
Les Sirènes	Chant XII, 148-200	153
Athéna	Chant XIII, 185-440	161
Pénélope	Chant XIX, 53-334 et 509-604	183
	Chant XXIII, 1-296	207
Appendice	La *Vie d'Homère* du Pseudo-Plutarque	239
Index		247

Achevé d'imprimer sur rotative
par l'Imprimerie Darantiere à Dijon-Quetigny
en octobre 2006

Dépôt légal : octobre 2006
N° d'impression : 26-1594

Imprimé en France